【増補新装】

【カラー版】
西洋建築様式史
The Concise History of Western Architecture

熊倉洋介　Yosuke Kumakura
末永航　　Koh Suenaga
羽生修二　Shuji Hanyu
星和彦　　Kazuhiko Hoshi
堀内正昭　Masaaki Horiuchi
渡辺道治　Michiharu Watanabe

美術出版社

はじめに

「ヨーロッパの建築は皆おなじに見える」「いや、確かに国々で建築は違って見える」こうした旅行者の感想は、前者については、例えば西洋（人）という概念でヨーロッパ諸国を大雑把にとらえた場合に、同質性に目が向けられることと似ていよう。しかし、いったん各国の違いに注目してみるならば、人種による伝統や文化の相違が歴然としてくるように、建築の世界も各国で相当異なって見えてくる。われわれは視覚的に、まず様式によって建築を識別する。したがって、西洋建築史へのアプローチは、ひとつの様式でくくられる建築群に共通する概念と、各国（地方）における建築の相違を理解することから始まるであろう。

ここでは、様式史による時代区分にしたがいながら、各様式の概念、様式の伝播の事情、そして各国における様式の扱い方の違いに視点を置き、西洋建築史を古代オリエントからはじめて、現代のポストモダンまで記述している。

様式は最初から完成された姿で現れるのではなく、時代を経て工夫がなされてひとつの型が出来上がり、生き物のように盛期を迎え、やがて衰退していく。様式は、常に新しい様式に取って替わられるが、その移行期には前の様式を引きずっている。また、ひとつの様式が各国に行き渡るまでに世紀単位の年月がかかり、その間に、様式は、それぞれの地方の伝統と融合したり、建築材料を異にしたり、そこに建築家の独創と施主の好みが加わることで変形されていく。このように、様式はヨーロッパ諸国において同一歩調を取ることはなく、様式それ自体が変わるとともに、それぞれの国（地方）で様相を大いに異にするものなのである。といって、様式が厳然と存在していることに変わりはない。ひとつの様式の名のもとに、その中で実に多様な展開がなされているということである。

本書は、フランス、ドイツ、イギリス、イタリア、そしてアメリカの建築史を専門にするものが集まり、それぞれ専門分野別に執筆してまとめたものである。とかく、西洋建築史の用語はカタカナが多く、一般には難解であることを考慮して、できるだけ平易に記述することを心掛けた。

すでに海外旅行が日常化し、建築についても建築ウォッチングがあちこちで行われるようになってきた今日、絵画を見るように、本書が、都市という大きなキャンバスのなかに立つ建築を、「三次元の絵」として鑑賞できる手引きになることを願う。

堀内正昭

目次

The Concise History of Western Architecture

3 ……… はじめに

1章
7 ……… **古代オリエント・エジプト建築** | Ancient Orient and Egyptian Architecture
10 ……… メソポタミア
11 ……… ペルシア
12 ……… エジプト

2章
17 ……… **古代ギリシア建築** | Greek Architecture
18 ……… ギリシア建築

3章
33 ……… **古代ローマ建築** | Roman Architecture
34 ……… エトルリア建築
35 ……… ローマ建築

4章
47 ……… **初期中世建築** | Early Medieval Architecture
48 ……… 初期キリスト教建築
52 ……… ビザンティン建築

5章
57 ……… **ロマネスク建築** | Romanesque Architecture
58 ……… フランス・イタリア・スペインのロマネスク
67 ……… ドイツのロマネスク建築

6章
71 ……… **ゴシック建築** | Gothic Architecture
72 ……… フランスのゴシック建築
78 ……… イタリアのゴシック建築
80 ……… ドイツのゴシック建築
83 ……… イギリスのゴシック建築

7章
85 ……… **ルネサンス建築 I** | Renaissance Architecture in Italy
86 ……… イタリアの初期ルネサンス建築
90 ……… イタリアの盛期ルネサンス建築
93 ……… イタリア・マニエリスム

8章
101 ……… **ルネサンス建築 II** | Renaissance Architecture in Europe
102 ……… フランスのルネサンス建築
105 ……… 北方ルネサンス
108 ……… イギリス
111 ……… スペイン・ポルトガル

9章
バロック建築 | Baroque Architecture

- 113 ……
- 114 …… イタリア
- 121 …… イベリア半島と中南米
- 123 …… フランスのバロック建築

10章
18世紀の建築 | Architecture of the 18th Century

- 127 ……
- 128 …… 後期バロック・ロココ
- 135 …… 新古典主義

11章
19世紀の建築 | Architecture of the 19th Century

- 141 ……
- 142 …… 新古典主義の盛期
- 156 …… 世紀末と新しい様式

12章
20世紀の建築 | Architecture of the 20th Century

- 163 ……
- 164 …… 20世紀の建築
- 170 …… インターナショナル・スタイル
- 174 …… 第二次大戦後の展開
- 176 …… ポストモダン

13章
21世紀の建築 | Architecture of the 21st Century

- 181 ……
- 182 …… ポストモダン以後の諸潮流

コラム
オベリスク〈16〉＋ギリシア神殿の平面〈23〉＋アトリウム〈38〉＋ローマのコンクリート壁〈43〉＋セルリアーナ〈100〉＋ストラップワーク〈107〉＋マンサード屋根〈126〉＋アール・デコ〈173〉

巻末資料

- 194 …… 掲載作品データ
- 202 …… 写真提供
- 203 …… 文献案内
- 208 …… 建築各部の名称
- 212 …… 地図
- 216 …… 人名索引

凡例

1 | 本文中の書名・雑誌名の指示には『　』を用いた．
2 | 本文中の図版番号は〈　〉で囲んだ．
3 | 姓名は一般にフィリッポ・ブルネッレスキのように中黒（・）でつないだが，Claude-Nicholas Ledouxのような場合には，クロード＝ニコラ・ルドゥーとした．
4 | 人名・地名の片仮名表記はできるだけその国の呼び方にしたがった．ただし，慣用的につかわれているものについては，それに従った．
5 | 巻末に人名索引，および掲載図版のデータを付した．人名索引は50音順，掲載図版データの欧文表記は設計者，建築物名，地名，国の順に示しできるだけその国の欧文表記にしたがっているが，英語表記を採用している場合もある．作品のサイズは縦×横の順で示してある．

執筆者紹介……… **熊倉洋介**〈ピヨピヨ保育園園長〉
(50音順) 　　　　　　1962 東京生 東京都立大学大学院博士課程修了

　　　　　　　　末永航〈美術・建築評論家〉
　　　　　　　　1955 神戸生 学習院大学大学院博士後期課程中退

　　　　　　　　羽生修二〈東海大学名誉教授〉
　　　　　　　　1948 東京生 東京都立大学大学院博士課程修了

　　　　　　　　星和彦〈前橋工科大学名誉教授〉
　　　　　　　　1951 東京生 東京都立大学大学院博士課程修了

　　　　　　　　堀内正昭〈元昭和女子大学大学院教授〉
　　　　　　　　1954 和歌山生 東京都立大学大学院博士課程修了

　　　　　　　　渡邊道治〈東海大学教授〉
　　　　　　　　1956 熊本生 東京都立大学大学院博士課程修了

The Concise History of Western Architecture

1章
古代オリエント・エジプト建築
Ancient Orient and Egyptian Architecture

星和彦

1 古代オリエント・エジプト建築

建築とは何であろう．その定義はさまざま考えられるが，本書では，三次元の空間を創造する技術と美術，と捉えることにしたい．そしてヨーロッパの建築を歴史的に辿りながら，その変遷にみられる表現の特徴と構築の意図を検討していこう．ヨーロッパ建築の起源は，たいてい古代ギリシアに求められる．しかし建築自体は，けっしてそこから始まったものではない．そこで本書では，導入部としてヨーロッパ建築に影響をおよぼした，古代ギリシアをはるかに遡る古代メソポタミアとエジプトの建築から取り上げていく．

メソポタミアは，人類史上で初めて農耕がおこなわれた地域として知られる．神殿建築や，ひとびとが定住し営む都市が初めて現れたのも，このメソポタミアであった．エジプトも，メソポタミアと比肩しうる建築の歴史をもっている．また，古代ギリシアへの直接の影響をもたらしたことでは，メソポタミア以上にヨーロッパ建築にとっては重要といえる．ここではヨーロッパの建築との関係という視点から，その両地域について，建設構法の特徴や代表的なモニュメント建築を検討しておく．

⊙1-3

⊙1-1｜ジッグラト（正面）紀元前2100頃 ウル イラク
⊙1-2｜ジッグラト（側面）紀元前2100頃 ウル イラク

⊙1-3｜テル・ソンゴル（全体）紀元前6000年期 イラク
⊙1-4｜テル・ソンゴル（部分）紀元前6000年期 イラク
⊙1-5｜王墓内部 紀元前2100頃 ウル イラク

メソポタミア

メソポタミアという地域と建築

ギリシア語で「ふたつの河の間」を意味するメソポタミアは、ティグリス、ユーフラテス河の流域に拡がる極めて平坦な地域で、世界四大文明発祥地のひとつである。エジプト、パレスティナ、シリアから続く、いわゆる「肥沃な三日月地域」の東側にあたるこの地では古くから農耕が発達し、その生産力にもとづき建築と呼ばれるに相応しいモニュメントと都市が、歴史上最も早く誕生した。人間の営みが始まったのはおよそ紀元前7000年頃といわれ、最初期の住宅遺構は北部のハッスーナで紀元前6000年頃まで遡る。都市の形成や神殿の建設がみられるのは南部の都市エリドゥで紀元前5000年頃である。紀元前3000年期には都市の重要な展開がみられるが、この頃をシュメール・アッカド時代といい、ジッグラトが現れるのもこの時期のことである。その後、古バビロニア時代（紀元前2017－1595）、カッシート時代（紀元前16世紀初め－1155）と続き、壮大な都城や大宮殿を建造した古代初の帝国アッシリアの時代（紀元前744－609）がおとずれ、壮麗なイシュタル門や空中庭園の建てられた新バビロニア時代（紀元前625－539）にいたり、アケメネス朝ペルシア帝国に滅ぼされた。このように、メソポタミアは豊かで平らな土地という性格から、古くからさまざまな民族が入り乱れて覇権を競う地域でもあった。

メソポタミアでは建築に用いられる質のよい木材が少なく、最初期は単に泥を練った練土が用いられた。つぎに採用されたのが、現在でもなお使われる日乾煉瓦で、住宅から大きな構築物まで利用され《1-3,4》、さらに焼成煉瓦も使用されるようになった。アーチやヴォールトが紀元前3000年期という早くから用いられたのは、こうした材料ゆえであったろう。しかし、のちの古代ローマ建築とは異なり、型枠を使用せず煉瓦を少しずつ迫りだすように積んでいく迫りだし式のアーチやヴォールト構法が発展し、曲線も正円ではなく放物線《1-5》を描く。

ジッグラト

ジッグラトとは「高い所」を意味し、階段状の建物で「聖塔」とも呼ばれるが、機能的には不明な点も多い。代表的な遺構はウルのジッグラト《1-1,2》で、ウル第三王朝期、紀元前2100年頃の建造とみられている。各頂点がほぼ東西南北に向けられた矩形の平面をもち、規模は第1層が底面62.5メートル×43メートル、高さ11メートル、第2層が底面38.2メートル×26.4メートル、高さ5.7メートルで、壁面は上方へいくにつれ後退し、全体では上面が底面よりも小さい側面が梯形の箱を重ねたようになる。構造は日乾煉瓦で躯体主要部を形成し、表面は焼成煉瓦で仕上げられている。壁面には規則的に凹凸がつけられている。この突出した部分をバットレス（控え壁）と呼ぶ。煉瓦をただ並べただけでは単調になりがちな外観に、バットレスは陰影のある表情を与えている。また、底面の各辺や、壁体の稜線は中央で膨らみがつけられ、全体は引き締まってみえる。このように、すでに視覚的な補正効果をねらったとみられる表現もみいだされる。

ジッグラトは、ほかにも南部のウルク（ワルカ）、バビロン、北部のドゥル・シャッルキン（コルサバード）などメソポタミア各地で建てられた。バビロンのジッグラトは（紀元前6世紀頃）、古代ギリシアのヘロドトスの『歴史』にも登場し、聖書のバベルの塔の記述のもとになったとみられている。

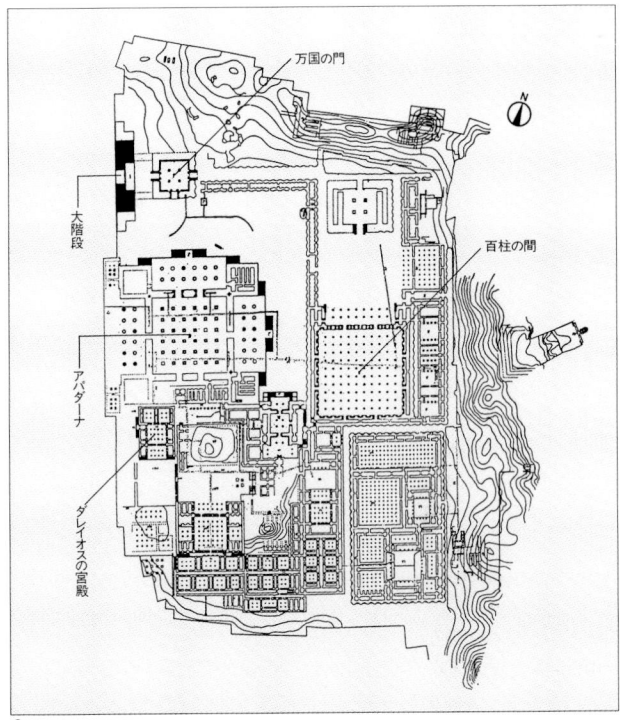

⊙1-6

ペルシア

　メソポタミアの東に位置するイラン高原も、メソポタミア同様古い建築伝統をもった地域である。とくに、紀元前6世紀後半にメソポタミアから小アジア、さらにエジプトまでを統一したペルシア帝国（アケメネス朝ペルシア、紀元前550-330）は、優れた建築遺構を残している。それが、おもに紀元前520年頃から460年頃にかけて造営された帝都ペルセポリスの宮殿《1-6》である。宮殿全体は西側約500メートル、南側約300メートル、高さが最高で12メートルの基壇のうえに建てられている。北西側には大階段が設けられており、続いて「万国の門」、謁見の間であるアパダーナ、「百柱の間」などが配置されていた。最も重要とみられる建物はアパダーナ《1-6,C》で、中央広間（方形で一辺約59メートル）の三方に列柱廊が付き、広間に立つ円柱は高さが18メートルをこえ、頂部には牡牛を背中あわせにした3メートルほどもある柱頭が載せられていた。この宮殿は王の住居というより、帝国の象徴で儀式の場であり、帝国各地域の技術と美術を建築的に統合したモニュメントとみられよう。

⊙1-6｜ペルセポリス（平面図）紀元前521-前463 ペルセポリス イラン

エジプト

ナイル川流域

　エジプトも，メソポタミアと同様世界四大文明のひとつでナイル川流域に展開し，その範囲は幅が10－20キロメートルと狭いものの，長さは1000キロメートルほどにおよぶ．ひとびとが生活を始めるのは紀元前5000年紀頃のことで，毎年周期的に氾濫するナイル川を利用した農耕は，エジプトを古代世界で最大の穀倉地帯とした．この時期を先王朝時代（紀元前5000－2950頃）という．エジプトはメソポタミアと較べて王朝の興亡が激しくなく，他民族を侵略したりその侵入を許すことも多くなかった．王朝時代に入ると，初期王朝時代（紀元前2950－2654頃）から，ピラミッドの建造された古王朝時代（紀元前2654－2145頃），第一中間期（紀元前2145－2050頃），中王朝時代（紀元前2050－1786頃），第二中間期（紀元前1786－1567頃）をへて，大神殿の建てられた新王朝時代（紀元前1567－1085頃），さらに末期王朝時代（紀元前1085－332）と続き，アレクサンドロス大王の支配以後，プトレマイオス王朝（紀元前305－30），古代ローマ帝国の属領時代とわけられている．

　建築材料はもともとは日乾煉瓦であり，住宅はやはり日乾煉瓦で作る．他方，モニュメンタルな建物，例えば王墓のピラミッドや王宮などの大構築物は石造で建てられるようになり，石灰岩，花崗岩や御影石，砂岩などが用いられた．そこで構造的には柱を立て，梁を渡すまぐさ構造が採られた．大建築では梁も石材なので，スパンが短く柱の林立する空間となる．

ピラミッド

　古王朝時代を象徴するピラミッドは，初め階段状の形態から始まり，続いて屈折ピラミッドと呼ばれる稜線が中途で折れ曲がる形をへて，四角錐のものへと展開した．この時代，国王と神が同格とみなされ，霊魂の不滅と来世の確信という宗教にもとづき，ピラミッドを築き死体をミイラとして残し，副葬品をともなわせた．そこで，ピラミッドは通常さまざまな施設とともにひとつの複合体を形成していた．

　サッカラの階段状ピラミッド複合体《1-8》は，第三王朝（紀元前2620－2600頃）の遺構である．墓廟建築としてはもともとマスタバがあった．マスタバは腰掛けを意味するアラビア語で，マスタバとは平面が矩形で壁面が上方に向かい内側に傾斜した台状の構築物である．階段状ピラミッドは，いわばこのマスタバを拡張とともに積み重ねていったとみられ，マスタバからピラミッドへの移行過程が示されている．規模は底面で約121メートル×109メートル，高さが約60メートルである．この複合体は，階段状ピラミッドに葬祭神殿（北側）や王のパヴィリオンや神殿群，2つの宮殿（東側）などが設けられている．また柱には，パピルスの花の形をした世界で最初の石造の柱頭が用いられている．これはのちのギリシア古典建築を想起させる．このピラミッド複合体は最古の建築家イムホテプによる．

　ピラミッドで著名な実例は，ナイル川の河口付近，下エジプトのギザにある第四王朝（紀元前2545－2450頃）の3つのピラミッド《1-7》である．クフの第一ピラミッド（底辺230.364メートル，高さ137.18メートル）は最大規模のピラミッドで，カフラーの第二ピラ

ミッド(底辺約215.8メートル,高さ143.5メートル),メンカウワーの第三ピラミッド(底辺約108.5メートル,高さ約66.5メートル)を合わせて,ピラミッドが形式として完成される.クフのピラミッドは各辺が正しく東西南北を向き,また各辺の長さがほぼ等しく,工事の精確さが示されている.さらにピラミッドは東側に葬祭神殿をもち,そこからナイル川まで長い廊下が設けられ,その先に河岸神殿(流域神殿)が建てられていた.この構成を最もよく残すのはカフラーのピラミッド複合体である.材料は,内部は石灰岩で表面の仕上げは白色石灰岩を張る.この白色石灰岩は上部から張られていったので,「ピラミッドは上から作られた」といわれた.この後,これほど大規模なピラミッドは構築されることはなかった.

⊙1-7|3つのピラミッド 紀元前2545-前2450頃 ギザ エジプト
⊙1-8|階段状ピラミッド 紀元前2620-前2600頃 サッカラ エジプト

◉1-9

◉1-10

神殿建築

ピラミッド以降の神殿建築をみてみると、テーベのディール・アル=バハリーにあるメンチュヘテプ2世葬祭殿（紀元前2045 - 2020頃、《1-9》奥）ハトシェプスト女王葬祭殿（紀元前1490 - 1468頃、《1-9》手前、《1-10》）では、列柱とテラスを組み合わせた構成が特徴となっている。このうちハトシェプスト女王葬祭殿は、軸線的構成がより明瞭で、テラスも3段となって、より壮大な構想がうかがえる。列柱廊が前面でその上のテラスを支え、その中央に斜路が設けられて、上段のテラスへ到るという構成で、2段目のテラスを昇ると、前面が4列の列柱廊となっており、その奥に3段目のテラスが設けられており、それに続いて聖所が作られている。ここでの柱は、断面が十六角形または三十二角形をして柱頭の装飾をもたない形態をとっている。

これに続く重要な神殿には、カルナックのアモン大神殿があげられる。第十八王朝（紀元前1567頃 - 1320頃）から古代ローマ時代まで建造がおこなわれ、スフィンクス像をならべた参道から、塔門（ピュロン）をとおると列柱廊の囲む中庭《1-11》、柱を林立させ

◉1-9｜メンチュヘテプ2世葬祭殿とハトシェプスト女王葬祭殿 紀元前2045-前2020頃と紀元前1490-前1468頃 ディール・アル=バハリー テーベ エジプト
◉1-10｜ハトシェプスト女王葬祭殿 ディール・アル=バハリー テーベ エジプト

⊙1-11

⊙1-12

た多柱室《1-12》が並んでいる．このように軸線にそって建物を配置する構成はルクソールの神殿《1-13》や，カルナックのアモン神殿の神域に建てられたコンス神殿（紀元前1166-1004頃）にもみられる．コンス神殿では，スフィンクスの参道から塔門をへて，前庭，多柱室，聖舟室（舟は太陽神がのって

⊙1-11｜カルナックのアモン大神殿 紀元前1567-前1320頃 テーベ エジプト
⊙1-12｜カルナックのアモン大神殿 テーベ エジプト
⊙1-13｜ルクソールの神殿 紀元前1417-前1237頃 テーベ エジプト

毎日天空を渡ることの象徴)、至聖所が軸線にそって整然と設けられていた。多柱室や列柱廊は太い円柱に支えられるが、こうした円柱は柱頭にパピルスの蕾や花、あるいはなつめやしの葉などをあしらい柱身には線刻が施され、太い梁を支持していた。

メソポタミアとエジプト

古代は社会体制が王を中心とする専制体制で、さらにエジプトで顕著なように、王はすなわち神であり、大規模建造物はその王を象徴する意味をもっていた。建築的構成の目的は、この権力を表象するため実体のもつ力を表現することにおかれており、マッスが建築表現の中心となり、建物とその外部空間の関係が構成上重要であった。エジプトでは、数学の発展や抽象化への関心から、ピラミッドのような単純で精緻な造形が生まれた。また装飾への志向もすでに表れ、さらには建物をより印象的にみせる造形的な工夫（いわゆるリファインメントと呼ばれる、視覚的な矯正法）への意図も認められる。建築的構成は、軸線の明確な場合（エジプト）もその意識がそれほど強くない場合（メソポタミア）もあるが、全体的に静的で彫刻的な空間構成ということができる。

Hoshi

◉1-14

✚ オベリスク

◉ひとつの石から彫り出された四角い柱で、先は細く、ピラミッド型の四角錐になっている《1-14》。もともとは古代エジプトで太陽神を象徴するものだった。エジプトを占領した古代ローマ人はこれをローマに運び、競技場の中央などに立てた。中世の間は放置され、壊れたり埋ったりしたものも多かったが、ルネサンス以降見直されるようになり、バロックの時代になって広場の中心に彫刻と噴水をつくり、オベリスクを立てるというやり方が街づくりの手法として確立する。やがて近代にかけてパリ、ロンドン、ニューヨークなど、各地を飾るためにエジプトからオベリスクが運び出されることになった。現在エジプトには5本しか残っていない。アメリカのワシントン記念塔などこの形を採った記念建造物も多く、明治以降の日本では軍人の墓石にこの形をしたものがある。

Suenaga

◉1-14｜ヴァティカーノのオベリスクとその移動（D. フォンターナの著書 1590 より）

The Concise History of Western Architecture

2章
古代ギリシア建築
Greek Architecture

渡辺道治

◉2-1

ギリシア建築

　ギリシア文明に先行してエーゲ海一帯ではクレタ文明とミュケナイ文明が興った．クレタ文明はクレタ島を中心に，ミュケナイ文明はペロポネソス半島を中心に栄え，後のギリシア文明に少なからぬ影響を与えた．

　ギリシア文明は，紀元前8世紀頃から生まれてきたポリスと称される都市国家を基盤としている．ポリスはそれぞれの自立性と独自性を有し，ポリス同士が集まってより大きな国家として生まれ変わることはなかった．むしろ，エーゲ海周辺という共通の気候や風土を背景とし，ほぼ同じような祭事，宗教，価値観を互いに共有しあうというゆるやかなつながりを保っていた．紀元前4世紀後期のアレキサンダー大王の東方遠征に始まるギリシア文明とオリエントの文明の接触は，ヘレニズム時代という新たな時代を切り開くことになった．

　紀元前11世紀から紀元前4世紀末までのギリシア建築は，その対象を神殿建築のみに限っていたといっても過言ではない．そこでは石材を材料とし，柱・梁というきわめて簡素な構造形式が作りだしうる建築美，その一点のみをひたすら追求し，そこにすべてのエネルギーが集められた．すなわちギリシアの神殿は，きわめて限られた特定の建築タイプを洗練させることでいかなる建築美に到達し得るかを最も端的に示している．ヘレニズム建築では建築の対象が神殿以外のものにも広がりを見せるとともに，建築そのものの理念化，平準化が進む．その結果，機械的な統一された形式が生まれ，きわめて端正で美しい姿を

◉2-1｜クノッソス宮殿 紀元前1700-前1600頃 クノッソス ギリシア

⊙2-2

見せてくれるが，別の観点からすれば力強さと面白味に欠ける建築となっていく．

■クレタ建築とミュケナイ建築
（前3000-前1100年頃）

　クレタ文明は前3000年から前1100年頃までクレタ島を中心に栄えた．年代的にはおおまかに三期に分かれ，前2000年頃より王政による諸都市が出現し，中期にあたる前1700年から1400年頃にその最盛期を迎える．彼らは農業とエーゲ海を舞台とした周辺諸国との海上貿易によって繁栄を誇った．その代表的な都市がクレタ島のクノッソス，マリア，ファイストスなどである．これらの都市はいずれも城壁を持たず，大規模な宮殿を中心とした構成をなしていることで共通している．

　これらの宮殿建築はかなり広い矩形の中庭を持ち，その周囲に様々な室がつらなっている．そこには特定の意図にもとづく秩序だった配置計画は見られない．むしろクノッソスの宮殿に見るごとく，謁見の場，私生活の場，倉庫など用途別に各室がまとまり，それらが中庭という唯一の核となるものにゆるやかに繋がっている．さらに階段を巧みに利用して高低差を生かした部屋の配置がなされている《2-1》．したがって一見迷路のようにみえる平面も，関連する部屋はかなり合理的に置かれているのである．2～3階建てで，石造の壁をめぐらし，漆喰を上塗りし，壁画が描かれていた．柱や梁は木造で，彩色が施され，柱は下に行くほど先細りとなる形を持っていた．柱の下には礎盤が，頂部には後のドリス式のような刳形を持つ饅頭形に膨らんだものと四角い板がのせられていた．

　ミュケナイ文明はペロポネソス半島の南部で前1600年頃より興り，前1400年頃にはクレタ島を制圧し，前1100年頃まで栄えた．その代表的都市がミュケナイやティリンスで

⊙2-2｜獅子門　紀元前1350-前1330年頃　ミュケナイ　ギリシア

2 古代ギリシア建築

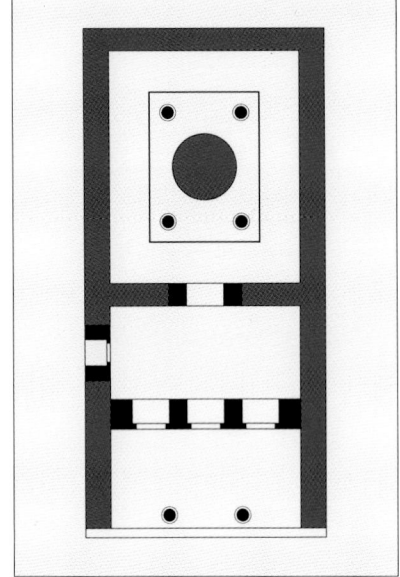

本土へ侵入し、先住のイオニア人やアルカディア人などを駆逐していった。この混乱の時代をつうじて、村落を中心とした小さな都市国家（ポリス）が前8世紀頃から数多く形成され始め、初めは王政を、次には貴族政の形をとっていた。この前800年から前600年頃にかけての時代が、ホメロスやヘシオドスの叙事詩が描く世界である。ポリスは初め人々が集まり住んだものであって、都市として整備されたものではなかった。農業を経済基盤とした世界であったが、狭い耕地と乾燥した気候のもとで各ポリスは人口の増加に対応することができなかった。そのため前750年頃よりギリシア人は南イタリア、シチリア、黒海沿岸などに植民都市を建設し始めた。彼らは新しい土地と交易の機会を求めて新都市を建設し、それによってギリシア世界は地中海沿岸域で地域的な拡大を果たした。しかしながら、この時代それらの都市は偶発性による都市の形成が見られることが多く、特定の理念にもとづく都市計画がなされることはほとんどなかった。

ある。これらの都市は宮殿を中心としていることではクレタ文明の都市と共通するが、根本的にまったく異なる。それは、ミュケナイやティリンスが巨石を用いた堅牢な城壁をめぐらした城塞都市をなしていることである《2-2》。さらに宮殿はメガロンと称される規模の大きな主室を中心に構成される。メガロン《2-3》は玄関ポーチ的な前室と居室にあたる後室からなり、2階建てであったと考えられる。前室には2本の柱が、後室には4本の柱が立ち、中央に炉が備えられていた。柱や梁は木造で、壁は石や日乾煉瓦で造られ、スタッコで仕上げられ、フレスコ画が施されていた。このメガロンの平面形式は後のギリシア神殿の神室に受け継がれる。

幾何学様式時代
（前1050-前600年）

前1100年頃ドリス人が北方からギリシア

この時代にドリス式とイオニア式の2つの神殿建築様式が現れたが、定型化するまでにはいたっていない。ドリス式の古い例を見るとアルゴスやオリンピアのヘラ神殿（前7世紀初めと前7世紀末）、イスミアのポセイドン神殿（前8世紀末）、テルモンのアポロ神殿（前7世紀後半）などがあげられ、原型となる形はおそらくペロポネソス半島の北東部域のヘラ神殿においてではないかと考えられている。当初は柱や梁は木造で、壁は日乾煉瓦を積み、矩形もしくは後壁がアプス状をしたヘヤピンのような平面をなし、ナオス（神像をおさめた神室）とポーチ状をなすプロナオス（ナオスの前の前室で玄関ポーチ的役割を果たす）からなっていた。それを良く示す例がペラコーラで出土したヘラ神殿の家形奉納品（前8世紀中頃）である。次にオリンピアのヘラ神殿《2-4》は最初期のドリス式神殿の特徴を最も良く示している。前650年頃の

2-3｜ティリンスのメガロンの平面復原図　紀元前13世紀頃　ティリンス　ギリシア

創建で, 前600年頃に再建されており, 正面に6本, 側面に16本の円柱が四周を取り囲む周柱式の細長い平面形式を持つ. 周柱の中央にプロナオス, ナオス, オピストドモス (ナオスの後ろに位置する後室, プロナオスと同じような平面をなす) の3室が一列に並ぶ. 3室の全長は100尺 (1尺は約30センチメートル) ほど, プロナオスは20尺ほど, 室幅は全体の長さの4分の1ほどで, 全体としてきわめて細長い形をなしている. 神室内には壁際に沿って円柱と壁付き柱が交互に並んでいる. 柱は当初木造であったが, 再建の際に石造に置き換えられた. ドリス式独特の柱頭の意匠はすでに木造の頃から用いられていた. 屋根は切妻で, 瓦が葺かれ, 彩色された大きな鬼瓦にあたるアクロテリオンが東正面にのせられていた. 神殿の屋根が切妻になるのは前7世紀中頃以降で, それ以前は平屋根であったと思われる.

イオニア式はドリス式ほど明確にその起源をたどることはできない. 最古のイオニア式神殿はサモスのヘラ神殿で前800年頃に建てられた. これは幅20尺, 長さ100尺の矩形のナオスのみからなり, 正面では両側の壁の間に3本の円柱が, 神室の中央に一列に12本の木造の円柱が立ち並んでいた. 壁は日乾煉瓦で, 木造の梁と屋根がかかっていた. 前8世紀に正面7本, 側面17本ほどの円柱で囲まれた周柱式になったと考えられている. 前670年に全面的な改築がなされた. 正面6本, 側面18本の木造円柱で囲まれ, 神室中央の一列の柱は取り除かれ, 石造壁による神室の内側に付け柱が並んでいた. 屋根は木造で, 瓦ではなく突き固めた粘土で覆われていたと思われる. この時代に属するイオニア式独特の渦巻きによる柱頭の意匠は確認されていない. 神域は明確な構成を取るまでにはいたっていなかった. しかし, ヘラ神域に見られるよう

に，すでにこの時代にストア（壁とその前面に列柱が立ち並ぶ列柱廊で多目的に使用される）が木造で建設されていた．

アルカイック時代
（前600-前480年）

　金属加工や陶器生産などの手工業の顕著な発達とそれを取り扱う交易の発展によって，ギリシア世界は次第に貨幣経済に支配されるようになった．これによって血統ではなく経済力のあるものが台頭し，市民として都市の防衛にも力を発揮することになる．すなわち平民階級の台頭である．その当然の帰結として貴族階級と平民階級の抗争が生じる．その対立の隙間を埋めるように各ポリスでは，スパルタを除き，名門貴族にかわって僭主が統治する場合が多くなった．その過程をとおって前6世紀末にアテネで古代民主政へと到達する．こうした政治状況の中で，都市が市民生活の中心地としてのアゴラ（行政，商業，公共の施設が広場のまわりに集積した場），要塞と神域としてのアクロポリス，崇拝の場としての神域といったように明快に区分されるようになった．

　まず神殿建築では，前7世紀の中頃から切妻破風の三角形部分になんらかの装飾を施すことが始まった．またこれまでの木造の柱・梁にテラコッタを貼りつける神殿の構法から，前600年頃を境に石造の建築へと次第に移行して行く．このようにして神殿建築は4周に柱を立て巡らす周柱式が最も一般的な形式となり，その平面形式の定型がほぼ完成する．さらに神域の構成も整えられるようになった．

　コリントのアポロ神殿《2-5,6》はドリス式神殿の最も典型的な最初の完成された例で，後のギリシアの神殿建築の規範となる役割を果たしたともいえよう．石灰岩造のスタッコ仕上げで，4段の階段（3段が最も一般的であるが）の上に正面6本側面15本の1本石からなる円柱が立つ．柱の高さは下部直径の4.15倍で，エンタシスの強い形をしている．梁に相当するアーキトレイヴとフリーズは分厚く，柱頭の意匠は丸みを帯びて横への広がりの大きな形をなし，全体としてシャープさに欠けたきわめて鈍重なプロポーションをなしている．列柱で囲まれた内部の室はプロナオス，2つのナオス，オピストドモスの4つに分かれる．ナオス内には円柱の列が二列あり，屋根を支える．

　全体として丸みを帯びたやや重々しい感じのアルカイック時代のドリス式神殿が最も洗練されたものが，アエギナのアファイア神殿《2-7,8》である．3段の階段の上に正面6本側面12本の円柱が立つ周柱式で，石灰岩造のスタッコ仕上げである．柱の高さは下部直径に対して5.33倍で，コリントのアポロ神殿に比べやや細くなったが，柱頭の意匠はまだずんぐりした形をなしている．軒にあたるシーマや破風などの建築装飾を施すところには大理石が使用されている．このように大理石は建築装飾を施す部分にまず取り入れられ，次第に建物すべての材料として用いられるようになった．三角形の破風飾りはトロヤ遠征を題材とし，左右対称に配した彫刻群から構成される．破風に彫刻を左右対称に配置するのは，コルフ島のアルテミス神殿やコリントのアポロ神殿に見られるように，アルカイック期の特徴である．このようにアルカイック期のドリス式神殿は周柱式で，周柱で囲まれた内部はプロナオス，ナオス，オピストドモスを備えていた．プロナオスとオピストドモスは壁の間に柱が2本立つ場合が一般的であり，プロナオスの前面全体にわたって柱が立ち並ぶ形式を取ることはない．また神室の壁の中心線と周柱の柱の中心線はほとんど一致していない．

　アファイア神域ではアルカイック時代の神域の構成がよく表れている．全体を周壁で囲み，神殿の真正面に祭壇がおかれ，プロピュロン（神域への門）はこの神殿と祭壇の中間に直角方向に配置される．つまり訪れる人々は神殿と祭壇の両者を対等にかつ立体的に眺

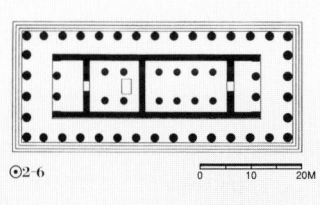
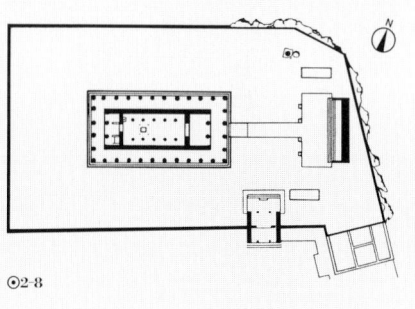

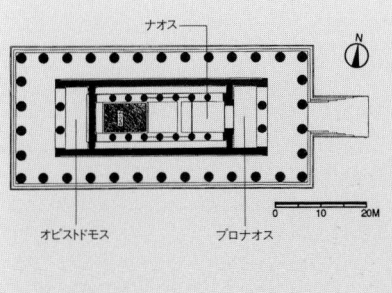

✚ギリシア神殿の平面

☉ギリシア神殿の平面《2-9》では3段の階段の上に4周に円柱を立て巡らした周柱式が最も一般的である．正面には通常6本もしくは8本の円柱が並ぶ．柱列に囲まれた内部に，神像をおさめるナオス，その前に玄関ポーチのような役割を果たすプロナオス，ナオスの背後に置かれるオピストドモスの3室が一列に並ぶのが普通である．一般に，プロナオスとオピストドモスは同じ平面をなし，神室内には2列の柱列が並んで屋根を支えている．

☉2-5｜アポロ神殿 紀元前540頃 コリント ギリシア
☉2-6｜アポロ神殿平面図
☉2-7｜アファイア神殿 紀元前510-前480頃 アエギナ ギリシア
☉2-8｜アファイア神域の平面図
☉2-9｜ギリシア神殿平面図

○2-10

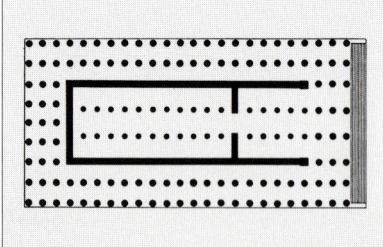

○2-11

神殿（前560‑550），ディディマのアポロ神殿《2-10》である．いずれも周囲に二重に柱を巡らせる二重周柱式で，内部はナオスとプロナオスのみで，オピストドモスはない．ヘラとアルテミス神殿は正面幅が50メートル以上，長さが100メートル以上で，アポロ神殿は正面幅38メートル，長さ85メートルである．いずれも正面に8柱，背面に9本，側面に21本の円柱が立つ（エフェソスの神殿は背面8本側面20本の可能性あり）．ヘラ神殿ではナオス内に二列の柱が立ち屋根を支えていたが，他の2つの神殿のナオス内に独立柱はなく，おそらく屋根はかかっていなかったと見られる．これら3つの巨大神殿にはいくつかの共通する特徴が見られ，それはこれまでのドリス式神殿に見られないものである．すなわち二重周柱式であること，壁の中心線と周柱の柱の中心線がほぼ一致することである．さらに正面と側面の柱間寸法は異なり，

めつつ，さらにその両者に挟まれた空間を意識するようにプロピュロンから神域内に導かれるのである．こうした神域の配置構成はギリシアの神域で継承されていく．

　この頃イオニア地方で3つのイオニア式巨大神殿の建設がはじまった．それはサモスのヘラ神殿《2-11》，エフェソスのアルテミス

○2-10｜アポロ神殿 第1期（紀元前560-前550），第2期（紀元前300-200）頃 ディディマ トルコ
○2-11｜ヘラ神殿平面図 紀元前570-前560 サモス ギリシア

⊙2-12

ヘラやアルテミス神殿では正面の柱間は中央にいくほど広くなる．2つの渦巻きからなるイオニア式柱頭が確認できるのはこの前6世紀中頃になってからである．

クラシック時代
（前480-前323年）

　ペルシアとの戦争に勝利をおさめ，デロス同盟の結成によって各ポリスには政治的安定と相互の結束の強化がもたらされた．つまりここにポリスは古代民主政治による平和を享受するのである．その結果ギリシア建築はその絶頂期を迎え，ペリクレス治下のアテネのアクロポリスにその具現した姿を見せている．パルテノン神殿《2-12, 13》はギリシア人が追い求めてきた建築美を達成した傑作である．

　建物はすべてペンテリコン産の白大理石造で，3段の階段の上に正面8本，側面17本の周

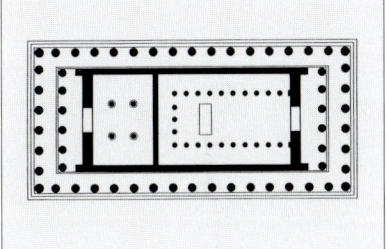

⊙2-13

柱式である．側面の柱数を正面柱数の2倍プラス1本とすること，プロナオスとオピストドモスの前面に円柱を立て並べること，ナオスの後ろの西室に4本のイオニア式円柱を用いたこと，神室の梁にあたるフリーズに連続した浮き彫り装飾を施したことなどは，イオニア式神殿の影響と見られる．ドリス式の柱

⊙2-12｜パルテノン神殿 紀元前447-前432 アテネ ギリシア
⊙2-13｜パルテノン神殿平面図

の脹らみはわずかで直線的になり、柱頭の輪郭も従来よりも直線的になっている。円柱の直径と高さの比、柱の高さと梁の高さの比はアルカイック時代以来次第に細くなっていたが、この神殿で絶妙の域に達している。さらに階段と梁がきわめてゆるやかな円弧状に脹らみ、隅の柱は若干太くかつ内側へ傾斜して立ち、隅の柱間は狭くするといったきわめて精緻な視覚補正（たとえば水平線は人間の眼には下側に若干垂れた線として知覚される。このように幾何学的な形とそれを人間が知覚する形との間には微妙な差が生まれる。この差を補正することを視覚補正という）の手法は、長年試みられてきた手法を踏まえた上での、視覚芸術としての建築の特性を究極まで高めた結果ともいえる。

パルテノン神殿は4人による共同作品であった。総指揮をフィディアスがとり、イクティノス、カリクラテス、カルピオンが参加した。イクティノスはドリス式の支持者で革新主義の旗手であり、パルテノンのヴォリューム的な問題を担当し、後にドリス式でバッサイのアポロ神殿を建てる。一方カリクラテスはイオニア式の支持者で伝統主義の旗手であり、この神殿の装飾的な細部を担当し、後に同じアクロポリス上のアテナ・ニケ神殿をイオニア式で建てることによりその本領を発揮するのである。その個性のぶつかり合いがドリス式とイオニア式の融合という稀有な結果をパルテノン神殿にもたらしたともいえよう。カルピオンは建築書を著したといわれる。同じアクロポリスに立つムネシクレス作のプロピュライア（前437-433）がギリシアのその後のプロピュロン建築の規範となったように、エレクテイオン《2-14》も礎盤、柱頭、梁などの各部の意匠において、イオニア式オーダーの完成された姿を見せている。

バッサイのアポロ神殿（前429年工事開始、

2-14｜エレクテイオン 紀元前421-前405 アテネ ギリシア

◉2-15

末完)ではコリント式柱頭が初めて神殿建築に登場する．コリント式オーダーはその後テゲアのアテナ・アレア神殿内部（前350頃），リシクラテスの記念碑（前337頃）にも登場するが，オーダーとしての最も美しい体裁を整えるのはエピダウロスの円形の建物ソロス《2-16》においてである．

南イタリアやシチリア島のギリシア植民都市では前6世紀の中頃から数多くの神殿が建設されていた．その代表例がセリヌスに立つ神殿やパエストゥムのポセイドン神殿《2-15》である．これらの植民都市のギリシア神殿はギリシア本土の神殿とは外観は似ているものの，いくつかの相違が見られる．たとえば同じ周柱式でも，柱で囲まれた内側の部屋が階段上面の広さに比べ比較的小さいこと，ナオスがしばしば2室あること，正面の柱間が端から中央へ向かって順次広くなっていることである．

◉2-16

前431年のペロポネソス戦争以後，各ポリス間の抗争が断続的におこりギリシア本土の建設活動は弱まった．前4世紀には，パルテノン神殿で頂点に達したドリス式にかわってイオニア式がその新しい建築的規範を確立していく．それは単純な格子による平面計画，明快な比例関係，イオニア式オーダーの整っ

◉2-15｜ポセイドン神殿 紀元前460頃 パエストゥム イタリア
◉2-16｜ソロス復原図 紀元前360–前320 エピダウロス ギリシア

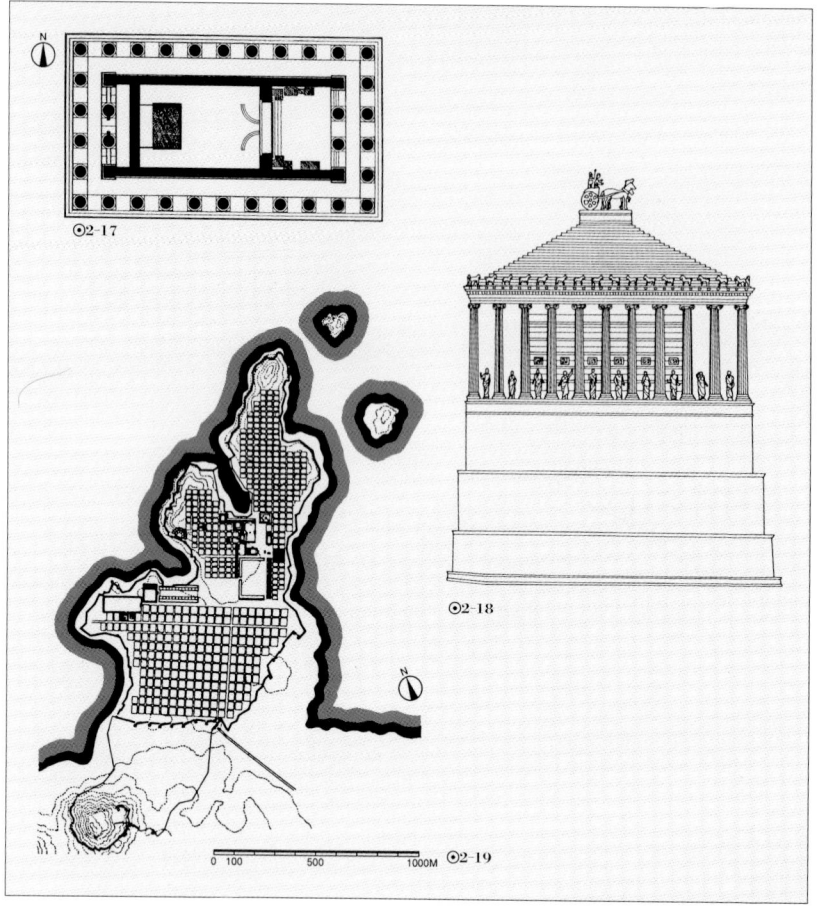

た形の成立であり、その代表例がピテオスによるプリエネのアテナ・ポリアス神殿とハリカリナッソスのマウソレウムである。アテナ・ポリアス神殿《2-17》は正面6本、側面11本の周柱式神殿で、周柱の内部はプロナオス、ナオス、オピストドモスからなる。この神殿の平面では、円柱の最下部にある正方形の礎盤の幅6尺を基準とする格子の上にすべての柱や壁を割り付けるという、きわめて機械的な手法がとられている。マウソレウム《2-18》でも6尺の格子の上にすべての部分が割り付けられ、主要な部分が明快な比例関係で成り立っている。マウソレウムのイオニア式オーダーはエレクテイオンとならびイオニア式オーダーの整った好例である。

前6世紀まではギリシア都市は計画的に整備されることはほとんどなく、一言でいえば偶発的な都市形成を重ねてきた。しかし前5

⊙2-17｜アテナ・ポリアス神殿平面図 紀元前4世紀後半 プリエネ トルコ
⊙2-18｜マウソレウム復原図 紀元前367-前350頃 ハリカリナッソス トルコ
⊙2-19｜ミレトスの都市図 紀元前5世紀初め ミレトス トルコ

世紀になって格子状街路計画（ヒポダモス式）が，前4世紀になると都市としての景観を重視したスケノグラフィア的な都市計画が取り入れられるようになった．ミレトスはヒポダモスによる典型的な格子状街路都市計画を持つ《2-19》計画は前479年直後）．2つの港を中心にし，相互に結び付ける形で公共，宗教，商業施設を集積し，その中心にアゴラを置く．その南北には矩形の住宅地を配している．ヒポダモスはこの格子状街路計画の理論の集大成者であって，この他にピレウスやロードスの都市計画も行った．彼の最大の貢献は単に格子状に街路を敷設することのみではなく，むしろ機能に応じて施設を効率的に配置することにあった．かなりの急斜面に位置するプリエネ（前350頃）は，こうした施設の配置の仕方を生かした格子状街路計画を最も極端に示した例である．ハリカリナッソスの都市は古代ローマの建築家ウィトルウィウスが劇場都市と表現したように，港に向かってすり鉢状に開く都市である（前367年，ピテオスの計画といわれている）．ここでは街路がまさしく劇場の通路のように走り，海からの景観の焦点に著名なマウソレウムが位置していた．こうした景観を重視した都市計画は後のヘレニズム時代にさらに発展する．

　前350年頃のエピダウロスの劇場《2-20》はギリシア劇場の好例である．ギリシアの劇場は丘の斜面を利用して建設され，舞台は円形で，座席は半円より大きく，舞台背景の建物と座席は建築として分離していて，その両者の間に出演者の出入り口が置かれる．この頃の住宅は前4世紀のオリュンソスに見いだせる《2-21》．柱廊を持つ中庭に4–5室の部屋が開く中庭式住宅で，各部屋の規模におおきな相違はない．

2-20｜エピダウロスの劇場　紀元前4世紀後半　エピダウロス　ギリシア

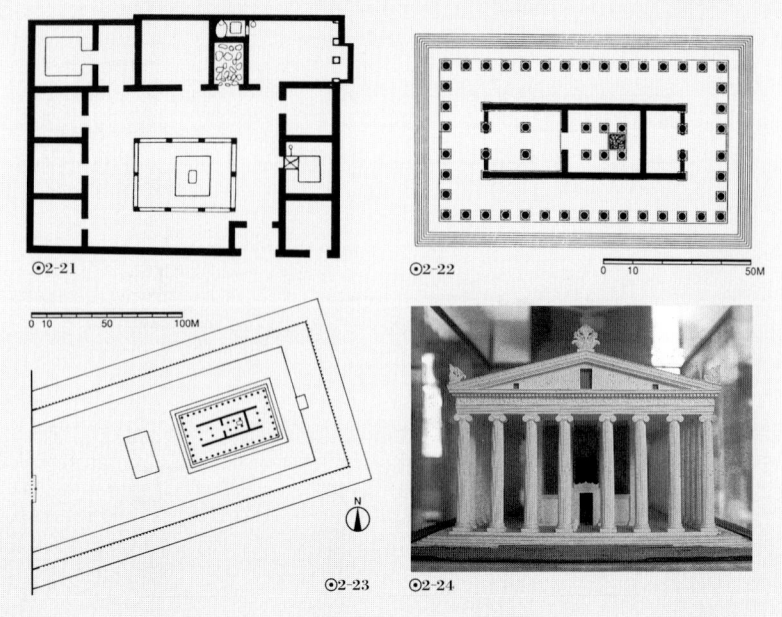

⊙2-21
⊙2-22　　　　　0　10　　　　　50M
⊙2-23
⊙2-24

ヘレニズム時代
（前323-前31年）

　前323年のアレクサンドロス大王の死からエジプトがローマの属州となる前31年までの期間はエーゲ海を中心としたギリシア世界と中近東のオリエント世界との文化的接触の時代であった．大王の死後に一時混乱の時代を迎えたが，ほぼ4つの地域，すなわちセレウコス朝による中近東から小アジアまでの地域，プトレマイオス朝によるエジプト，ギリシア本土北方のマケドニア，エーゲ海一帯の地域に分かれる．この時代の特徴の第一は，対象となる世界の地域的な拡大であった．前半は小アジアを中心とした東地中海世界を，前2世紀中頃以降はローマまでを巻き込んだ地中海沿岸全域を舞台とするようになった．

その結果，コスモポリタン的思想が生まれた．したがって，建築においてもその理念化や平準化が進み，ヘルモゲネスやヘルモドロスのような真の意味でのインターナショナルな建築家が出現した．彼らは建築書を書き残すとともに，みずからの能力を最大限に生かせる場を求めて，地中海世界全体を相手に活躍することになる．第二の特徴は，建築の空間というものがより明確に認識されるようになったことである．それは人間が特定の意思のもとに統制できる空間を作りだすことであって，矩形の広場や軸線的な計画の中に顕著に見いだせる．この傾向はローマ建築に引き継がれ，そこで結実することになる．第三の特徴は，従来の宗教建築のみを中心とした建築の発展ではなく，アゴラやそれに付属する集会施設や劇場などの公共建築が充実するようになっ

⊙2-21｜オリュンソスの住宅平面図　紀元前4世紀　オリュンソス　ギリシア
⊙2-22｜アルテミス神殿平面図　紀元前150以後　マグネシア　トルコ
⊙2-23｜アルテミス神域の平面図　紀元前2世紀　マグネシア　トルコ
⊙2-24｜アルテミス神殿復原模型　紀元前150以後　マグネシア（イスタンブール考古学博物館蔵）トルコ

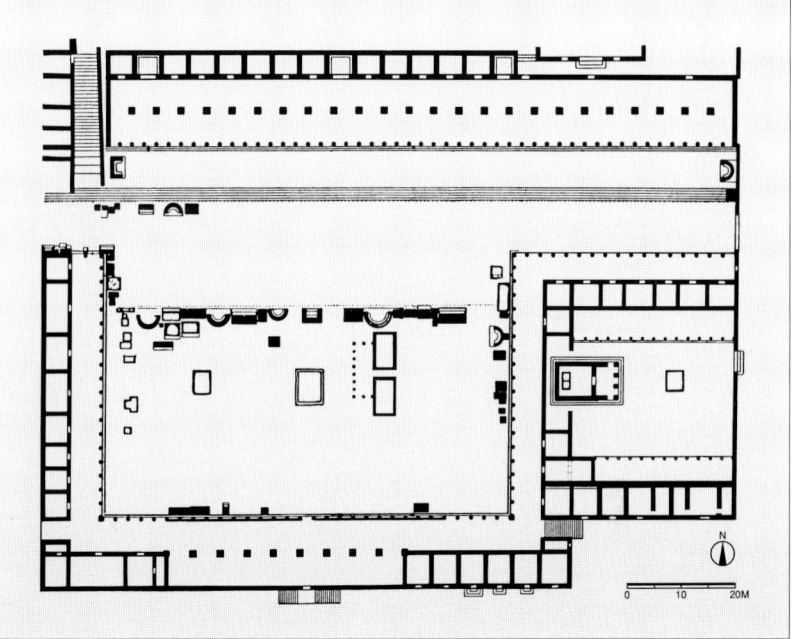

◉2-25

たことである.

　パルテノン神殿以降,神殿建築の中心がドリス式からイオニア式に次第に移っていった.ヘレニズム期を代表する神殿建築はヘルモゲネスによる一連のイオニア式神殿である.その好例がマグネシアのアルテミス神殿《2-22, 23》である.7段の階段の上に正面8本,側面15本の円柱が立ち,疑似二重周柱式(二重に柱を巡らした形から内側に巡る柱列を省略した形式)の平面を持つ.壁の中心線上に周柱の柱の中心が位置し,内側の壁体内の柱と周柱の柱の中心は同一直線上にある.内部の室の全長は幅の3倍で,プロナオス,ナオス,オピストドモスに分けられ,それぞれの室の長さは2:2:1の比をなしている.正面と背面の中央柱間のみが他の柱間よりも広く,柱は細く,フリーズに連続した浮き彫り飾りが施

され,破風には3つの窓が開けられるのみで彫刻による装飾はない.疑似二重周柱式の平面形式,奥行きの深いプロナオス,中央柱間を広くとることなどは伝統的なイオニア式神殿でおこなわれてきたことである.したがって,ヘルモゲネスの最大の功績はこれまでのイオニア式神殿の形式を整理し,そこから独自の均整のとれた形式を創造し,みずからの建築書を残した点にある.

　神域の構成ではペルガモンのアテナ神域のように,列柱廊で矩形に近い神域を作りながらも神殿は斜めに見えるように配置するアルカイック時代以来の伝統的手法が継承されていた.しかしながらもう一方では,列柱で囲まれた完全に矩形の広場を作りだし,そこに軸線を通すような空間の秩序化が興ってくる.マグネシアのアルテミス神殿《2-24》では整

◉2-25 | プリエネのアゴラ平面図　紀元前2世紀頃　プリエネ トルコ

然とした神域の中央に神殿が立ち、その中央軸線上にプロピュロンが開いている。アゴラにおいても明確な軸線は形成されないが、柱列で完全に取り囲まれた整然としたモニュメンタルな広場へとその姿を変えていく。たとえばプリエネやミレトスのアゴラでは「コの字」や「L字」形の列柱廊で囲まれた矩形の広場をなし、その周囲にブーレウテリオン(市議会場)などの公共施設が置かれている《2-25》。こうした空間の秩序化と軸線性は単一の建物にも適用されるようになる。ミレトスのブーレウテリオンは、入口、列柱廊、祭壇、半円形の集会場が中心軸上に並び、左右対称である。

プリエネやデロス島の前3-2世紀の住宅は、石造が一般的となり、2-3階建てとなる。基本は中庭式で、立派な造りの場合は周柱廊がそこにめぐり、中庭の下には貯水槽が設けられることもあった。各部屋は中庭に面し、できるだけ北側に部屋を集め、南側は開けられ、主室が他の部屋に比べ際立って大きくなる。室内にはモザイクの舗床を施し、壁面には壁画が描かれ、内部意匠がきわめて豊かになり、ローマの住宅へとその手法は受け継がれていった。

戦闘技術の向上により都市の城壁はより強固になり、アクロポリスは要塞化し、市民生活の中心としてのアゴラはより壮麗に整備されるようになった。新しく建設される都市では格子状に街路計画が用いられる一方で、景観を重視したスケノグラフィア的都市計画も発展する。その代表例が前2世紀から始まったペルガモンの都市計画である。急峻な斜面に沿って設けられた幾段ものテラス、それを支持する擁壁、それぞれのテラス上に置かれる神殿や公共建築群は一体となってあたかも一幅の絵画のごとき景観を呈している《2-26》。

このようにヘレニズム時代における空間の秩序化、洗練された神殿形式やオーダーの意匠、住宅の形式などは前2世紀以降、共和政ローマ建築を呑み込んでいったのである。つまり、ローマはギリシア建築からというよりも、ヘレニズム建築あるいはヘレニズム化されたギリシア建築から多くのことを学んだのである。

Watanabe

The Concise History of Western Architecture

3章
古代ローマ建築
Roman Architecture

渡辺道治

紀元前753年にローマ市が誕生し，最初は王政，紀元前509年に共和政，紀元前27年からは帝政に移行した．政治形態の変化と対応するようにローマはその領土を拡張していった．最初は，テヴェレ河畔の小さな村落に過ぎなかったローマ市は，前5世紀末までには隣接するエトルリア人を，前3世紀中頃までには南イタリアのギリシア植民都市を支配下におき，前1世紀末にはほぼ地中海沿岸全域にわたって覇権を確立した．このようにローマ帝国は，時代的には約10世紀間，地域的には最盛期に地中海沿岸全域を主として北はイギリス，東は中近東までを覆う広大な地域を治めていた．かくも時間的にも地理的にも広大な範囲に，特定の建築様式が確立することは不可能ともいえよう．しかし確実なことは，この時代に水道，街路，下水設備などの都市基盤施設や公共施設などを計画的に備えた真の意味での都市が無数にできあがったことである．つまり，重要なことは，ローマ建築がこの確固とした都市を背景として形成されたことである．

ローマ建築が我々にまず教えてくれることは，建築というものが単に壁，柱，屋根などから生みだされるだけのものではなく，それらによって生まれた空間そのものをつくりだす芸術をも指すことである．ローマ建築ではあらゆるタイプの建物が建てられ，かつそこであらゆるヴァリエーションが試みられたといってもよい．しかしこの百花繚乱的多様性は混沌に陥ってはいない．そこには軸線構成などの明確な構成力が働き，様々な建築要素を統合したひとつの建築にまとめあげられている．つまり，この多様なものを併存させていく寛容さ，そしてその多様性を統合する強固な構成力こそが建築におけるローマ性と呼べよう．

エトルリア建築

エトルリア人は前8世紀から1世紀にかけて，最盛期にはポー川流域からポンペイ近くまでを勢力圏におさめていた．彼らは鋳金，石造彫刻，壁画，陶器，テラコッタなどの分野でギリシア美術の影響のもと独自のすぐれた芸術を発展させた．建築においては神殿と墳墓に関してかなり判明しているものの，その他の点では不明なことも多い．しかしローマ建築に対する上記2つの建築の影響はきわめて大きく，その後のローマ建築の基本の一部をなしている．

エトルリアの神殿は石造の高い基壇の上に日乾煉瓦の壁と木造の柱が立ち上がり，その上に木造の梁と切妻屋根がのる．梁や，出の深い軒先にはテラコッタ製の彩色豊かな装飾板がかぶせられる《3-1》．前面にトスカナ式円柱が立ちならび，背面は壁のみである．前面は円柱の奥行きの深い吹き放ちで，神室は三室に分かれ，中央がやや幅広い．全体の外観として，幅のわりには高さの低いプロポーションを持っていたと考えられる．テラコッタ製の家型奉納品から判断すると，屋根の切妻面はもともと垂木などの屋根の構造を示したままであった．前3世紀以後にそこがギリシア神殿のように平面で閉じられ，浮き彫り彫刻が配されるようになったと見られる．オルヴィエトの神殿は前面に階段のついた基壇のみを残しているが，この高い基壇と正面性こそ後のローマの神殿建築に継承されていった重要な要素である．

エトルリアの住宅で判明している例はきわめて少ない．しかし，彼らは数多くの墳墓を残しており，これはみずからの住居を模したものとみられる《3-2》．その墳墓の建築を見

ると広い前室の背後に3つの部屋をならべたり、あるいは入り口から続く広間の左右と奥に小部屋を配置した平面形式が目立つ．つまりこれはアトリウム型住宅の平面形式を示すもので，前4世紀のポンペイの塩商人の家の平面となんら変わるところはない．ただし墳墓のアトリウムの天井には天窓は表現されていないこともあり，必ずしも天窓が開いていたとはいえない．

ローマ建築

ローマ市の誕生から共和政中期まで（前8世紀-前3世紀）

前753年にローマ市が誕生し509年に共和政に移行するまでの王政の間，ローマは政治・文化両面にわたってエトルリアの支配下にあった．共和政になってエトルリアなどの周辺諸国家を，次に南イタリアのギリシア植民都市を制圧する（前266）までの250年ほどの期間は，ローマのイタリア半島統一の時期であった．しかし文化的には前4世紀までエトルリアの支配下にあった．この間にローマは彼ら固有のラツィオ文化にエトルリア文化と南イタリアの植民都市経由のギリシア文化の影響を受けることになった．

この期間の建築における注目すべき点は，

⊙3-1｜アラトリのエトルリア神殿 紀元前3世紀末-前2世紀初め ヴィラ・ジュリア博物館（アラトリ出土）ローマ、イタリア
⊙3-2｜柱頭飾りの墓 紀元前6世紀 チェルヴェテリ イタリア

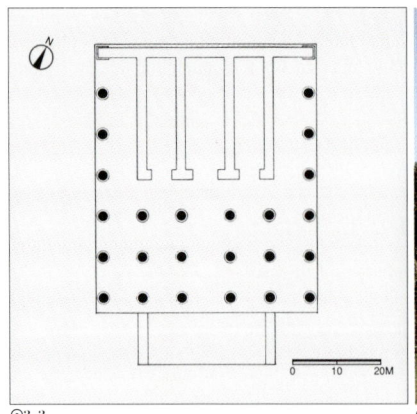

ローマ人がアーチの構法とエトリア神殿の建築を学んだことである。アーチの構法をエトルリアあるいはギリシアのどちらから学んだかは未だに確証はないが、建築遺構から見て少なくとも前3世紀にはすでに習得していたことは確かである。エトルリア神殿は、ローマがヘレニズム化されるまでローマ神殿の原型であった。それを最もよく示す例が前509年建設のカピトール神殿である《3-3》。高い基壇の上に正面6本、側面6本の円柱を持ち、後壁の両端は幅いっぱいまで延びている。神室は3つあり、国家の三神を同時に祭っている。カピトール神殿はこの神殿形式を最後まで踏襲し続けた。

共和政中期から末期まで（前2世紀–前44年）

紀元前2世紀以降、とりわけ中頃以後、ローマの建築はヘレニズム建築から多大の影響を受ける。それはエトルリアおよび古代イタリアの建築伝統とヘレニズムの建築伝統のせめぎ合いであり、そこから帝政ローマ建築の基礎が形成された。すでに南イタリアのギリシア植民都市を通じてギリシアからの影響を受けていたが、とりわけ紀元前3世紀末からのヘレニズム世界との政治・軍事上の関わり合いによって直接的にその建築に触れるようになった。しかしローマ建築のヘレニズム化と一言でいっても、その影響の源は南イタリアのギリシア植民都市、ギリシア本土の都市、小アジアの都市、アレキサンドリアなどと様々であり、厳密な意味ではいまだに不明な点も多い。

ローマ建築のヘレニズム化は神域の構成や神殿建築に最もよくあらわれており、その好例はローマのテヴェレ河畔の通称ウェスタの円形神殿《3-4》、ポルトゥヌス神殿《3-5》、パレストリーナのフォルトナ・プリミゲニア神域《3-6》である。ウェスタ神殿では大理石を使い、ヘレニズム建築の正統的コリント式オーダーが用いられている。こうした傾向のさきがけは、前146年にローマにサラミス出身のヘルモドロスが建てたユピテル神殿であった。これまでの神殿では凝灰岩やトラバーチンが建築材料であって、コリント式オーダーもポンペイのバシリカに見られるようにいわゆる変形したイタリア形のものにすぎなかった。ポルトゥヌス神殿は高い基壇の上に立ち、疑似周柱式の平面を持つ。ローマ人は周柱式をギリシア・ヘレニズム建築から学び、これ

3-3｜カピトール神殿平面図 紀元前509 ローマ イタリア
3-4｜通称ウェスタ神殿 紀元前2世紀末–前1世紀初め ローマ イタリア

を付け柱とすることで疑似周柱式という独自の形式を生み出した。パレストリーナの神域は幾段ものテラスからなり、列柱廊による広場を作り、そこに強烈な軸線を通すことで全体を結びつけている。列柱廊の広場やテラス構成は、コスのアスクレピウス神域やペルガモンの都市構成に見られるように、まさしくヘレニズム建築に由来するものである。

このように神殿や神域の建築において、ローマ人は高い基壇、軸線性、正面性、神殿後壁を延ばすことをエトルリアや古代イタリアの建築伝統から継承した。一方、周柱廊による矩形の神域、周柱式の神殿平面、オーダーの構成およびその細部意匠、大理石で造ることをギリシア・ヘレニズム建築から学んだのである。ただし大理石の使用はかなり限られたものであって一般化するのは帝政になってからである。

ポンペイのフォルムに同様のことが端的に示されている。フォルムとはギリシア・ヘレニズム都市におけるアゴラに対応するもので、都市の行政・宗教・商業施設がひとつの広場のまわりに集積された場を意味する。イタリアでは古くから店舗が広場のまわりに並ぶマーケットは造られていたが、列柱廊で囲まれることも矩形の整然とした形をとることもなかった。ポンペイのフォルムは矩形の広場をなし、列柱廊で囲まれ、その背後に様々な公共の建築が建ち並び、カピトリウム神殿を中心とする軸線が貫かれている。

住宅建築に目を向けると、前3世紀までにはすでにアトリウム型の住宅形式が確立されていた。すなわち、ポンペイの外科医の家（前4-3世紀）に見られるように、地下の水槽をそなえた水盤を持ったアトリウムと呼ばれる広間の左右に寝室（クビクラ）や小部屋（アラ）がならび、正面の玄関の中心軸上に主室（タブリヌム）が配され、その背後に後庭が置かれる。この形式は古くはエトルリアの住宅に遡るものである。前2世紀になるとヘレニズムの影響が現れてくる。それは、後庭を列柱で囲まれた周柱廊（ペリスタイル）に置き換えることである。この周柱廊の周囲に諸室が置かれたが、やはり主室は玄関の軸線上の最奥部に繰り返して置かれることが多かった。このように、前2世紀以降の住宅ではアトリウム形式とペリスタイル形式が合体した形が一般的となる《3-8, 9》。しかし、ここでも軸線性と左右対称性は可能なかぎり受け継がれていった。前2世紀以降住宅はますます

⊙3-5｜ポルトゥヌス神殿　紀元前1世紀　ローマ　イタリア
⊙3-6｜フォルトゥナ・プリミゲニア神域　紀元前80頃　パレストリーナ　イタリア

その豪華さを増し、かつ次第に多層化していく。アトリウムの水盤は凝灰岩やテラコッタ製から大理石製に変わり、アトリウム内にも円柱が立てられ、オエクスと称される食堂が備えられ、アトリウムの2階部分にも部屋がつくられるようになった。前2世紀末よりヘレニズム世界の影響を受けて、モザイクによる舗床と壁画が発達し、ローマの住宅の室内を仕上げる重要な要素となった。

一方ローマ人は、これまでにない新しい建築の範疇をこの時代に開拓していった。それはバシリカであり、円形闘技場であり、記念門であり、公衆浴場などであった。現存する遺構から見るとバシリカと円形闘技場はポンペイの例が最も古く（それぞれ前120年頃、前80年頃）、記念門は文献上から前196年に、公衆浴場も前2世紀にはすでに建設されたが、その建築としての完成を見るのは帝政になってからである。

建築材料の観点から見ると、コンクリートという新しい建築材料の出現があげられる。ローマのコンクリートは、カンパニア地方産出のポゾラナと称する火山灰土、石灰、石や煉瓦片、水を混ぜ合わせて作られる。したがって、現代の焼成セメントではなく天然セメントからなるコンクリートである。これがいつ頃から使われだしたかは明確ではないが、前3世紀にはすでに使用されていたと見られ、前2世紀以後は盛んに用いられた。たとえば、前193年にローマにコンクリート造の連続ヴォールトからなるポルティクス・アエミリア（穀物倉庫）が建設されている。その後、貯水槽や人工テラスの基礎などに用いられ、前100年頃になると神殿や住宅の壁体にも活用されるようになった。ローマのコンクリートは、その表面に凝灰岩やトラバーチンなどの石材や煉瓦材等による表層を持つ。しかしながら、この新材料は共和政時代にはあくまでも石造壁の代用であり、その材料自身のもつ新しい造形美はまだ生みだされていなかった。

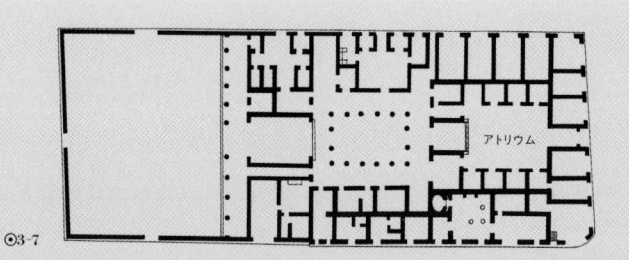

✚ アトリウム

◉古代ローマの住宅では入り口を入るとまず天窓を開けたアトリウムという広間があり、居間や小さな部屋がここに面して並んでいた《3-7》。はじめは応接や食事にここを使ったが、共和政の末期以降は、夏の食事のための屋根のない部屋ができ、列柱で囲んだ中庭を奥につくって客をここに迎えるようになったので、アトリウムは玄関のホールとして使われた。現代では屋内なのに野外のような大きな吹き抜けの空間をこう呼んでいる。ガラス張りの屋根の下にいろいろな建物があり、植え込みがあったり、川が流れていたりするアトリウムは大きなビル、ホテルやショッピング・センターなどに欠かせないものになっている。

Suenaga

◉3-7｜古代ローマ住宅の平面図

カエサル時代からアウグストゥス時代（前44-14年）

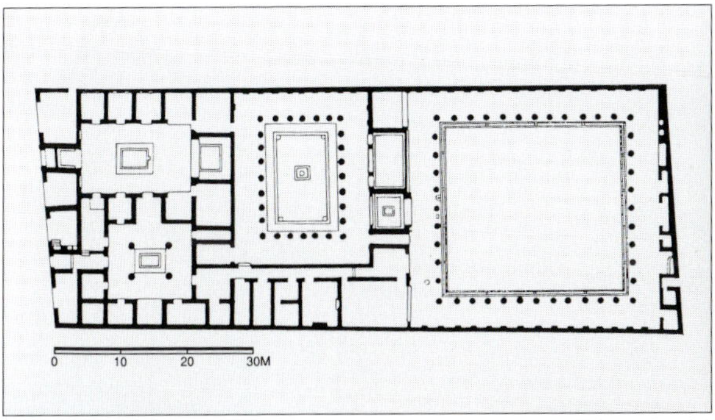

　この時代にローマ人はギリシア・ヘレニズム建築から学んだものを彼らなりに消化し、古典主義建築を確立した。それを端的に示すものがローマ的なコリント式オーダーの確立であり、カエサルやアウグストゥスのフォルムであった。

　共和政の末期頃よりコリント式オーダーが最も好まれていた。ローマ人はギリシア・ヘレニズムのコリント式オーダーを基礎とし、そのコーニスとフリーズの間にS字形の持ち送りを加えることでローマ型コリント式とも呼ぶべきオーダーを作り上げたのである。これによってコーニスの軒の出と高さは増し、その下に軒先飾りが配されるようになった。同時にフリーズ面を中心に装飾豊かになった。この持ち送りは前2世紀頃よりヘレニズム世界で部分的に使用されていたが、ローマにおいて前50年頃より発達を始め、フォルム・ロマヌムのカストールとポルックス神殿（6年に再建）《3-10》やコンコルディア神殿（7-10年に再建）においてその完成をみた。ニームのメゾン・カレ（1-10年）はこの時代の神殿建築の好例である《3-11》。

3-8｜ファーノの家平面図　紀元前2世紀　ポンペイ　イタリア
3-9｜ヴェッティの家　62-79　ポンペイ　イタリア
3-10｜カストールとポルックス神殿　6（再建）ローマ　イタリア
3-11｜メゾン・カレ　1-10頃　ニーム　フランス

◉3-12

◉3-13

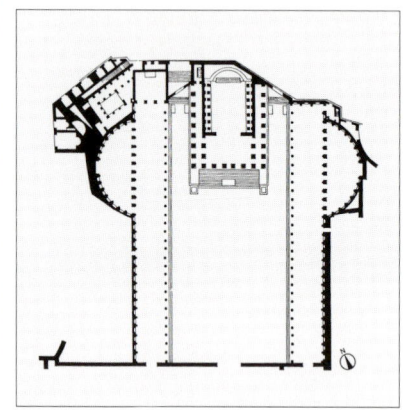

◉3-14

カエサルのフォルムは後の皇帝のフォルムの原型となったもので、アウグストゥスのフォルム《3-14》はこの皇帝のフォルムの構成を最もよく示している。やや細長い矩形の広場を高さ35メートルほどの周壁と列柱廊で囲み、その最奥部に高い基壇にのる神殿を置き、神殿の両脇に記念門を配置する。ここでは神殿最奥のアプスから延びる軸線が全体を貫き、これと直交する別の軸線が神殿破風面を通り両脇の大きなアプスの中心へと延びている。さらに神殿にはアウグストゥスに関連するものを祀り、両脇には彼の二人の後継者を讃える記念門を立てるという図式を作りだしている。この垂直方向への建築スケールの拡大、明確かつ強烈な軸線構成、宗教と政治と建築を結びつける図式構成こそ後の帝政ローマ建築の重要な要素となったものである。またアウグストゥス時代から、イタリア国内のカッラーラで白大理石が産出するようになったこともあり、特に多量の大理石が建築材料として使用されるようになった。

ユリウス・クラウディウス時代からウェシパシアヌス時代(14-98年)

2つの流れがこの時代に平行的に進んでいった。ひとつは前2世紀以来のギリシア・ヘレニズム建築がさらに発展し、ローマという地で最も爛熟した。もうひとつは、コンクリートという新しい建築材料がそれにふさわしい造形美、すなわちドーム建築として第一級のモニュメントに使用され始めたことである。

ローマのティトゥス凱旋門《3-13》はアーチ構造とオーダーの融合という点ですぐれた例であるだけでなく、その意匠はウェシパシ

◉3-12｜コロッセウム ドミティアヌス時代 ローマ イタリア
◉3-13｜ティトゥス凱旋門 82頃か ローマ イタリア
◉3-14｜アウグストゥスのフォルム平面図 紀元前2 ローマ イタリア

◉3-15

アヌス神殿などと共に，まさしくヘレニズム建築が爛熟した好例である．アーチ構造とオーダーの建築的な融合はヘレニズム以来の課題であったが，この凱旋門においてその明確なひとつの解答を生みだした．細部意匠の点からみると，美しいコンポジット式（イオニア式柱頭とコリント式柱頭を合わせたもの）をモニュメント建築に初めて用い，整ったエンタブラチュア（梁）の構成，オーダー部分の豊かな装飾などを持っている．同様の意匠はネルウァのフォルムの柱廊にも見られ，この時代にギリシア・ヘレニズムの建築オーダーの意匠がローマにおいて究極的に高められたといえよう．

　一方，コンクリートの建築はネロのドムス・トランジトリア（54-64）と黄金宮（64-70）という第一級の宮殿建築にドーム建築として出現することで，それにふさわしい造形美と建築上の地位を初めて獲得した．コンクリートはこれまで土木事業や基礎構造に対して用いられていたし，ドームの建築はポンペイのスタビア浴場やバイアの浴場などの共和政末期以来の浴場建築ですでに試みられていた．これに対し黄金宮の東翼のコンクリートからなる食堂では，対角線の長さが15メートルほどの正八角形平面にドームが載り，その頂部にはランタンが載せられていたと考えられ，その外側に放射状に矩形の部屋が開いている．ここに見られるドームによる建築空間とその独自の採光法は，その後のローマのドーム空間の発展に決定的な役割を果たした．それは柱・梁構造や石材および煉瓦を積んだ壁構造によって造られるものとはまったく異質のものであり，コンクリートという可塑性の材料によって初めて可能となったものである．

　またこの時期，共和政末期に出現した新しい建築のタイプの原型が完成された．記念門

◉3-15｜トラヤヌスのフォルム　トラヤヌス時代　ローマ　イタリア

●3-16

ではティトゥスの凱旋門，円形闘技場ではコロッセウム《3-12》，公衆浴場ではネロの浴場である．コロッセウムは建築史的にみればこれまでの円形闘技場の発展を集大成した結果であり，特に革新的なものではない．材料，構法，動線計画，外観のアーチとオーダーの組み合わせやその配置などすべてこの頃までに建設された円形闘技場や劇場の建設で培われた経験を生かしたものである．ただしアーチ構造とオーダーの組み合わせによる意匠という観点にたてば，コロッセウムはティトゥスの凱旋門とともにローマ時代にかぎらずその後の西洋建築にはかり知れない影響を与えた．ネロの浴場は公衆浴場における帝国様式を確立した．各室が熱の流れにしたがって最も効率よく配置され，これらの部屋は明確な軸線計画と左右対称性により結びつけられており，その後の公衆浴場はすべてこの基本原則にならって建設された．

●3-16｜パンテオン内部 118-128 ローマ イタリア

トラヤヌス時代からアレクサンデル・セウェルス時代（98-235年）

　トラヤヌス時代以降のローマ建築はまったく新しい局面を展開することになる．それはローマ建築のヘレニズム化からの脱却であり，首都ローマの建築が地方に拡散し地方の様式と接触することで起こった属州建築の興隆である．

　トラヤヌス時代の首都の代表的建築はカエサルのフォルムの再建《3-15》とトラヤヌスのフォルムおよびマーケットの建設《3-17》である．オーダーの意匠の点で両者に共通しているのは，フラウィウス朝の過剰な装飾を捨て，もう一度アウグストゥス時代の厳格な古典様式に戻ろうとする動きであった．フォルムとマーケットは市北部のカンプス・マルティウスと都心部を結びつけ，かつ整然としたショッピング・モールを備えるという都心部再開発の意味を持っていた．フォルムは大理石を用い，主軸線とそれに直交する2本の軸線を組み合わせた壮大かつ壮麗な建築群であった．これに対しマーケットは煉瓦とコンクリートで作られ，ヴォールトを多用し，オーダーによる装飾はほとんど見られない．

　パンテオン《3-16》はハドリアヌス時代の代表的建築のひとつである．直径43.8メートルの球体がすっぽりおさまるドームのかかった円堂と，古典的な破風をもつ列柱廊による玄関部からなる．この建物はローマ人の建築に対する態度，世界観，当時の最高の建築技術を具現している．すなわち建築とは柱や壁体といった実体部分が作りだすものだけでなく，それらによって作りだされた空間そのものを創造する芸術でもあることを最も端的に示している．そして「やおよろずの神」を祀ったこの神殿を最も単純な図形である完全球体によって表現することでローマ世界の中心としての象徴的性格を表している．さらに，上に行くにしたがってより軽量の材料からなるコンクリートを使用し，荷重を上から下へ

✚ ローマのコンクリート壁

⊙ローマのコンクリート壁はその表層に用いられる材料やその用い方で幾つかの種類に分けられる．(1) 整層積み（オプス・クアドラトゥム）切石を整層に積み，帝政初期の公共建築に多い．(2) 乱石積み（オプス・インケルトゥム）7-10センチメートルほどの小石をモルタルで固めた表層を持ち，前2-1世紀に多い．(3) 網目積み（オプス・レティクラトゥム）四角錘状の石材の底面を表層に向くようにならべ，外観は石の目を45度傾けた網目状をなす．前1世紀からハドリアヌス時代まで用いられる．(4) 煉瓦積み（オプス・テスタトゥム）薄い三角形の煉瓦を整層に積んだ表層で，帝政時代に最も一般的であった．(5) 混石積み（オプス・ミクストゥム）石と煉瓦を一定の間隔で交互に積む方法で，帝政後期に見うけられる．

⊙3-17｜トラヤヌスのマーケット 112 ローマ イタリア
⊙3-18｜ハドリアヌスの別荘 118-134 ティヴォリ イタリア

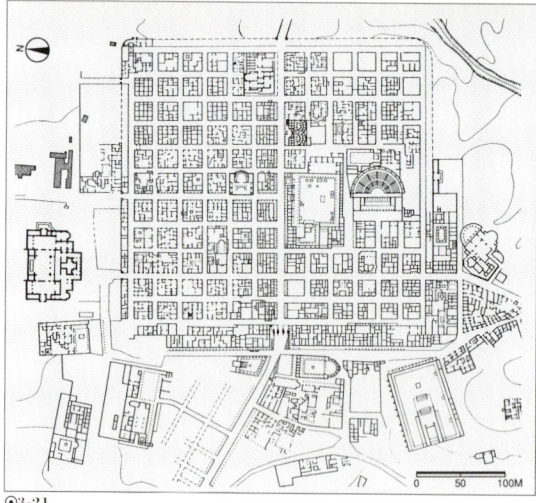

効率的に伝えるための数多くのアーチが複雑に円形の壁体の中に組み込まれている。共和政末期以来のコンクリートのドーム建築がここにおいてひとつの頂点に達したのである。

しかしコンクリートによるドーム建築の建築上のより豊かな展開を見せてくれるのはハドリアヌスがティヴォリ近郊に建設した別荘《3-18》においてであった。ここでは円形や八角形などの異なる平面の上にリブを用いたドームなど様々の形態を持つドームがかかっている。さらにこの別荘ではローマ建築史上に新しい境地を開くきっかけとなった2つの

⊙3-19｜通称トラヤヌス記念門 2世紀末-3世紀初め ティムガド アルジェリア
⊙3-20｜ディアナの家 2世紀中頃 オスティア イタリア
⊙3-21｜ティムガドの都市の平面図 100頃 ティムガド アルジェリア

特色が見られる．ひとつは軸線の曲折である．従来の直交する軸線に代わり折れ曲がる軸線の組み合わせの上に個々の建物が配置されている．もうひとつは平面における曲線の多用である．部屋と部屋の境は従来の直線による壁や柱列ではなく，様々な曲線を描き，これまでにない建築空間を作りだすことになった．

2世紀以降の都市住宅は，煉瓦を表層に使ったコンクリート造の4-5階建てのアパートが一般的になった．オスティアのディアナの家《3-20》のごとく，中庭形式で1階に店舗がならび，上階には複数の住居が効率よく配置されていた．

ハドリアヌス時代頃より次第に属州の建築が興隆し始め，2世紀後期には首都ローマの建築はローマ帝国における一都市の建築にすぎなくなる．まずヘレニズム建築の伝統の根強い小アジアではポゾラナ（セメント質を有する火山灰土）が入手困難なためコンクリート建築は発達しなかった．むしろ煉瓦によって，ペルガモンのアスクレピウス神殿（150年頃）に見るごとく，ローマのコンクリート建築と同等のものを作りだそうと努力した．ここでは確固とした伝統を持つ古典的なオーダーをより洗練させ，より巧妙に取り扱うこ とで，視覚的に洗練された効果を持つ意匠を作りだしていった．たとえばエフェソスのハドリアヌス神殿ではシリア風アーチを用い，ケレスの図書館《3-22》はきわめて洗練された絵画的ともいえる外観を見せている．

北アフリカのティムガド《3-21》はローマの植民都市の都市計画を最もよく示す例である（100年頃）．そこでは矩形の城壁に囲まれ，格子状の街路が走り，主軸街路はT字形をなし，街区は矩形で，中心部に公共建築群が集積している．この都市の通称トラヤヌス記念門《3-19》がバロック的とも称する独自の意匠を，レプティス・マグナのセプティミウス・セウェルスのフォルム（2世紀末-3世紀初め）では小アジアの建築伝統の直輸入を基礎とした意匠を見せている．概して北アフリカではオーダーの装飾は比較的簡素であり，むしろ壁面の凹凸を利用した陰影感が強調されている．

マクシミリアン時代から古代末期 (235-476年)

セウェルス朝以後ローマ世界は政治的に不安定な時代に入る．287年には帝国が東西に二分し，皇帝の宮殿は各地を転々とし，330

⊙3-22｜ケレスの図書館 117-120頃 エフェソス トルコ
⊙3-23｜コンスタンティヌス凱旋門 315 ローマ イタリア

年にはコンスタンティノープルに遷都した.こうした状況のなかで建築における地域間の境界は消滅し,あらゆる建築がどこに建てられようとなんら不思議でなくなった.さらに313年のキリスト教の公認によりキリスト教美術がひとつの地位を獲得し,この時期は古代世界からキリスト教世界への移行期ともみなせる.

公共建築は本質的にすでに確立された形式を踏襲した古典的なもので,コンスタンティヌスの凱旋門《3-23》やディオクレティアヌスの浴場(298-305/6)はその好例である.むしろこの時代には煉瓦を表層に貼ったコンクリートが普及し,そのコンクリートによる建築造形の可能性が最大限に高められた.トリーアのバシリカ(四世紀初期)は煉瓦造で構法的にはやや特異であるが,細長い矩形にアプスがつく単純な平面をなしている.外観はスタッコ仕上げであり,2段の細長いアーチ窓と窓の間の角柱が外観をリズミカルに区分し,きわめて垂直性の強い意匠を示している.内部では視覚的補正を行うことで奥行き感を生みだしている.すなわちアプスの2段の窓は矩形部分の窓よりもやや小さく,上段の窓は若干低い位置に開き,アプス中央一対の窓はよりいっそう小さく,アプス部分の天井はその前の矩形部分の天井より少し低い.

フォルム・ロマヌムのマクセンティウスのバシリカ(307-312《3-24》)はコンクリートによるヴォールト構法の巨大な建物であるが,その巨大さ以外なんら新しい創造を示してはいない.一方ローマの通称ミネルウァ・メディカ神殿(四世紀初期《3-25》)は十角形の平面にリブ・ヴォールトによるドームが載り,各辺に半円形のニッチが付き,そのうちの4つでは壁体部が列柱に置き換えられ,各辺の上部には大きなアーチ窓が開いている.ここに見られる内部空間の膨張,壁体部の量塊感の減少によって構造体を皮膜と化するような取り扱い方,列柱による内部と外部との緩やかな結びつきは,パンテオンのような静的なかっちりとした内部空間からなる建築から脱したドーム建築の新しい可能性を示している.この傾向はさらに発展させられ,アヤ・ソフィアにおいてその結実した姿を見せてくれるのである.

Watanabe

◉3-24｜マクセンティウスのバシリカ 307-312 ローマ イタリア
◉3-25｜通称ミネルウァ・メディカ神殿 4世紀初期 ローマ イタリア

The Concise History of Western Architecture

4章
初期中世建築
Early Medieval Architecture

羽生修二

初期キリスト教建築

イエスの生涯と教会建築の誕生

　今からおよそ2000年前に現在のイスラエルのベツレヘムという村で生まれ、十字架にはりつけにされて殺され、三日後に復活したとされるイエス・キリストの生涯は、かれが三十数年のほとんどを過ごしたガリラヤ地方の人々だけに大きな夢を与えたわけではなかった。イエスの福音を信じるキリスト教は、命を賭けて布教活動に身を捧げた弟子たちをはじめとする多数の殉教者のおかげで、今や世界中のほとんどの国に広まったのである。イエスの生涯の中でキリスト教の本質に関わるもっとも中心的なテーマは、ベツレヘムの馬小屋での「誕生」、洗礼者ヨハネによるヨルダン川での「洗礼」、神の言葉を述べ伝えた「福音宣教」、「最後の晩餐」とその時に行なわれたパンとブドウ酒の「聖変化」、「受難」と十字架上の「死」、「復活」、神の息吹である聖霊を弟子たちが受ける「聖霊降臨」そして「昇天」だった。これらのイエスの生涯を思い起こし、そこでかれが人々に述べ伝えようとした福音に従って信仰生活を送り、イエス・キリストと一体化することがキリスト教信徒たちの理想であり、教会で行なわれるミサ典礼にはイエスの生涯を追体験するという意味も含まれているのである。それゆえキリスト教の教会堂は、上で述べたイエスの生涯における主要なテーマを再現できる空間として誕生、発展していったとみなせないだろうか。

　イエスの死後、ユダヤ教徒とローマ皇帝の激しい迫害を受けながらキリスト教は急速に広まり、西方にまで伝播する。禁教下でキリスト教信徒たちは、まずおもだった信徒の住宅や地下の礼拝堂、カタコンベのような場所でひそかに集会を開いていたと思われる。シリアで発見されたドゥーラ・エウロポス（231年に住宅をキリスト教の教区センターに改造したといわれる）は、キリスト教が公認される前の教会堂の姿を知る貴重な遺跡である《4-1》。この遺跡を復原した図を見ると、中庭をはさんで、祭壇のある集会用ホールと洗水盤を中心に据えた正方形の部屋を設けるために改造していることがわかる。これは、初期のキリスト教教会において洗礼を授ける洗礼堂とミサ典礼を行う集会所というものが、もっとも重要だったことを知らせてくれる。こうしたドゥーラ・エウロポスの空間的使われ方は、313年にコンスタンティヌス帝のミラノ勅令によってキリスト教が公認されてからも大幅に変えられることはなかった。ただローマの国教として認められ、今まで地下に潜っていたキリスト教徒たちは公の場で集会を行うことができるようになったことによって、キリスト教の教義と典礼にもっとも適した新しい建築様式をつくり出すことが大きな課題となる。しかし、突如として教会建築が誕生したわけではなかった。かれらは、ひと

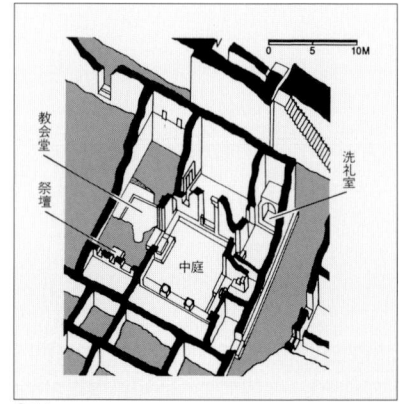

◉4-1

◉4-1｜ドゥーラ・エウロポス 231改造（復原図）シリア

まず古代ローマの各都市に建てられていたバシリカという集会施設を教会堂の代用とした。バシリカの機能についてはまだ定説がないが、裁判所とか商業取引所などの多目的なホールで、大勢の人たちを長細い部屋に集めて議長が演壇の上で演説ができるような形式を採っていたので、聖書朗読とミサ典礼を行うのに都合がよかったのであろう。

このようにして、初めての教会堂建築はバシリカのプランと構造を基本として形式化されたので、バシリカ式教会堂と呼ばれた。

バシリカ式教会堂のプランと構造

バシリカ式教会堂の一般的形式は、まず入口を入ると周囲に列柱廊を巡らせたアトリウムと呼ばれる前庭がある。その中央には泉亭があり、教会堂に入る前に体を清めるため、あるいは洗礼を授ける洗礼堂の役目を果たす場所だったと思われる。アトリウムを渡っていよいよ教会堂に入ると、まずナルテクスという玄関廊がある。ここは、洗礼をまだ受けていない洗礼志願者のための空間であり、洗礼を受けキリスト教に帰依することを公に表明するまでは、ナルテクスから先の教会堂内部に入ることは禁じられていた。このようにアトリウムやナルテクスを設けて信徒以外の人たちが教会堂の中に入らないように規制していたのは、まだキリスト教が公認されて間もない時期であり、異教徒による迫害を警戒していたからであろう。教会堂は縦長の長方形プランを採用し、中央の一番広い廊下である身廊とその左右の天井が一段低く、幅も狭い廊下である側廊で構成されている。身廊も側廊も天井は木造で、木造の小屋組をそのまま露出させているものと格天井で小屋組を隠しているものの2タイプがある。身廊と側廊との間は円柱の列柱が並び、身廊と側廊の屋根の段差を利用して開口部を開け、採光しているのもバシリカ式教会堂の重要な特徴である。この身廊上部の高窓の列のことをクリア・ストーリーと呼んでいる。

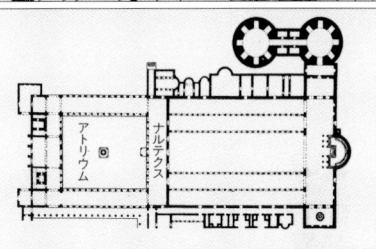

身廊には信徒の座席が並べられ、その東側の突端にアプスと呼ばれる半円形の張り出しが見える。このアプスの半円形の壁に沿って石のベンチが据えられ、中央に肘掛けつきの一段高い座席が置かれている。こうしたベンチはミサ典礼を司る司祭の座る席であり、中央の座席はカテドラと呼ばれる司教の座席なのである。ゴシックの大聖堂をカテドラルと呼ぶような場合がしばしばあるが、カテドラルとは本来、司教座（カテドラ）を擁する教会堂を指すのであり、教会堂の大きさによるものではないのである。こうしたカテドラとその左右の司祭席は、イエスがあの最後の晩餐で、使徒たちの前で述べた、次の言葉を再現する場なのである。

「これを取って食べなさい。これはあなたがたのために渡された私の体である。…みんなこれを取って飲みなさい。これは私の血

⊙4-2｜旧サン・ピエトロ教会堂 4世紀（復原図）ローマ
⊙4-3｜旧サン・ピエトロ教会堂平面図

の杯、多くの人々のために流される新しい契約の血である。これを私の記念として行いなさい」(マタイ福音書26章26－30)。

つまり、司教はイエスの代理であり、そのまわりに座る司祭たちは使徒を意味しているのである。そしてカテドラの前にある祭壇はこの聖変化を行うための食卓というわけである。このようにアプスは教会堂のもっとも重要な部分であり、教会堂に入場したすべての信徒たちの視線がアプスに集中するように考えられ、キリストの復活、昇天や聖霊降臨などをテーマとして描かれた半ドームの壁画とその下で行われるミサ典礼の荘厳化をはかろうとしたのである。アプスと身廊の接続部分には、身廊と直交する廊下が入り、左右に張り出して洋服の袖のように延びている。これが袖廊（トランセプト）と呼ばれるもので、袖廊と身廊・アプスの軸線が交差する部分のことを交差部という。この交差部の四方には横断アーチが架けられ、アプスの典礼空間を一段と引き立たせている。

以上がバシリカ式教会堂の一般的特徴であるが、実例としては、現存はしないが、まずはイエスの一番弟子聖ペトロの殉教を記念して、コンスタンティヌス帝が326年頃に建設したローマの旧サン・ピエトロ教会堂を挙げなければならないだろう《4-2,3》。身廊の長さ約90メートルの巨大な教会堂で、側廊が左右に二列設けられ、身廊を含んで5廊式のプランを採り、現在のサン・ピエトロ大聖堂にひけをとらないほどの規模を誇り、バシリカ式教会堂の典型例といえよう。もうひとつローマにあるサンタ・マリア・マッジョーレ教会堂（5世紀前半《4-4》）は、たびたびの改造を受けながらも、格天井の身廊をはじめ初期キリスト教時代の室内をよく残している。一方、モザイクの町としても有名なラヴェンナにも東ゴートの王テオドリクの建てたサン・タポリナーレ・イン・クラッセ《4-5》とキリストの生涯、テオドリク王の宮殿などのガラス・モザイクで美しい彩りを見せているサンタ・ポリナーレ・ヌオヴォが現存している。

集中式聖堂の意味と特徴

初期キリスト教時代には、バシリカ式教会堂の他に円形、八角形、六角形、正方形などの集中式プランの建物が建設された。これらの建築は、中心に祭壇を設ける形式を採る場合が多く、一般のミサ典礼を行うにはあまり適してはいないといえる。それでは果たして何のための建築として建てられたのであろうか。洋の東西を問わず、こうした集中式プランの建物は死をイメージしたものが多いといわれている。仏教建築における五重塔や三重塔は、本来お釈迦様の骨を奉ったお墓であったし、法隆寺にある八角形プランの夢殿は、聖徳太子の墓として建設されたものである。初期キリスト教の集中式建築も、キリスト教弾圧時代に神を信じ、信仰を守るために死んでいった殉教者たちを記念して建設されたマルティリウム（殉教聖人記念堂）がほとんどだった。それはイエス・キリストがゴルゴタの丘で処刑され、墓に入れられた場所にコンスタンティヌス帝が建てたといわれる聖墳墓教会（336年に献堂）がイエスの墓を覆うようにして円形プランで建てられたのに倣ったもので、次々に集中式プランのマルティリウムが建設されたのである。

集中式プランの建築は、以上のような墓廟だけではなく、中心に洗水池を設けた洗礼堂としても多く立てられた。キリスト教では洗礼は象徴的に死と結び付くものであり、洗礼堂と墓廟建築との間に深いつながりをもつのは当然のことなのである。聖パウロの「ローマ人への手紙」を思い出してみよう（第6章3－4）。

「イエス・キリストにおいて洗礼を受けた私たちは、みな、かれの死において洗礼を受けたのであることを、あなたたちは知らないのか。私たちは、その死における洗礼によって、イエスと共に葬られた。それは、おん父

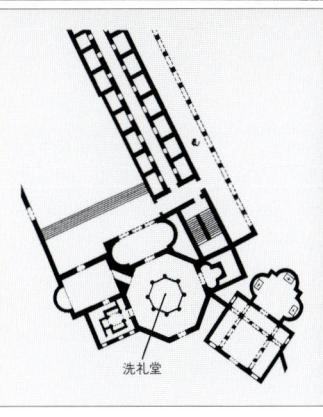

Early Medieval Architecture

⊙4-4｜サンタ・マリア・マッジョーレ教会堂 5世紀前半 ローマ
⊙4-5｜サン・タポリナーレ・イン・クラッセ教会堂 535-549 ラヴェンナ
⊙4-6｜ラテラノの洗礼堂平面図 主として432-440頃 ローマ
⊙4-7｜サンタ・コスタンツァ 350頃 ローマ

51

の光栄によってキリストが死者の中からよみがえったように、私たちもまた、新しい命に生きるためである」．

初期キリスト教時代における集中式プランの墓廟や洗礼堂として知られているものに，ローマのサンタ・コスタンツァ《4-7》とラテラノ洗礼堂（主として432-440年）がある《4-6》．前者はコンスタンティヌス帝の娘コンスタンティナの墓廟で，円形プランの中心部分にドームが載り，その周囲の一段低い側廊屋根との段差を利用してクリア・ストーリーの高窓層を開けて，内陣部に直接光を採り入れている．後者のラテラノ洗礼堂は中心に洗礼池を設け，八角形プランを採用している．

ビザンティン建築

東西ローマの分裂と東方教会

330年5月11日，コンスタンティヌス帝が都をローマから現在のトルコのイスタンブールであるコンスタンティノープルに移し，新首都建設のための大がかりな建築活動が開始する．これ以後東ローマ帝国の地域を中心に発展した建築様式をビザンティン様式と呼んでいる．この東ローマ帝国に広がったキリスト教は，ローマを中心とした西ヨーロッパのローマン・カトリックとは異なり，現在のギリシア正教とかロシア正教と呼ばれる東方教会である．この東方教会では，神の表現についてきわめて厳格であり，天国の階層序列はイエスを最上位として次にマリア，次いで大天使ミカエルとガブリエル，福音史家，使徒たち，旧約の預言者，聖者，初期キリスト教時代の教父の順に定められていた．また，初期キリスト教のバシリカ式教会堂のアプス上の半ドームにキリスト教の勝利と栄光を図像学的表現としてきた伝統をさらに押し進めて，神の座としてのドームの象徴的意味がますます強く意識されることとなっていき，東方教会の教会堂にドームが重要な要素となっていく．そしてまた，アプスへ向かう典礼行進が見栄えするような細長い広間の方向性と神の座を象徴するドームの垂直性とをうまく組み合わせることが，ビザンティン建築の課題につながっていくのである．つまり初期キリスト教以来の伝統的バシリカ式プランと神の座を象徴するドームの結合という大きな課題を抱えて，さまざまな構造的実験が繰り返されるのである．

ビザンティン建築の課題

縦長のプランの上にドームを架けるということは，ドームを立ち上げるための円形プランの基礎を矩形プランの上にどのようにして築くかという問題に帰結する．そのためにまず矩形プランを分割して正方形のプランをつくり，その上にドームを架けるという方法が採られる．八角形の上にドームを架ける技術は，稚拙ながら古代ローマにおいてすでにあったものであり，とりあえず正方形の壁の四隅に斜めの石材を火打ち梁のように架け渡し，八角形を作る．それをさらに二三度繰り返すとドームの基礎ができあがってくる．この斜めに架け渡す火打ち梁のことをスキンチという．このスキンチの方法は，長くて大きな石材が採れない地方では用いることはできない．大きな石が近くで採掘できず，煉瓦や小割石でしか建築を建てられない地方では，このス

キンチをアーチに代えることで，それを解決した．このスキンチ・アーチの方法をさらに押し進めて扇状にアーチを重ねて隅の部分を処理したのがトロンプである．

　以上のようにして，矩形プランの上にドームを架ける技術が，浸透してゆくのだが，スキンチやトロンプの方法では，ドームの大きさに限界がある点，また四隅の部分に無駄ができ，地上からドームの頂点までのスムースな流動感が中断されてしまう点などから，さらに改良が進められた．次に考えられたのがペンデンティヴと呼ばれる方法である．正方形の壁体の上端に外接する半球形の饅頭をまず想定し，4つの壁からはみ出している部分を包丁で垂直に切り落とす．切断された切口は半円形となり，上に載っている半球の荷重が四隅に集中し，正方形の四つ角にそのまま力を伝えることができる．次に半円形の切口の頂部に接するように饅頭を水平に切ると，その切口は円になり，その円を基礎としたもうひとつの半球形の饅頭をのせて，この方法は完成する．二段に積み上げられたドームの下の方は四隅に球形三角形だけが結局残るわけで，この部分が二重のドームのすべての荷重を受けることになり，この球形三角形をペンデンティヴと呼んでいるのである．このペンデンティヴの方法によって，荷重は四隅に集中され，それ以外の部分は構造的に解放されるので大きな開口部がとれるようになり，ドームの壮大な空間の中に明るい光を採り入れることができるようになるのである．

ビザンティン建築の奇跡，アヤ・ソフィア

　東ローマ帝国の首都コンスタンティノープルで537年に献堂式が行なわれたアヤ・ソフィア大聖堂は，人類が作り上げた奇跡的傑作である《4-8,9》．ユスティニアヌス帝の命に

4-8｜アヤ・ソフィア 532-537 イスタンブール
4-9｜アヤ・ソフィア堂内

4 ― 初期中世建築

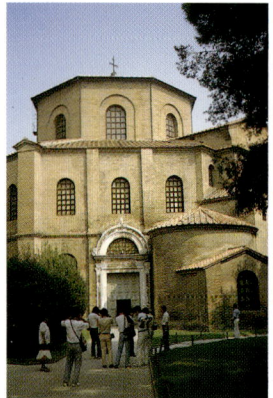

○4-10

○4-11

より建築史上最大のモニュメントを設計したのは、トラレスの人アンテミウスとミレトスの人イシドロスだった．かれらは建築家というよりも数学や幾何学に精通した技術者であり、学者だったといわれる．かれらの明晰な頭脳によって計算された計画に従って、100人の親方が現場を指揮し、その下に10,000人の職人が働いたといわれ、532年に起工し、537年には完成するという奇跡的な早さで完成している．長さ77メートル、幅71.2メートルのほぼ正方形のプランの上に直径31メートル、高さ55メートルの大ドームを戴き、ビザンティン建築の課題であったバシリカ式プランとドームの結合を完全に成功させたのである．この大ドームを支えているのは、身廊上で東と西から寄り添うように脇を固めている2つの半ドームであり、ペンデンティヴの技術とこれらの半ドームによる合理的な構造処理が、アヤ・ソフィアの流動感溢れる室内空間を作り上げたのである．それは、大ドームからペンデンティヴへ、そしてペンデンティヴから半ドームにいたる流れが、途中で中断されることなくスムーズに処理されているからに他ならない．そして、この壮大なスケールの大ドームの足元には帯のようなクリア・ストーリーの窓が穿たれ、あたかもドームとペンデンティヴ部分の間がまったくつながりをもたず、大ドームが天上から神の手によって釣り下げられているような錯覚を起こさせるのである．また、このクリア・ストーリーのスリットから差し込む光は、この世のものとは思えない感動を呼び起こしてくれるに違いない．

以上のような構造的魅力だけではなく、ビザンティン建築には色大理石やガラス・モザイクによる装飾性も忘れてはならない．アヤ・ソフィアは、ユスティニアヌス帝の命令で東ローマ帝国の領地から集められた珍しい色大理石やガラス・モザイクで美しく飾られていた．青緑色を中心とした下層の大理石と金地の強い色彩が鮮やかな上層の壁面とドームのガラス・モザイクが織り成す色彩の動きも、このアヤ・ソフィアの魅力を生み出しているのである．

アヤ・ソフィア以外のビザンティン建築の代表例として、ラヴェンナのサン・ヴィターレ（526頃 - 547）を挙げることができる《4-10》．この建物は、八角堂形式の集中式プランを採り、中心には直径約17メートル、高さ30メートルのドームが架けられ、八角形

○4-10｜サン・ヴィターレ 526頃-547 ラヴェンナ
○4-11｜サン・マルコ大聖堂 1063-90 ヴェネツィア

⊙4-12

の各辺は横断アーチで側廊に連結し，下層部分には奥行のあるニッチが側廊へ向かって張り出すという変則的なプランになっている．このサン・ヴィターレの壁と天井も大理石とガラス・モザイクの華麗な色彩で覆われ，幻想的な室内を見せている．

ビザンティン建築の伝播

　ユスティニアヌス帝によるビザンティン前期の教会堂に続いて，9世紀のバシレイオス1世によるギリシア十字形プランの新しいタイ

⊙4-12｜宮廷礼拝堂 796-805 アーヘン

4 初期中世建築

プの教会堂が建てられる時代がやってくる。中央のドームを支えるためにギリシア十字の腕の部分にもドームを架けて合理的に構造処理するものである。このタイプのビザンティン建築の代表例が、ヴェネツィアのサン・マルコ大聖堂《4-11》である。ヴェネツィアのある商人がアレキサンドリアから盗んできた聖マルコの遺体を奉納するために、832年に建設された教会堂の基礎と壁体の一部を再利用して建てたもので、ユスティニアヌス帝がコンスタンティノープルに建てさせた聖使徒教会堂を原型として、ギリシアの建築家が設計したといわれる。ギリシア十字形のプランのそれぞれの正方形柱間に直径13メートル、高さ30メートルの大ドームを5個架けたもので、アヤ・ソフィアのような流れるような空間性はもはや追求されていない。

以上の9世紀から12世紀のビザンティン中期の時代が過ぎると、東ローマ帝国はイスラムの侵略と十字軍の海上封鎖によって衰退し、そして1451年のトルコ人によるコンスタンティノープル陥落でついに滅亡する。しかし、ギリシア正教はロシアに広まり、ロシアを本拠地として後期ビザンティンの教会堂が開花することになる。

シャルルマーニュとカロリング朝建築

6世紀中期から約半世紀にわたる建築活動の停滞が終わった後に、新しい時代の幕開けを準備するためにこの世に生まれてきた偉大な支配者が現れる。それはシャルルマーニュ（カール大帝）であり、768年に国王、800年から814年にかけて皇帝となり、現在のフランス、ドイツ、イタリアにまたがる大帝国を建設する。これ以後10世紀まで続く王朝をカロリング帝国と呼び、この建築的に不毛だった時代において唯一の注目すべき建築を残した貴重な帝国だった。この時代を代表する建築としてはアーヘンの王室礼拝堂《4-12》がある。この建築はラヴェンナのサン・ヴィターレを範として建設された八角堂だったが、模範の作品に比べて、その軽快さと優雅さが失われ、薄暗く重厚なものとなった。

もうひとつバシリカ式の教会堂として建てられたものにサン・リキエ修道院付属聖堂《4-13》(797年献堂)がある。シャルルマーニュ大帝の子アンギルベルトが院長となって建設したものだが、残念ながら現存はしない。17世紀の版画から判断すると、東西に袖廊が張り出し、その交差部にそれぞれ塔がたつ、二重内陣式、多塔形式の教会堂である。ドイツや北フランスに普及するロマネスク教会堂のひとつのタイプを予言するものであり、建築史の上で貴重な資料である。

Hanyū

4-13 サン・リキエ修道院付属聖堂 790-799(17世紀の版画より) サン・リキエ

The Concise History of Western Architecture

5章
ロマネスク建築
Romanesque Architecture

羽生修二＋堀内正昭

フランス・イタリア・スペインのロマネスク

紀元千年のヨーロッパ

　ロマネスク建築は，カロリング帝国の分裂とノルマン人，スラヴ人，アラブ人などの蛮族の侵入による混乱でヨーロッパが最も悲惨な時期を迎えたのちに開花した，11世紀ヨーロッパのキリスト教建築である．ロマネスクの時代を迎える前の10世紀のヨーロッパは，カロリング帝国による中央集権的政治体制の崩壊と領土分割，内乱，蛮族の侵略などで地方が中央の権力に依存してゆくことが困難となり，みずからの力で身を守ることを余儀なくされ，地方の独立と自治をヨーロッパが自覚した時代だったと言うことができる．つまり，西ヨーロッパの原型ができあがったのが，ロマネスクの時代なのである．そして，9世紀後半から10世紀前半における無秩序のあとの立ち直りが，人々に活気と創造性を生み出す原動力となったのである．11世紀に入ってからの建築家たちの主たる仕事は，荒廃した町や村を復興し，破壊された教会堂を再建することだった．また領地の整備や農村の再編成と経済復興も早急になされなければならない状況の中で，修道院の活動が何らかの手助けとなったに違いない．クリュニー修道会が発展・成長するのは，まさにこの状況においてだった．その様子は，この時代に生きた証人の一人，ラウル・グラベール修道士が記した次の有名な記事から理解することができるであろう．

　「紀元千年の少しのち，世界のほとんど至る所，主としてイタリアとガリアにおいて，教会堂が再建されることとなった．大部分の教会堂は，まだ十分使用に耐え，何も手を加える必要がなかったにもかかわらず，すべてのキリスト教徒たちは，強い競争意識から，他より堂々としたものに仕上げようとした．まさに世界中が，古い衣をかなぐり捨てて，教会堂という純白の衣をまとったという有様であった」飯田喜四郎訳『年代記』．

紀元千年における建築の様相 (プレ・ロマネスク建築)

　『紀元千年のヨーロッパ』の中でフランスの美術史家であるルイ・グロデッキは，紀元千年を縁どる1世紀間の建築における二大傾向として，カロリング朝の手本から派生したオットー朝形態の幾何学的完成を遂げた建築とカタルーニャやアルプス地方の明らかに拙ない粗野な割石造りの建築の2つにタイプがあったとしている．前者は北方の木造天井建築圏の中で育まれ，「ゲルマン的」オットー朝の建築文化に含まれるものを指し，それに対して後者は南方のヴォールト建築圏の中で育まれ，「ラテン的」初期ロマネスク建築に含まれるとした．それではここでこれら2つの建築の特徴を実例に即して見てみよう．

1｜ゲルマン的オットー朝建築

　ここに含まれる建築は，北方ゲルマンの木造建築の伝統を基礎にして発展したものであり，森の文化の中で育成された宗教観を反映した聖なる空間を追求した教会堂である．それは，どんよりした風土の中で，そそり立つ森の茂みに天上から差し込む一条の光に神を見いだそうとするものだったのではないだろうか．ヒルデスハイムのザンクト・ミヒャエル教会堂《5-1, 2》に代表されるもので，二重内陣式プランを採用した木造天井の大バシリカ式教会堂で，カロリング朝建築との深い結びつきがあり，外部には塔を乱立させる多塔構想が表現されている．また身廊と袖廊が同一の高さで交差する正交差式を採り，身廊柱間のピア（大柱）の間に2本の円柱を配列させて，強弱のリズミカルな身廊構成を作りだしているのが特徴的である．

⊙5-1｜ザンクト・ミヒャエル教会堂堂内 1010-33 ヒルデスハイム
⊙5-2｜ザンクト・ミヒャエル教会堂

⊙5-3

⊙5-4

⊙5-5

2 | ラテン的初期ロマネスク建築

　第二のタイプは，地中海の石造建築文化圏の伝統を基にした建築で，屋外の明るい日差しを避けて厚い石積の中の暗い静かな光を求めて教会堂空間が形成された．そして，地中海を媒体とする多種多様な文化的交流を経て，ビザンティンと初期キリスト教への回帰とイスラムの影響が特徴的である．このタイプの代表例としては，フランスのサン・マルタン・デュ・カニグー修道院付属聖堂《5-5》やトゥールニュのサン・フィリベール教会堂《5-3,4》などを挙げることができる．どちらの教会堂もカロリング朝の規模の大きな教会堂の影はまったく見られない．バシリカ式プランに割石を用いた粗石積で壁と天井が構成され，ずんぐりしたプロポーションの分厚い壁に開けられた小さな開口部からの光と，身廊と袖廊の交差部に架けられたドームからの光が暗闇の中をドラマチックに演出しているのである．
　そして，そこには北イタリアのコモで組織された石工たちの技術とかれらが発明したといわれるロンバルディア帯が見られる．かれらは古代ローマの石造建築の工法を研究し，石材の優れた組積法を考案し，その建築の特徴は，小さく割った石や粗末な材料を低くて長い石層にして積み上げた壁体と粗石造の太い

⊙5-3 | サン・フィリベール教会堂 1007-1120頃 トゥールニュ
⊙5-4 | サン・フィリベール教会堂天井
⊙5-5 | サン・マルタン・デュ・カニグー修道院 1009 サン・マルタン・デュ・カニグー

ピアがヴォールト天井を支える構造とロンバルディア帯と呼ばれる小アーチの帯を外部装飾に用いることである．かれらの広範囲にわたる活躍によって石造技術が普及し，またカタルーニャ地方に招かれて仕事を行った際にイスラムの技術と装飾を持ち帰ったともいわれ，プレ・ロマネスク建築の誕生と伝播に重要な役割を果たしたのである．

以上のように，紀元千年紀に建設された2つのタイプの教会堂建築は，北と南の地域的差異によってまったく異なる傾向を示していたわけだが，ヨーロッパがひとつにまとまるのと同時に，これらの建築の指向，形態と技術が結合し，次のロマネスク建築を誕生させることになるのである．

至福千年の終末思想と聖地巡礼

ロマネスク建築の発展と様式化に重大な影響を与えたと思われるものに，「至福千年」の思想がある．それは，紀元千年がキリスト降誕後千年に当たり，『ヨハネ黙示録』に描かれた世界の終末がその年にあるのではないかというものであり，恐怖に脅かされ，つねに死後の世界を見つめていた人々の中に，聖なるものへの志向が定着し，教会堂建築の中に様式化していったとみなせるのである．例えば，教会堂扉口上のタンパン彫刻に描かれた「最後の審判」の図像は，その代表例と言えるであろう．そしてまた，この天国への憧れは，聖地巡礼のブームを引き起こす引き金にもなった．

中世における巡礼ブームの背景には，大きく分けて2つあったと言われる．ひとつは，人祖以来の人類が宿命的に背負う原罪と自己の罪をつぐなう贖罪意識からキリストの受難あるいは初期キリスト教の殉教聖人の苦難を追体験しようとするもの．もうひとつは，キリストの聖地を実際に訪ねることのできないヨーロッパのキリスト教徒たちの東方に対するコンプレックスが生み出した，聖遺物崇拝に熱狂した信仰心である．後者の聖遺物崇拝は，キリスト教の土葬と遺骨崇拝が結びつき，一般化したもので，最初は遺骨だけを対象としていたのが，後に着衣，付属品などに発展する．こうした聖地巡礼の流行をスペインの失地回復運動（レコンキエスタ）へつなげる策略を立てたのが，クリュニー修道会だった．クリュニー修道会は，スペインの西のはずれにキリストの12使徒の一人である大ヤコブの墓があるサンチャゴ・デ・コンポステラ大聖堂をヨーロッパ最大の巡礼地に仕立てあげ，人々の注目をスペインに向けさせ，その巡礼路に沿ってたつ教会堂や修道院の大部分をクリュニー修道会に所属させ，大修道院帝国をつくりあげることに成功するのである．

巡礼路教会堂とロマネスク建築の誕生

サンチャゴ・デ・コンポステラ大聖堂にいたるには，フランスから4つの道を通って行くことができた．パリ，ヴェズレー，ル・ピュイ，アルルのそれぞれを起点とするもので，それらの巡礼路沿いには，古来から有名な聖遺物を擁する教会堂が軒を並べて，巡礼者たちを待ち受けていた．それらの教会堂のいくつかは，同一の形式と構造を採用していた．例えば，トゥールのサン・マルタン教会堂，リモージュのサン・マルシャル教会堂，コンクのサント・フォワ教会堂《5-6》，トゥールーズのサン・セルナン教会堂《5-7》そしてサンチャゴ・デ・コンポステラ大聖堂の5つは，プラン上も構造形式においても非常によく似ている．トゥールとリモージュの教会堂は，もはや現存していないので，古書によってのみ判断するだけだが，プランをみると，ラテン十字形の頭部に当たる後陣が複雑化し，聖遺物の回りを一周できる周歩廊と放射状祭室が設けられ，大群衆が容易に巡回できるように入口と出口に専用扉口をあけ，大勢の巡礼者の入堂を制限するナルテクス（玄関廊）を設置するなど，建築計画的に巧みな処理がなされ

ている．また，巡礼者たちの目標である聖遺物の保管に関しても地下祭室（クリプト）を利用し，礼拝と盗難防止の矛盾した機能をうまく解決している点も見逃せない．構造においても，教会堂全体を石造のヴォールト天井で覆い尽くすことに成功し，横断アーチで分節された身廊のトンネル・ヴォールトを架けたことによって生じる推力（横に開こうとする力）を支持するために側廊の上にトリビューンという二階廊を設置している点も類似している．これらの巡礼路教会堂の建築的特徴は，すべてフランス中部のオーヴェルニュ地方の教会建築に基づいて形式化されている．それは，コンクやクレルモン・フェランなどの教会堂建築と比較するとわかる．

このような巡礼路教会堂の建築的完成によって，初期キリスト教時代に始まったバシリカ式教会堂建築において木造小屋組とクリア・ストーリーの稚拙なインテリア空間でしか，表現できなかった教会建築に大きな進歩を告げ報せることとなったのである．

フランスにおける
ロマネスク建築の類型

ロマネスク建築の美は，その地方の風土にマッチして建設され，風景の一部としてわれわれの目前にそびえ立っている点にある．ロマネスクの時代が地方の自治と独立をもって西ヨーロッパの自立を自覚した時期であることと関連させるならば，この時代だからこそ，地元の職人による，地元の材料と構法をもって建設された，地方色豊かな建築が生み出されたと考えることができるのではないだろうか．例えば，次の時代に誕生するゴシック建築のように地方的特色が徴々たるものでしかなく，イル・ド・フランスのある建築的傾向がイギリスからスペインまで地域性を越えて広がる，いわばインターナショナルな伝播の仕方をしたのとは異なり，ロマネスク建築は地方特有の材料と技術が優先される．イル・ド・フランスの教会堂はパリ近郊の採石場から運ばれた石材が使用され，東部のロレース地方ではこの地方特有の砂岩，そして石灰岩の採れない中部のオーヴェルニュ地方では火成岩，花崗岩，凝灰岩などが利用され，石材の乏しい南部のトゥールーズ付近では煉瓦が多用され，素晴らしいローズ色の煉瓦建築が建設されるといった具合である．それはあたかもフランスのどの地方に行っても味わうことができる，変化に富んだ郷土料理のようなものな

5-6 サント・フォワ教会堂 1045起工 コンク
5-7 サン・セルナン教会堂 1080-13世紀 トゥールーズ

のである．

　その上，ロマネスクの建築家たちは，約1世紀にわたる建設活動の断絶によって建築伝統の継続性が断ち切られた中で，過去を追い求めるのではなく，失敗を恐れず実験と創造に向かってチャレンジしようとした．それがわれわれを魅了する大きな力となっているのではないだろうか．

　ここでフランスのロマネスク建築をピエール・ラヴダンの方法に従って，身廊天井の構造から3つの類型に分けてみる．

　第一のタイプは，身廊天井にトンネル・ヴォールトまたは交差ヴォールトを架け，側廊上にトリビューンのあるもので，巡礼路教会堂の形式はここに含まれる．サンチャゴ・デ・コンポステラ大聖堂への巡礼路に沿うコンクのサント・フォワ教会堂（オーヴェルニュ地方，1045年起工）は，横断アーチで分割された半円形のトンネル・ヴォールトで覆われた身廊を4分の1円のヴォールト天井をもつトリビューンと，交差ヴォールト天井の側廊で両脇から支える構造を採用するものである．そして，交差部にはトロンプによる八角形の採光塔が載り，薄暗い室内にスポットのような光の効果をもたらしている．紀元千年紀において2つの支流に分かれていた，高さへの憧れと多塔構想を指向した北方ゲルマンの建築文化と，石造ヴォールト天井で全体を覆い尽くし堅固な形態と構築技術を得したラテンの建築文化が，ここにおいて合流し，ロマネスク建築を方向づけたといえるのである．このタイプに含まれる建築遺構としては，フランス・ロマネスクで最大規模を誇るトゥールーズのサン・セルナン教会堂（ラングドック地方，1080–13世紀）とクレルモン・フェランのノートル・ダム・デュ・ポール教会堂（オーヴェルニュ地方，12世紀《5-8》）がある．

　第二のタイプは，上のタイプと同じ条件だが，トリビューンのないもので，身廊に外の光を直接採り入れるため身廊側壁に高窓を開けた教会堂である．プレ・ロマネスクの時代

◉5-8

に含まれるトゥールニュのサン・フィリベール教会堂（ブルゴーニュ地方，1007–1120年頃）は，このタイプの中でも初期のもので，粗石造の太いピアと白と黒の縞模様の横断アーチで分断された身廊と彫刻装飾を用いずロンバルディア帯の外部装飾だけの簡素でマッシブな外観は，これ以後に開花するブルゴーニュ・ロマネスクを予告する傑作といえよう．同じブルゴーニュに建設されたヴェズレーのラ・マドレーヌ教会堂（ブルゴーニュ地方《5-9,10》）は，サン・フィリベール教会堂同様第二のタイプに含まれる建築だが，身廊の高窓を大胆に開け，次のゴシック建築への橋渡しとなった．ブルゴーニュ地方以外にもアルルのサン・トロフィーム教会堂（プロヴァンス地方《5-11》）とポワチエのノートル・ダム・ラ・グランド教会堂（ポワトゥー地方《5-12》）が第二タイプの遺構として挙げられる．

　第三のタイプは，連続してドームを架けたもので，ビザンティンやイスラム建築の影響を多く受けたものである．スペインのサンチャゴ巡礼にいたる道沿いに立つル・ピュイのノートル・ダム大聖堂（ヴレー地方《5-13,14》）は，イスラム建築の影響をもっとも多く受けたフランス・ロマネスクの教会堂で，

◉5-8｜ノートル・ダム・デュ・ポール教会堂 12世紀 クレルモン・フェラン

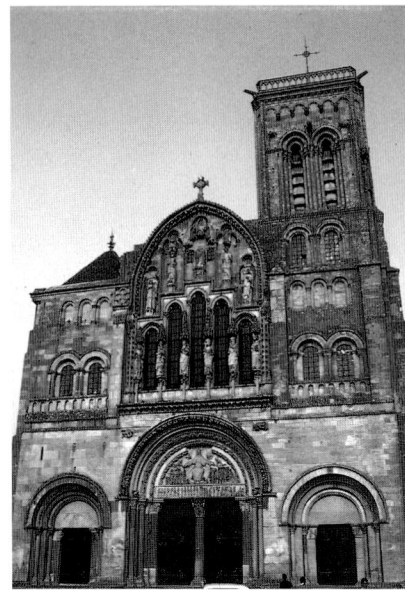

トロンプによるドームを戴く正方形プランの連続で、明るくリズミカルな内部空間を構成し、フランス・ロマネスクの教会堂としては、独自の形式をもっている。三葉アーチや白と黒の縞模様の迫石(せりいし)が特徴的でイスラム様式の刻印が色濃く見られる。同じ連続ドーム型のタイプでもペリグーのサン・フロン大聖堂（ペリゴール地方《5-15》）は、ギリシア十字プランの上に大きなドームが4つ載るタイプで、ペンデンティヴによるドーム架構の方法が採られ、ル・ピュイの例とは異なるタイプである。ペリゴール地方のドーム式教会堂は周囲の地方に伝播し、ポワトゥー地方にも同じタイプのものがある。単廊式十字形プランで、外陣に直径11メートルのドームが3つ架けられたアングレームのサン・ピエール大聖堂（ポワトゥー地方、1128年献堂《5-16》）もその例として挙げることができる。

イタリアとスペインのロマネスク教会堂

初期キリスト教の簡素なバシリカ式の建築形式を頑なに守っているのが、イタリア建築の特徴である。フランスのように放射状の祭室や周歩廊によって複雑に変化させた後陣部分のようなものは、まったく見られない。イタリア・ロマネスクの教会堂は、北方起源の高さへの憧憬や多塔構想、双塔正面の構成とか、放射状祭室 - 周歩廊 - 内陣 - 交差部採光塔にいたる段階的構成といった立体的建築構成には無関心で、もっとも単純なバシリカ式建築の形態を貫き通したのである。例えばイタリア・ロマネスクの代表例であるピサ大聖堂（1063年起工、1118年献堂）を見ても、大小の3つのバシリカを結合したようなプランと白・赤の大理石で外装し、西正面では上部の壁面に円柱を並べた小アーケードを4層

⊙5-9｜ラ・マドレーヌ教会堂 1120-60頃 ヴェズレー
⊙5-10｜ラ・マドレーヌ教会堂堂内

に重ねる外観は，フランスのものとは異質な形式であり，ビザンティンのモザイク，イスラムの尖頭アーチ，ロンバルディアの小アーケード，古代ローマの列柱など各種の建築要素を融合させて，イタリアらしい風格と明るさに満ちあふれている．ピサには大聖堂の他に，洗礼堂（1153-14世紀），鐘塔（1173-1350頃），カンポサント（1278-1464）が隣接して建てられており，素晴らしい建築複合体を作り上げている《5-17, 18》．もうひとつイタリア・ロマネスクの代表例のひとつとして，フィレンツェのサン・ミニアト・アル

- 5-11｜サン・トロフィーム教会堂身廊のヴォールト天井 12世紀 アルル
- 5-12｜ノートル・ダム・ラ・グランド教会堂 12世紀 ポワチエ
- 5-13｜ノートル・ダム大聖堂 11-12世紀 ル・ピュイ
- 5-14｜ノートル・ダム大聖堂室内のドーム
- 5-15｜サン・フロン大聖堂 1120-60 ペリゲー
- 5-16｜サン・ピエール大聖堂 1105頃起工 アングレーム

5 | ロマネスク建築

・モンテ教会堂《5-19》も見逃せない．三廊式で木造天井の初期キリスト教バシリカ式教会堂の形式を踏襲し，明るい大理石のファサードと共にイタリア・ロマネスクの特徴をあらわしている．

スペインのロマネスク建築は，北部スペイン地方にしか建設されなかった．ロマネスク時代を通してイベリア半島の南半分はムーア人に支配されており，キリスト教建築は建てられなかったからである．だが，イスラム支配下に誕生した東方的色彩の濃いキリスト教建築であるモザラブ建築が8世紀からプレ・ロマネスクの時代に形成され，スペイン・ロマネスクの基礎となり，そこにサンチャゴ・デ・コンポステラ大聖堂への巡礼路を経て伝播したフランスやイタリアのロマネスク教会堂の形式が重なりあって，スペインのロマネスク建築が誕生したといえる．フランス式の巡礼路教会堂から多大な影響を受けたサンチ

⊙5-17 | ピサ大聖堂 1063起工，1118献堂と鐘楼（斜塔）1350頃
⊙5-18 | 洗礼堂 1153-14世紀 ピサ

⊙5-19

⊙5-20

ャゴ・デ・コンポステラ大聖堂《5-20》は，西正面がバロック期に建て変えられ《9-19》，ロマネスク期の姿がそのまま残っているわけではないが，南袖廊に開けられた銀細工師の扉口にはスペイン・ロマネスク独特の浅浮き彫りの彫刻が施され，遠方からやっとの思いでたどり着いた巡礼者たちの心をなごませたに違いない．

Hanyū

ドイツのロマネスク建築

ドイツの三大聖堂

　1080年代，ライン河沿岸の都市シュパイヤーとマインツで，神聖ローマ皇帝ハインリヒ4世（在位1056‑1106）によって，それぞれ大規模な教会堂の改築と新築が開始され，ドイツにロマネスク時代が到来する．

　シュパイヤー大聖堂《5-21, 22》は，三廊式のバシリカ式平面をもち，西構えの中央と両端，交差部，そしてアプスの両側に計6つの塔が立つ．同聖堂は1030年頃に起工されていたが，ハインリヒ4世の時代に，主として東内陣が改築され，身廊の木造平天井がヴォールト架構に改められた．外観全体に，半円アーチをモティーフにした意匠が施されてい

⊙5-19｜サン・ミニアト・アル・モンテ教会堂 1018-62 フィレンツェ
⊙5-20｜サンチャゴ・デ・コンポステラ大聖堂南扉口の彫刻 1075-1122 サンチャゴ・デ・コンポステラ

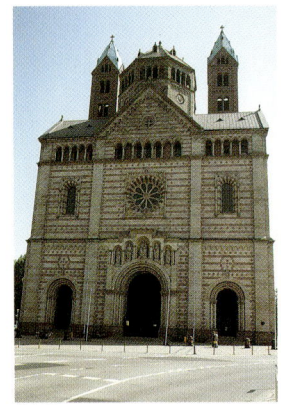

る．このアーチを連ねた軒回りをはじめとして，大小のアーチ型による装飾をロンバルド帯と呼ぶ．意匠には，北イタリアのロンバルディア地方の石工が関与したとされる．堂内では，身廊の左右にある3本ずつ計6本の柱を1単位として，その上にひとつずつヴォールトを架けることになった．天井の石造化に伴って柱に大きな荷重がかかったので，もともとの柱に1本おきに半円柱を加えるという補強がなされた．このことにより，堂内には柱の突出による強弱が生まれるとともに，その半円柱が天井の横断アーチに達することで垂直性が獲得された．同大聖堂は，1106年にはほぼ完成された．なお，現在見る西側ファサードは，1854-58にハインリヒ・ヒュプシュにより復元されたものである．

他方，マインツ大聖堂の場合は，身廊は1200年頃に，西内陣と交差廊は13世紀初期にようやく完成された．三廊式，東西にアプスもつ二重内陣式で，6つの塔が立つ．シュパイヤーと同じく堂内において大きな荷重を受ける柱は補強され，その結果，身廊の柱は強弱のリズムを繰り返す（強弱交替）．

マインツからは南に約40キロ離れたヴォルムスに，1171年司教コンラート2世により大聖堂が起工され，ライン河沿岸は，三大聖堂が並び立つことになった．ヴォルムス大聖堂《5-23》は，三廊式の二重内陣式で，1181年に東内陣が献堂され，身廊と西内陣は1210-30年頃に完成された．同聖堂の東内陣を建造したのは，アルザス地方から来た工匠たちで，彼らは1159年のシュパイヤー大聖堂の火災後，同聖堂の交差廊の天井をリブ・ヴォールトで架け直し，その後ヴォルムスの東内陣に従事したと考えられている．柱形，ジグザグならびにアーチ型の装飾による壁面の分節，石造の尖り屋根，豊かな彫刻装飾などは，アルザス地方の範例に倣っている．他方，大八角塔，内陣と交差部の塔に見られる軒回りの優美な装飾，そして堂内の強弱交替はシュパイヤー大聖堂に由来する．

マリア・ラーハとバンベルクの聖堂

マインツからライン河を北上したコブレンツの西郊に位置するマリア・ラーハに，1093年，ラーハ伯ハインリヒにより優美な修道院聖堂《5-24, 26》が起工された．1156年にクリプト（地下祭室），身廊，西内陣が，1177年に東内陣がそれぞれ完成された．1220-30年

⊙5-21｜シュパイヤー大聖堂 1030頃-1106頃 シュパイヤー
⊙5-22｜シュパイヤー大聖堂堂内

頃アトリウムが加えられ，堂内の木造天井は交差ヴォールトに改められた．

マリア・ラーハの聖堂は，広大な湖を背景にし，今もなお静寂を保っている豊かな自然のなかに立ち続ける．同聖堂は，6つの塔と二重内陣式のプランをもつが，身廊は長方形平面を単位としてつくられた．ロマネスク建築のヴォールトは，同じ大きさのトンネル・ヴォールトを交差させてつくり，正方形平面をもつのが普通であるが，マリア・ラーハの聖堂では身廊の単位が長方形平面であるがゆえに，これまでの構法を改める必要があった．

そこで，側廊側（短辺）のアーチを立ち上げ，横断アーチ（長辺）の方を緩やかにして高さを合わせるという工夫がなされた．なお，マリア・ラーハの聖堂の西側アプスは上下階に分かれ，下階は墓室，上階は王侯用のトリビューン（二階席）として使用された．

バンベルク大聖堂《5-25》は1012年に献堂され，13世紀初期に東内陣，次いで西内陣の大規模な改築がなされ，1237年に再び献堂された．ここで興味深いのは，東内陣はライン地方の聖堂に倣っているのに対して，西の双塔がフランスのラン大聖堂のものを模してい

⊙5-23 | ヴォルムス大聖堂 1171-1230 フォルムス
⊙5-24 | マリア・ラーハ修道院聖堂 1093-1177 コブレンツ近郊
⊙5-25 | バンベルク大聖堂 1012年献堂 13世紀に改築 1237年再び献堂 バンベルク
⊙5-26 | マリア・ラーハ修道院聖堂堂内

⊙5-27

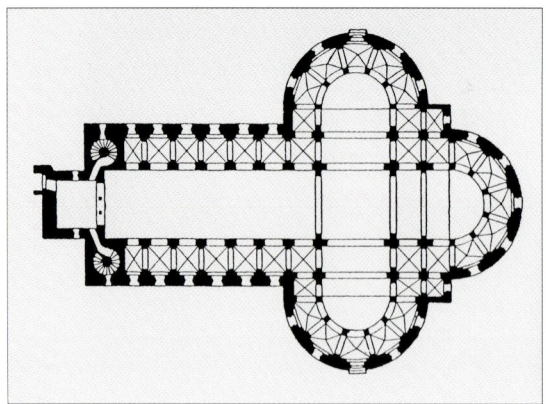

⊙5-28

ることである．同聖堂が建立されたのは，フランスでゴシック建築が盛んに建設されていた時代であり，西の双塔はその時代の影響を物語っているが，プランの上ではドイツ・ロマネスクの二重内陣式がいかに根強く愛好されていたかがわかる．

三葉形内陣式と独特の西構え

マインツ大聖堂の西内陣では，三方向にアプスが大きく張り出している．このアプスの形式は三つ葉に似ていることから，三葉形内陣式と呼ばれ，とくにケルンを中心にして発展した．

ザンクト・マリーエン・イム・カピトール聖堂《5-27》は，1065年に献堂され，12世紀半ばから改築，1240年頃身廊がヴォールト架構された．西半分を占める三葉形の内陣は，同聖堂の場合，側廊からアプスを巡る周歩廊として成立したとされるが，ユスチニアヌス帝によって再建された三葉形平面をもつベツレヘムの降誕教会堂，ミラノのサン・ロレンツォ・マッジョーレ聖堂（4世紀末）などに先例がある．この平面形式は，周歩廊を伴わないが，ケルンのザンクト・アポステルン聖堂（11世紀前半起工，12世紀中頃から西内陣の改築，東内陣は1200年頃完成，1220年頃身廊が木造からヴォールト天井に改築）とグロース・ザンクト・マルティン聖堂（12世紀中頃に起工，1172年献堂）などに採用された．

ドイツ・ロマネスク建築はカロリング朝の伝統を強く受け継ぎ，正面を三塔式にしたものが好まれたが，他方で，単塔式，双塔式も採用された．このほかには，凸の字形をした直方体状のファサードをもつ独特の西構えを備えた教会堂が建造された．建築例に，ヒルデスハイム大聖堂《5-28》（1061年献堂）がある．その西構えには，まさに凸の字形をしたひときわ高く重厚な鐘楼が立ち上がる．この種の構成は，ヴェストファーレン地方のミンデン大聖堂（1071年献堂，西構えは1150年頃）とフレッケンホルスト修道院聖堂（1129年献堂）など広範囲に見られる．

Horiuchi

⊙5-27｜ザンクト・マリーエン・イム・カピトール聖堂（平面図） 1065年献堂 12-13世紀に改築 ケルン
⊙5-28｜ヒルデスハイム大聖堂 1061年献堂 ヒルデスハイム

The Concise History of Western Architecture

6章
ゴシック建築
Gothic Architecture

羽生修二＋星和彦＋堀内正昭

フランスのゴシック建築

12世紀中期の北フランスは、かつていかなる文明においても類例を見ることのできないほどの建築熱に襲われていた。それも1140年から約百年の間に、パリを中心とする限られた地方において、集中的に建設活動が活発化したのだった。対象となった建築は都市の教会建築が主たるもので、いわゆるカテドラル（司教座を有する教会堂）と称され、荘厳なるミサ典礼を行使する大聖堂ばかりであり、それぞれの都市の繁栄のシンボル的存在でもあった。それは、今日の大都市において高さと豪華さを競って建設された市庁舎建築と類似していたに違いない。東京の新都庁舎がパリのノートル・ダム大聖堂のファサードにインスピレーションを得ているといわれるのは、建設された時代とそれぞれの用途がまったく異なりながら、同じような経済的背景と都市のシンボルとしての共通性が建築の表現に反映していると見なすこともできるのではないだろうか。こうしたヨーロッパの大都市の中心に聳えたち、巨大な姿で人々を圧倒するカテドラル建築こそが、これから述べようとしているゴシック建築なのである。

ゴシック建築は、12世紀半ばからパリを中心に形成された新しい建築様式であり、大都市のカテドラルにおいて、もっとも典型的な特徴を表現することとなる。それゆえ、ゴシック建築が発生する前のロマネスク建築が、地方都市の巡礼路沿いに発展し、静かなローソクの光の中で瞑想的に祈る巡礼者のためのものだったのとは異なり、ゴシック建築は人口密度の高い都会における活動的な司教と修道院長、そして教会参事会のそうそうたるメンバーのための建築であり、天空を仰ぎ、手を広げて光と色の織りなす透明性の祈りを行なうのにふさわしい建築空間がそこに誕生するのである。

ゴシック建築の幕開け

1140年7月14日、サン・ドゥニ修道院付属聖堂内陣《6-1》の改築工事が開始し、1144年には国王ルイ7世、王妃エレオノール・ダキテーヌやフランス全土の大貴族、高位聖職者の臨席のもとに盛大なる献堂式が行なわれる。この工事を指揮したのがサン・ドゥニ修道院のシュジェール院長だった。かれは9世紀以来、何の手も加えられず、老朽化したままの状態にあったサン・ドゥニ修道院付属聖堂を新しい時代の幕開けを予言する建築様式でよみがえらそうと考え、まず西正面を新築し、内陣の改築に着手したわけである。シュジェールは各地から石工、聖像彫刻師、画家、金銀細工師、ステンド・グラス職人など各種の工人を集め、みずからが全体を統率して、かれの夢描いていた芸術作品としての教会をつくりあげようと望んだのである。残念ながらシュジェール当時のものは西正面と内陣の一部しか残されていないので、シュジェールによる新しい内陣の素晴らしさを追体験することはできないが、かれの次の言葉から、ステンド・グラスの幻想的光に満ちあふれた新内陣の様子がうかがい知れるのではないだろうか《6-2》。

「新しい内陣を古い内陣に結合するや、新内陣は華やかに光輝く。見事に外陣と連結されて内陣は美しさをいや増し、新しい光をあふれんばかりにうけて輝きわたる。この建物を拡張したのは私シュジェールで、工事は私の指図でおこなわれた」飯田喜四郎訳『カテドラルを建てた人びと』。

サン・ドゥニ修道院付属聖堂内陣の献堂式に参列した司教たちが、この時に目にしたものは、おそらく重厚で開口部の小さなロマネスクの建築空間とは全然違う別世界だったに

違いない．この時の司教団のショックが北フランスのイル・ド・フランスと呼ばれる王領内各地にカテドラルの建築熱を引き起こす原因となったと見ることもできよう．それでは，なぜイル・ド・フランス地方にだけ集中して建設ブームが起こったのであろうか．サン・ドゥニ修道院付属聖堂内陣の献堂式に参列した人々の中には，ブルゴーニュ地方や西部地方からやってきた司教もいたに違いない．それなのに，かれらがこの献堂式の衝撃的体験を自分たちの教区に持ち帰って即座に反応しなかったのは，なぜなのだろうか．それはロマネスクの優れた先行作品や建築的伝統が色濃く残っている地方では，ゴシック建築の新しい形式をすんなりと受け入れるのではなく，その他に蓄積された建築の伝統を尊重していたからに他ならない．つまり，裏を返すとイル・ド・フランス地方には，古代やロマネスクの建築的伝統があまり強く根付いておらず，ゴシックの新しい様式を誕生させるのに好都合な条件がそろっていたというわけである．

ゴシック建築の3要素

ゴシック建築の一般的特徴には，天井が高く，上昇感の強い室内構成と壁面一杯に開けられたステンド・グラスの窓から入る神秘的光を挙げることができるが，これらの特徴はゴシックの工匠たちがロマネスクやイスラムの建築ですでに用いられた建築技術の成果を踏まえて総合させた結果なのである．そうしたゴシック建築でもっとも目立った要素とは，尖頭アーチ，リブ・ヴォールト，飛梁（フライング・バットレス）である．

1｜尖頭アーチ

ゴシック建築で最も多く用いられたアーチ．柱間よりも直径が大きい2本の円弧を交差させてつくるアーチで，古代ローマやロマネス

⊙6-1｜サン・ドゥニ修道院付属聖堂身廊 1136頃-44 サン・ドゥニ
⊙6-2｜ステンドグラス（シュジェールが描かれている），サン・ドゥニ修道院付属聖堂堂内

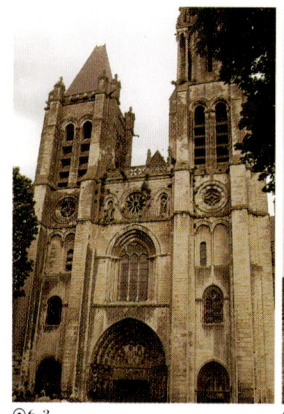

⊙6-3 　　　　　　　　　　⊙6-4 　　　　　　　　　　⊙6-5

ク様式で一般的に使用された，柱間の中点を中心とした円弧でつくられた半円アーチと比べると，視線を上へ上へと誘導し，垂直性の強調に有効であるばかりではなく，縦横の柱間が異なる長方形プランの上でもアーチの頂点の高さをそろえられる利点がある．

2｜リブ・ヴォールト

ロマネスク建築でたびたび使用されていた交差ヴォールトの交差線に沿ってリブと呼ばれる，アーチの筋をつけたものを指し，最近までこのリブがヴォールト天井全体を支えているというヴィオレ゠デュクの説が支持されていた．しかし，今日の研究成果ではリブは造形的効果を目指したもので，構造的あるいは施工上の意味はあまりなかったということが定説となっている．

3｜飛梁

初期キリスト教時代のバシリカ式教会堂以来，教会堂内にいかなる光をとりいれるかが課題だった．「神は光なり」と述べた聖書の言葉を建築空間に具現化する意味からも，バシリカという古代ローマの多目的ホール建築の採光方法を模倣するだけではなく，教会堂としての独自の光の演出を見いださなければならなかった．身廊と側廊の天井高の差を利用してクリア・ストーリーと呼ばれる高窓の帯を設けたバシリカ式教会堂から身廊の高いヴォールト天井を支えるためのトリビューンの設置を余儀なくされたロマネスク教会堂への変化は，光の演出という点では，退化したとみなすことができる．ゴシック建築は以上のような教会堂建築の苦悩を，この飛梁の使用によって見事に解決することができた．身廊側壁のアーチの力が集中する部分と側廊外壁の控え壁（バットレス）を結んで架けられた半アーチをいれて，外側から突っかえ棒のようにして身廊側壁が横に開こうとする力（推力）を支持しようとするのが飛梁の役目なのである．この飛梁の採用によってステンド・グラスの大きな窓が可能になったわけである．

フランスのゴシック建築

1｜初期ゴシック

ゴシック建築の発生に大きな影響を与えたのは，前述したようにシュジェールによるサン・ドゥニ修道院付属聖堂内陣（1136頃－1144年）だった．そこで用いられたリブ・ヴォールトは西正面のナルテクスと内陣におい

⊙6-3｜サンリス大聖堂 1155起工 サンリス
⊙6-4｜ノワイヨン大聖堂 1150頃以降 ノワイヨン
⊙6-5｜ノワイヨン大聖堂4層構成の身廊立面

てであり、不整形なプランの上に石造のリブ・ヴォールトと尖頭アーチを巧みに組み合わせた天井を架け、上述したゴシック建築の要素の長所を建築家がすでに会得していたことを理解させてくれる。また柱形や付柱でピアを覆い隠し、線による垂直性の追求を予感させる手法やステンド・グラスによる光の世界の表現などゴシック建築の初めての作品とするのは、間違いないであろう。

　サン・ドゥニ修道院の献堂式に参列して自分たちの司教区に戻った人々のうちで、すぐさまカテドラルの再建を計画したものがあった。サンリス《6-3》、ノワイヨン《6-4,5》、ラン《6-6,7》、パリ《6-8》などのカテドラルが次々に建設された。これらの建築は、ロマネスク時代からの平面プランを継承して正方形の柱間単位に交差リブ・ヴォールトを架ける方法が採られ、ヴォールトを6つの部分に分割する6分ヴォールト天井が採用されている《6-9》。また、ロマネスク教会堂が高いヴォールト天井を支えるためにとりいれた側廊二階のトリビューンをそのまま残してステンド・グラスの高窓を上に積み上げた4層構成の立面、つまり下から身廊と側廊の間に設けられる大アーケード層、トリビューン層、トリビューンの屋根裏部分をおおうトリフォリウム層、そしてステンド・グラスが入った高窓層の4層の立面が採用されているのである。

2｜古典ゴシック

　初期ゴシック建築がロマネスク時代の余韻を残して発展してきたのに対して、13世紀前半ごろからゴシック建築の古典的形式が徐々に完成してゆく。シャルトル《6-10,11》、ランス《6-12》、アミアン《6-13》のカテドラルがその代表例と呼ぶのにふさわしい。これらの建築は当初から飛梁を巧みに使用することによって、トリビューンによるヴォールト天井の推力の支持が不要となり、大アーケー

⊙6-6｜ラン大聖堂 1160-1230 ラン
⊙6-7｜ラン大聖堂堂内

ド，トリフォリウム，高窓の3層構成の立面を成立させることができた．この結果，ステンド・グラスの高窓の面積を大幅に拡大することができ，神秘的な光の世界での荘厳なるミサ典礼を実現することができるようになったのである．そしてロマネスク時代の正方形プランから長方形プランに移行して，その上に交差リブ・ヴォールトを架ける4分ヴォールト天井の形式が完成する．これによって垂直性がさらに強調され，細い付柱から天井のリブまでが呼応して重厚な石の天井をあたかも細い線状の付柱とリブが支えているかのご

6-8｜パリ大聖堂堂内 1163-1250 パリ
6-9｜サンス大聖堂6分ヴォールトの天井 1130頃-1168頃
6-10｜シャルトル大聖堂 1194-1260 シャルトル
6-11｜シャルトル大聖堂フライング・バットレス

とく人々を惑わし，神の国に舞い上がるかのような軽快な空間に仕上げることに成功したのである．

　古典ゴシック期の建築は，以上のように構造的に大きな発展を果たしたことによって，シュジェールが夢に抱いていた教会堂空間を実現することになったわけだが，この技術的発展は，身廊天井の高さへの挑戦にも進展する．つまりシャルトル大聖堂が38メートルの天井高を誇っていたのに対して，アミアン大聖堂では43メートル，そしてさらにボーヴェ大聖堂では48メートルまで到達するのである．しかし，このボーヴェを最後に高さへの競争は終了する．これ以後は，高さや建築技術の競争ではなく，装飾への傾向が強まり，レイヨナン式と呼ばれる．レイヨナンとは「放射状の」という意味で，トレーサリが円を基本とする放射状をなす形式となるので，このように呼ばれた．パリのサント・シャペル《6-14》，トロワのサン・テュルバン教会堂(1262起工)がその代表といえよう．

3｜後期ゴシック(フランボワイヤン式)

　装飾を主体として発展したイギリスのゴシック建築の影響を受けて，フランスでも14

⊙6-12｜ランス大聖堂 1211-13世紀末 ランス
⊙6-13｜アミアン大聖堂内 1220-1410頃 アミアン
⊙6-14｜サント・シャペル礼拝堂 1245-48 パリ

世紀後半頃からフランボワイヤン式（火焰式）と呼ばれるゴシック建築が登場する．ヴォールトのリブが複雑化し，古典期のゴシック建築で見られた構造と意匠の呼応関係はもはやなくなり，リブや反曲点のある曲線で飾られたトレーサリの窓構成などが構造体すべてを覆い隠してしまう．そうした複雑な曲線が炎を想起させることから火焰式と呼ばれるようになるのである．例えばルーアンのサン・マクルー教会堂《6-15》が，その代表例として挙げることができる．ここにおいて，高さとステンド・グラスの大空間を追求してきたフランスのゴシック建築の歴史は，終焉をとげるのである．

イタリアのゴシック建築

　古代ローマ以来の建築的伝統を強く残していたイタリアでは，北フランスで花開き，イギリス，ドイツなどの北部地方に伝播したゴシック様式を受容する態度は，おのずから違っていた．先行する優れた建築作品と建築的伝統にあふれていたイタリアの人々にとって，ゴシック建築が中世のキリスト教信仰を包み込むのにもっともふさわしい空間だとわかっていたにもかかわらず，明るい太陽の下で暗闇を求めて祈ろうとする空間指向をあくまでも追求したのである．それゆえフランス直系のゴシック建築は，わずかにしか見られず，ミラノ大聖堂《6-16》ぐらいのものだった．しかし，イタリアにはフランスのシトー修道会の修道院があちこちに建設され，シトーの建築形式は全面的に受け入れられた．シトー会は「愛の憲章」によって，すべての修道士が同一の行動をとることが規則で定められ，国の違いを越えて，建築形式も類似して建設されたからである．シトー会の建築は，ゴシック時代の建築でありながら，聖ベルナールの禁欲的精神主義に従って，垂直性よりも水平性を目指したもので，平面構成においてもゴシック建築とは性格を異にするもので，むしろイタリアのロマネスク建築に近いものだったのである．シトー修道会とは宗規の上でまったく異なるが，アッシジに聖フランチェスコの墓廟として建設された聖堂《6-17》は，イタリアのゴシック建築の特色をよく示した例として挙げることができる．単廊式の単純なプランで垂直性をまったく求めない．無装飾の形態を見せ，室内の壁画だけが教会堂に装飾的華やかさを与えているだけである．それは初期キリスト教バシリカ式教会堂の伝統とフランチェスコ修道会の単純で均一的空間が見事に融合し，イタリア・ゴシック独特の姿を示している．

　最後にシエナ大聖堂《6-18》も取り上げなければならないだろう．シエナはフィレンツェに対抗するトスカナ地方の大都市で，そこ

◉6-15｜サン・マクルー教会堂 1436頃-1521 ルーアン

⊙6-16

⊙6-17

⊙6-18

⊙6-16｜ミラノ大聖堂 1386起工 ミラノ
⊙6-17｜サン・フランチェスコ聖堂 1253頃 アッシジ
⊙6-18｜シエナ大聖堂 12世紀後半起工 シエナ

にたてられたドゥオーモ（大聖堂）は、シトー修道会の修道士によって設計されたといわれ、シトー会の建築でしばしば用いられたリブ・ヴォールトが天井に架けられ、比較的垂直性を目指した外観と室内構成を示している．しかし、白と黒の大理石を交互に水平に配した外装仕上げは、トスカナ地方の伝統に根ざしたものに違いない．

Hanyū

ドイツのゴシック建築

ドイツ・ゴシック建築の到来

ドイツへのゴシック様式の導入は，13世紀になされた．しかし、建造中に様式がロマネスクからゴシックへと移行したバンベルク大聖堂、ロマネスク様式との折衷のなかで建造されたマグデブルク大聖堂（1209‐13世紀）などにみるように、多くの建造物は、多かれ少なかれロマネスク様式の影響を色濃く残していた．そうした風土のなかで、ドイツにおける本格的なゴシック建築は、トリーアのリープフラウエンキルヘ《6-21》とマールブルクのエリーザベト聖堂《6-19, 20》の建立によって開始された．

リープフラウエンキルヘ（聖母聖堂）は身廊と交差廊を直交させ、その間に2つずつ計8つの祭室をもつ集中式として設計された．この平面形は、部分的にフランスのソワッソン近郊にあるサンティヴ聖堂（1180‐1216）の内陣に類似する．身廊を延ばした長堂形式が支配するゴシック時代にあって、集中式平面をもつ同聖堂は特異な存在である．

エリーザベト聖堂は三廊式であり、西内陣のアプスと交差廊が半円形状に同一の大きさをもって張り出し、ロマネスク時代にラインラント地方で多用された三葉形の内陣をもつ．同聖堂の身廊と側廊の高さは同じであり、壁面は二層の開口部から構成される．他方、重厚なバットレス（控え壁）によって外壁は分節され、西構えの尖り屋根をもつ双塔とあいまって垂直性が強調される．

ハレンキルヘ

エリーザベト聖堂におけるように、身廊と側廊の高さを同じにする形式は、11世紀末のイタリアのロンバルディア地方の聖堂で、そして12世紀中頃にシトー会のブルゴーニュ地方の聖堂で用いられていた．ドイツでは12世紀末からヴェストファーレンとヘッセン地方で採用され、やがてドイツ全土に広がり、一大発展を遂げた．それゆえ、この形式をもつ聖堂をハレンキルヘ（広間式聖堂のドイツ語）と称する．以下、いくつかの建築例を取り上げてみよう．

ゾエスト（ヴェストファーレン）のマリア・トゥル・ヴィーゼ聖堂（14世紀）の堂内には、支柱のまわりに小さな柱を束ねた大柱（束ね柱）が見られるが、この束ね柱は、柱頭など柱を分断するような装飾を付けずに直線状に立ち上がり、ヴォールト天井に沿って枝分かれをしてリブに移行する．リブはヴォールト天井を構成する骨組であり、われわれに見えるのは、天井面から突出したその一部である．しかし、ランツフート（バイエルン）のザンクト・マルティン聖堂《6-22》では、リブは網状となって天井面を覆っている．ここで

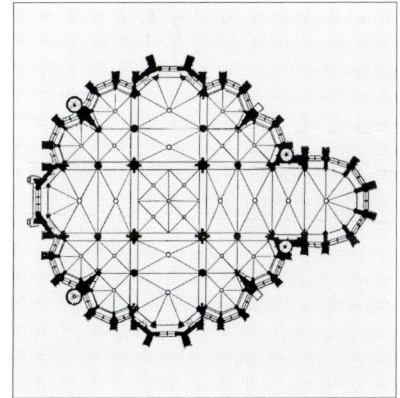

ハレンキルヘの聖堂のその他の特徴は，壁面に縦長の窓を配して，一層あるいは二層からなる開口部をつくっていることである．また，ザンクト・ロレンツ聖堂のように，堂内全体をひとつのアプスが包み込む場合があり，しばしば交差廊なしで堂内がつくられる．束ね柱は比較的細く，柱間を分かつ横断アーチはなくなり，リブは網状あるいは星型のパターンをつくりながら，天井一面に広がる．こうした設計手法により，ハレンキルヘの堂内は一体感を増し，大広間と化す．外観上の特徴は，とくに南ドイツに典型的にみられるように，身廊上に大きな切妻屋根をかけていることである．

フランス・ゴシックの影響

ドイツのハレンキルヘの存在は，ゴシック建築を成立させたフランスの聖堂とは異なるイメージを与えるが，フランス・ゴシックは，ストラスブール，ケルンほかのいくつかの大聖堂に採用された．ケルン大聖堂《6-23, 24》は大司教コンラートによって1248年に起工されたが，16世紀中頃に中断され，ようやく19世紀になって完成された．同大聖堂は五

はリブは，ヴォールト天井を支える構造体の表示であるよりも，より軽快で装飾的な扱いに転じている．こうした傾向は，著名な工匠一族であるパーラー家のハインリヒが担当したシュヴェービッシュ・グミュント（バーデン・ヴュルテンベルク）のハインリヒ・クロイツキルヘ（1300頃‐1521），ニュルンベルクのザンクト・ロレンツ聖堂の内陣（1439‐77）などに見られる．

⊙6-19｜エリーザベト聖堂 1235-83 マールブルク
⊙6-20｜エリーザベト聖堂堂内
⊙6-21｜リープフラウエンキルヘ（平面図）1227-43 トリア

廊式であり，交差廊も長大で，内陣の側廊を二重にしているなどの点を除けば，フランス盛期ゴシックの代表格アミアン大聖堂に倣っている．

　ケルン大聖堂は高さ151メートルを誇る双塔をもつが，ドイツの教会堂の西構えにはしばしば単塔が付く．それは尖り屋根をのせて天空に立ち上がり，都市のランドマークとなっている．なかでも，フライブルク大聖堂《6-25》(高さ115メートル)，ウルム大聖堂(1377-1553, 高さ161メートル)は代表的で，その透かし彫りのような尖り屋根は高さと優雅さを誇示する．

Horiuchi

⊙6-22｜ハンス・シュテートハイマー Hans Stethaimer他、ザンクト・マルティン聖堂 1380頃-1500頃 ランツフート
⊙6-23｜ケルン大聖堂 1248起工 1842-80 ケルン
⊙6-24｜ケルン大聖堂内
⊙6-25｜ヨハネス・フォン・グミュント Johannes von Gmünd他 フライブルク大聖堂 1200頃-1513 フライブルク

イギリスのゴシック建築

イギリスのゴシック様式は12世紀後半から16世紀中頃まで長期間にわたり展開し、フランスとともにゴシック建築を代表する。ゴシックを特色づける尖頭型の交差リブ・ヴォールトはイギリスのロマネスクにあたるノルマン様式ですでに11世紀末には採用されていたが、フライング・バットレスの使用は12世紀中頃以降のことで、当初の典型的なゴシック様式はフランスの建築家によりもたらされた。しかし構造を追究し垂直性を求めたフランスとは異なり、ファン・ヴォールト（扇状ヴォールト）などにみられるように、イギリスの特徴は意匠がうみだす穏やかで豊かな空間性にあるといえる。通例イギリスのゴシックは、初期イギリス式、装飾式、垂直式の三期にわけられている。

初期イギリス式ゴシック

初期イギリス式は12世紀後期から14世紀初めまでの様式で、尖頭アーチの曲線が尖ったランセット窓の採用からランセット式と呼ばれることもある。トレーサリ（狭間飾り）は簡素なプレート・トレーサリで、ヴォールトはリブが6分ヴォールトや4分ヴォールトのような規則的なものから、交差リブが任意に増やされる傾向をすでにみせている。代表作には、カンタベリィ大聖堂、ソールズベリィ大聖堂、リンカーン大聖堂などがあげられる。カンタベリィ大聖堂（1070‒1180,1379‒1503）は、三廊式で全体の半分を聖歌隊席や聖職者席などからなる内陣が占める。第一期に属する内陣（1179年起工）はフランスのギヨーム・ド・サンスによるもので、イギリスへの最初のゴシック建築の移入例として重要である。ソールズベリィ大聖堂《6-26》は初期イギリス式で統一され、イギリスの教会堂特有の参事会室（1263‒84）もこの時期のすぐれた建物として知られる。リンカーン大聖堂《6-27》は、身廊が大アーケード、トリフォリウム、クリアストーリーの三層構成で、水平のアーティキュレーションが際立ち、アーチの穏やかな曲線は初期イギリス式の典型といえる。

装飾式ゴシック

装飾式は13世紀末から14世紀中頃までの様式で、さらに前半を「幾何学的」、後半を「曲線的」と呼ぶ。アーチやトレーサリに反転曲線が採用され、トレーサリにはバー・トレーサリが用いられた後者のほうが装飾性が豊かで、リブ・ヴォールトもリブの数が増えた網状ヴォールトとなる。代表的な例には、リンカーン大聖堂の奥内陣（1256‒80頃）や、エクセター大聖堂《6-28》があげられる。

垂直式ゴシック

垂直式は14世紀中頃から16世紀中頃までの様式である。トレーサリはパネル・トレーサリで、ヴォールトを支える束柱を床から天井まで一気に立ち上げて垂直の方向性が強調され、天井にはイギリスのゴシック建築を独特のものにする華麗なファン・ヴォールトが採用されている。代表作には、グロスター大聖堂の内陣（1337‒50頃）や初めてファン・ヴォールトの使われた回廊（1351‒1412）、ケンブリッジのキングズ・カレッジ礼拝堂、ウェストミンスター・アビィのヘンリー7世礼拝堂（ロンドン, 1503‒12）などがあげられる。国王ヘンリー6世が開設したキングズ・カレッジ礼拝堂《6-29》は、平面が内陣と外陣とに明確に分けられていないので、全体が単一の広間型教会堂のような構成で、堂内側面の垂直式のトレーサリと天井の壮麗なファ

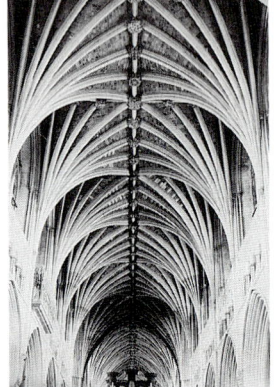

ン・ヴォールトで，規模（幅12.2メートル，高さ24.4メートル）以上の印象を与えている．垂直式の末期はテューダー式と呼ばれることもある．これは16世紀中頃の様式で，曲率の緩い四心アーチが特徴である．その代表作にはハンプトン・コート（1515-20）があげられるが，この時期にはすでにイタリア・ルネサンスの影響もみられる．

　また，イギリスの中世建築の小屋組を特徴づける構法にハンマービーム屋根があげられる．これは，ハンマービームと呼ぶ壁の上端から突出した片持ち梁を利用して形成するもので，小屋梁を用いないので開放的な空間が造りだされる．ハンマービームの先端などに施された天使などの彫刻や方杖などの装飾で引き立てられ，さらにハンマービームを二段重ねにしたダブル・ハンマービーム屋根では，木造の軽快さと壮麗さを兼ね備えたものとなる．教会堂よりもむしろ世俗建築の広間などの大空間によくみられる．代表例には，ウエストミンスター・ホール《6-30》があげられる．

Hoshi

⊙6-26｜ソールズベリィ大聖堂 1220-66 ソールズベリィ
⊙6-27｜リンカーン大聖堂 1192-1250頃 後陣は1256-80頃 リンカーン
⊙6-28｜エクセター大聖堂の内陣 1270頃-14世紀中頃 エクセター
⊙6-29｜キングズ・カレッジ礼拝堂 1446-61，1477-85，1508-15 ケンブリッジ
⊙6-30｜ウエストミンスター・ホール 1394-99 ロンドン

The Concise History of Western Architecture

7章
ルネサンス建築 I
Renaissance Architecture in Italy

末永航

イタリアの初期ルネサンス建築

古代の復興

　ルネサンス（再生）と呼ばれる動きは、15世紀、商工業で豊かな富を蓄えた共和制の都市国家、中部イタリアのフィレンツェで始まる。商人の合理性のなかで育ち、深い教養を身につけるようになった人々は、再生すべきものとしてローマなどの古典古代の文化を再発見していった。建築でも明快な数学的比例とオーダーなど古代建築の規範に基づくものが求められることになった。

　一部の石工出身者をのぞいて、当時の建築家のほとんどは素描の訓練を積んだ画家で、彫刻やさまざまなデザインもこなした。古代風の建築を建てるためには古代の遺跡をスケッチしたり、古代ローマの建築家ウィトルウィウスの『建築十書』などから学ばなければならなかった。

　しかしこの時代の建築家に注文される建築は、神殿や浴場といった古代にもあった建物ではなかった。必要とされたのはキリスト教の教会であり、パラッツォとよばれる都市建築であり、ヴィラとよばれる郊外の別荘や荘園の中心となる邸宅だった。規模も形態も用途もまったく古代とは異なる建築である。古代の、あるいは古代風のデザインを使って、いかに当代の建築を設計するか。これが建築家に課せられた課題だった。それに応えることは古代の単なる模倣ではありえなかった。再生という名の創造だったのである。

　ルネサンスは近代以前の様式としてはめずらしく、自覚的な一種の運動だった。自然にある傾向が生まれてきたのではなく、はじめに理念があってそれを実現すべくさまざまな技法が開発された。論文や図版でそれらをまとめた書物を書くことも盛んに行われる。

　このようにルネサンスはきわめて合理的な様式だったが、そのためにかえって感覚的な支持を得られないことも多かった。外国はもちろん、イタリアの有力な都市の中でも、ミラノやナポリではルネサンス建築が建てられた例は多くない。地域的広がりや作品の数からいえば、かなり小さな様式だったといえるかもしれない。しかし歴史的な重要性は大きかった。これ以降今世紀に至るまで、西洋の主要な建築はオーダーを中心とする古典建築の語彙を使って建てられ続けることになるのである。近世はここから始まったのだった。

　1400年代（クアットロチェント）から1500年代（チンクエチェント）にわたるルネサンスは、大きく3つの時期に分けることができる。フィレンツェを中心とする様式の勃興期である15世紀の初期ルネサンス、ローマに各地から人が集まった16世紀初頭1530年頃までの盛期ルネサンス、そしてそれ以降16世紀末期までのマニエリスムの時代である。

フィレンツェのルネサンス

　ヨーロッパでも最も豊かな都市に成長したフィレンツェが、それにふさわしい大聖堂を建てようとサンタ・マリア・デル・フィオーレ聖堂《7-1》の建設に着手したのは1296年のことだった。工事はゆっくりと進み、1334年にはジョットの設計で鐘楼も起工、15世紀はじめにはドームと正面以外はほぼできあがった。しかし空前の規模になったドームの架け方を示せる者はなく、1418年コンクールが行われる。八角形の二重殻構造という案で当選したのが彫刻から建築に転じたブルネッレスキ（1377-1446）だった。何の支えもなく、人間の理性の力を示すように市の中心に高く聳える巨大なドームは34年に完成し、フィレンツェの、そしてルネサンスの象徴となった。

その後ブルネッレスキは、オスペダーレ・デリ・インノチェンティ（捨て子養育院）《7-2》、サン・ロレンツォ聖堂内部と旧聖器室、サンタ・クローチェ聖堂パッツィ礼拝堂《7-3》などの作品でフィレンツェの建築を変革していった。

　ブルネッレスキがどの程度古代の建築について理解していたかはよくわからないし、細部には中世の伝統も指摘できる。しかし、ともかくも古代のモティーフを使って、統御された比例の美しさを湛えた、清澄でまったく新しい空間をつくりだしたのは事実だった。さまざまな工法や遠近法の研究にも取り組む科学的な態度もルネサンス人のひとつの典型を示していた。

　初期ルネサンスの建築を指導したもう一人の人物がフィレンツェの市民レオン・バッティスタ・アルベルティ（1404-1472）だった。古典に通じた学者でもあったアルベルティは家庭論、絵画論、彫刻論など多くの著作を残

⊙7-1｜フィリッポ・ブルネレスキ Filippo Brunelleschi
サンタ・マリア・デル・フィオーレ聖堂ドーム 1420以降 フィレンツェ
⊙7-2｜フィリッポ・ブルネレスキ Filippo Brunelleschi
オスペダーレ・デリ・インノチェンティ 1419以降 フィレンツェ
⊙7-3｜フィリッポ・ブルネレスキ Filippo Brunelleschi
サンタ・クローチェ聖堂パッツィ礼拝堂 1430頃 フィレンツェ

⊙7-4

⊙7-6

⊙7-5

したが，そのなかには古代ローマの建築家ウィトルウィウスの『建築十書』に倣った浩瀚(こうかん)な建築論がある．

　また建築の設計にはみずから携わり，ルネサンス建築の課題に大胆な解答を与えた．サンタ・マリア・ノヴェッラ聖堂《7-4》の改造では色大理石の組み合わせでロマネスクへの共感を示しているが，上層の両脇に渦巻き様の飾りを配し，側廊の屋根を隠しつつ正面の上層と下層を視覚的に結びつけることに成功した．パラッツォ・ルチェライでは古典的な付柱で邸館の表面を飾る方法を確立し，リミニのテンピオ・マラテスティアーノ《7-5》やマン

トヴァのサンタンドレア聖堂では教会に凱旋門のモティーフを援用してみせている．

　このほかフィレンツェの支配者メディチ家の重厚な邸館《7-6》でパラッツォの定型を確立したミケロッツォ・ディ・バルトロメオ（またはミケロッツォ・ミケロッツィ，1396-1472）はミラノやヴェネツィア，ドゥブロヴニクなどでも仕事をし，ルネサンス様式を各地に広めた．

ルネサンス建築のひろがり

　フィレンツェからもそれほど遠くないトスカナ地方の小さな街ピエンツァはこの時代に新しくつくられ，現在も当時の姿をよく残している．教皇ピウス2世（在位1458-1464）が自分の生まれた寒村を改名し，思うままに都市を築いたのだった《7-7》．アルベルティの作品の実務を担当したベルナルド・ロッセリーノ（1409-1464）がおもに設計にあたり，パラッツォ・ルチェライに似た教皇家の邸館をはじめ市庁舎や教会が計画的に配置された．しかし純粋のルネサンス都市ともいえるここでも大聖堂の内部はゴシック風で，当時の一般的嗜好には中世的なものがまだかな

⊙7-4｜レオン・バッティスタ・アルベルティ Leon Battista Alberti
サンタ・マリア・ノヴェッラ聖堂 1470頃 フィレンツェ
⊙7-5｜レオン・バッティスタ・アルベルティ Leon Battista Alberti
テンピオ・マラテスティアーノ（サン・フランチェスコ聖堂）1450以降 リミニ
⊙7-6｜ミケロッツォ・ディ・バルトロメオ Michelozzo di Bartolomeo
パラッツォ・メディチ 1446以降 フィレンツェ

⊙7-7

⊙7-8

⊙7-9

　またミラノを中心とするロンバルディア地方では伝統的な装飾と結びついて華やかな聖堂が生まれた．ジョヴァンニ・アントニオ・アマデオ（1447頃-1522）がベルガモに建てたコッレオーニ礼拝堂《7-9》は，傭兵隊長として知られた街の支配者の注文によるものだったが，フィレンツェ大聖堂に倣ったドームを戴きながら正面の細かな装飾がフィレンツェの建築とはまったく別の表情を示している．
　同じく傭兵隊長として活躍したモンテフェルトロ家の居城，ウルビーノのパラッツォ・ドゥカーレの回廊は中世風の城郭の中でルネサンスらしい端正な佇まいをみせている．また南の強国ナポリでも，現存はしないがポッジョ・レアーレという巨大な離宮がフィレンツェに学んだジュリアーノ・ダ・マイアーノ（1432-1490）によって造営された．
　ローマは長い教皇のアヴィニョン捕囚やそれにつづく教会の分裂の間に荒れ果て，ようやく落ちつきが戻るのは15世紀後半に入ってからのことだった．しかしルネサンス様式は比較的早く定着し，パラッツォ・ヴェネツィアの回廊やパラッツォ・カンチェレリーアなど，世紀終わりまでに高い水準を示す作品が現れてくる．

り残っていたことを示している．
　徐々に各地に伝えられていったフィレンツェ風のルネサンス建築は，土地の伝統と混ざり合ってさまざまな形をとるようになる．
　独特のゴシック式邸館が立ち並ぶヴェネツィアでは15世紀にもまだこの様式の発達が続いていたが，マウロ・コドゥッシ（1440頃-1504）らが古典的モティーフをできあがっていた定型に組み込むことをはじめる《7-8》．

⊙7-7｜ベルナルド・ロッセッリーノ Bernardo Rosselino
　大聖堂とパラッツォ・ピッコローミニ 1460-62 ピエンツァ
⊙7-8｜マウロ・コドゥッシ Mauro Codussi 他
　スクォーラ・グランデ・ディ・サン・マルコ 1487以降 ヴェネツィア
⊙7-9｜ジョヴァンニ・アントニオ・アマデオ Giovanni Antonio Amadeo
　コッレオーニ礼拝堂 1470-75 ベルガモ

イタリアの盛期ルネサンス建築

ローマのルネサンス

　16世紀はじめ，教皇に選ばれたユリウス2世（在位1503 - 1513）はサン・ピエトロ大聖堂を建て替えるという決断を下した．初代の造営主任に任命されたのはドナート・ブラマンテ（1444頃 - 1514）だった．この頃からイタリアの主な画家，建築家はローマに集まるようになり，栄光の都ローマを再現すべく大規模な作品がつぎつぎと計画された．ルネサンスは盛期を迎える．

　ウルビーノの領内で生まれたブラマンテはやがてミラノに移り，はじめは画家として活動していたが次第に建築に専念するようになった．狭い敷地の聖堂では半ば騙し絵の効果を利用して堂々とした空間を作りだし《7-10》，そのほかサンタ・マリア・デレ・グラツィエ聖堂を古典風に改造するなど，ミラノ時代のブラマンテもすでに巧みなルネサンスの建築家だった．

　しかし15世紀末ローマへ移ると，おそらくはここでのはじめての仕事，サンタ・マリア・デッラ・パーチェ聖堂回廊では，単純な要素を配合して完璧な比例のなかに静かなリズムを表現した《7-11》．そしてサン・ピエトロ・イン・モントーリオ聖堂のテンピエットでルネサンス建築のひとつの頂点を極める《7-12》．当初は周囲にも円形の周廊をめぐらす計画だったこの小さな堂宇の中で，ブラマンテはさまざまな古典に由来する要素を思うままに操りながら完全に調和した世界を築いた．その結果，ここにできあがったものは古代ではなく，まちがいなく当代の建築だった．

　円や正多角形など，ひとつの中心点から周囲に広がる形の平面をもつ集中式建築はブルネッレスキ以来，ルネサンスの建築家が追い求めたものだったが，ブラマンテもこの形に執着した．テンピエットのほか，教会堂の形式としてもひとつの様式をつくりあげた．ブラマンテ周辺の建築家が設計したと思われる聖堂がいくつか残っていて緊密な構成を今に伝えている《7-14》．

　同郷の先輩ブラマンテの紹介で教皇庁の仕事をするようになったといわれるラファエッロ・サンツィオ（1483 - 1520）は，おそらく1508年にローマに移住し，以後37歳の若さで世を去るまでの間，盛期ルネサンス美術の中心にいた．画家として多くの弟子や協力者を指導しながら次々と大きな事業を手がける一方で，ヴァティカーノの宮廷人としても活躍したが，ブラマンテの死後サン・ピエトロ聖堂の造営主任となるなど建築にも深く関わった．

　古代建築の研究にはことに熱心で，初代の古代遺跡保存監督官に就任，配下の美術家たちに遺跡の測量調査を促し，さらにウィトルウィウス『建築十書』の翻訳を企画，各地の遺跡の図面も収集した．建築家たちの古代建築への理解は，ラファエッロの時代に飛躍的に向上したのだった．

　いくつもの重要な計画に関わりながら，多忙な短い生涯に実現した作品は少ない．しかしサンタ・マリア・デル・ポポロ聖堂キージ礼拝堂の内装や，未完に終わったものの空前の規模で古代の別荘を再構成してみせたヴィラ・マダーマ《7-15》など，正確な古代建築の知識に基づく大胆な構想力は群を抜くものだった．またラファエッロたちが古代の文様から復興させたグロテスク文様などを駆使した華麗な装飾はその後の古典主義の室内装飾の基本になる《7-13》．

⊙7-10｜ドナート・ブラマンテ Donato Bramante
サンタ・マリア・プレッソ・サン・サーティロ聖堂 1478以降　ミラノ
⊙7-11｜ドナート・ブラマンテ Donato Bramante
サンタ・マリア・デッラ・パーチェ聖堂回廊 1500-04　ローマ
⊙7-12｜ドナート・ブラマンテ Donato Bramante
サン・ピエトロ・イン・モントーリオ聖堂テンピエット 1502以降　ローマ

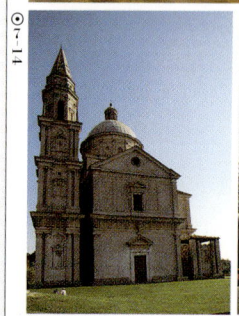

⊙7-13｜ラファエッロ・サンツィオ Raffaello Sanzio，ジョヴァンニ・ダ・ウディネ Giovanni da Udine 他
ヴィッラ・マダーマの室内 1516頃以降 ローマ
⊙7-14｜アントニオ・ダ・サンガッロ・イル・ヴェッキオ Antonio da Sangallo il Vecchio 他
サン・ビアジオ聖堂 1518-45 モンテプルチアーノ
⊙7-15｜ラファエッロ・サンツィオ Raffaello Sanzio 他 ヴィッラ・マダーマ 1516以降 ローマ

イタリア・マニエリスム

ラファエッロの弟子たち

　ルネサンス建築は16世紀はじめのブラマンテ、ラファエッロで一応の完成を迎える。すでに目標は達成され、古代以上のものをつくり出したとこの時代の人々自身が感じていた。そしてその次の世代には、もうめざすべきものがなかった。美術家たちは奇想を競い、本来は手段でしかなかったさまざまな手法（マニエラ）自体に趣向を凝らすしかなくなっていく。こうした傾向をマニエリスムと呼んでいる。ルネサンスの理念からすればこれは一種の頽廃には違いない。この時期、イタリアの都市国家は政治や経済でも徐々に力を失い、周囲の大国に支配されるようになっていた。しかし各地の小さな宮廷では、力強くはないが優美で洗練された作品がつぎつぎと生まれ、豊かなルネサンス末期を形づくっていくことになる。この時期、建築は特に大きな展開をみせるのである。

　1527年ローマは皇帝軍の激しい略奪にあう。サッコ・ディ・ローマ（ローマ劫掠）である。教皇の膝元に集まっていた美術家たちはちりぢりにイタリアの各地、そしてフランスなど外国に逃れねばならなかった。これは盛期ルネサンスの終焉を告げる事件となったが、その結果ルネサンスの成果はヨーロッパの各地に伝えられることになった。ローマでラファエッロの配下にいた後、各地に散っていった人々が、マニエリストの第一世代にあたる。

　ラファエッロの高弟ジュリオ・ロマーノ（1499頃-1546）はローマで師の残した仕事を引き継いでいたが劫掠の前年マントヴァに移り、君主ゴンザーガ家に重用された《7-16》。すでにローマでもヴィッラ・ランテという秀作を残しているが、マントヴァでは公爵宮殿の増築を担当し、宏壮な自邸も設計する。ことに離宮パラッツォ・デル・テ《7-17》は建築から壁画まですべてジュリオが思うままに腕をふるった作品だった。ここでは滑らかな面と荒々しい面のことさらな対比、ずり落ちた軒の装飾、形が不揃いで凹凸の激しい漆喰でつくった石積みなど、確立した規範をあざ笑うように奇想の限りを尽くしている。

　シエナ出身のバルダッサーレ・ペルッツィ（1481-1536）はラファエッロよりも少し年上だったが協力者としてよく働いた。ラファエッロが「ガラテアの勝利」を描いたヴィッラ・ファルネジーナはペルッツィの設計で、主階には町の景色を描いた騙し絵がある。こ

7-16｜ティツィアーノ Tiziano 作 ジュリオ・ロマーノ像 1536頃
7-17｜ジュリオ・ロマーノ Giulio Romano パラッツォ・デル・テ 1525-32 マントヴァ

の建築が凹形平面のヴィッラの定型を確立することになった．ローマの中心にあって複雑な平面を巧みに処理してみせているパラッツォ・マッシモでは，独特の意匠で無表情にしつらえられた外観と，豊かな古典的装飾を施された内部の対比が際だっている《7-19》．

やはりヴァティカーノで働いていたセバスティアーノ・セルリオ（1475-1554頃）はヴェネツィアに移り住み，1537年ここで『建築書』の出版をはじめる．大判の木版図に活版印刷で説明をつけた，はじめての図版中心の実用的建築書となったこの本はヨーロッパ全土でよく読まれた．大部の書物でいくつもに分けて刊行され，最後の巻が出たのは著者がフランスに移住して死んだその後のことだった．セルリオは自身のマニエリスム的志向を示しながらラファエッロやブラマンテたちの成果をまとめて紹介している．5つのオーダーをはじめて図で示したのもこの建築書だった．

○7-18｜ミケランジェロ・ブオナッローティ Michelangelo Buonarroti カンピドーリオ広場 1538-64 ローマ
○7-19｜バルダッサーレ・ペルッツィ Baldassarre Peruzzi パラッツォ・マッシモ 1535以降 ローマ
○7-20｜アントニオ・ダ・サンガッロ・イル・ジョーヴァネ Antonio da Sangallo il Giovane他：パラッツォ・ファルネーゼ（現フランス大使館）1530以降 ローマ

⊙7-21

⊙7-22

ミケランジェロとヴィニョーラ

ローマ劫掠は大きな影響を建築の世界にも与えたが、数年のうちにまたローマには人々が集まり、さまざまな建設事業も続けられるようになった。サン・ピエトロ大聖堂の建設を引き継いだのは同名の伯父をもつアントニオ・ダ・サンガッロ・イル・ジョーヴァネ（1483-1546）だった。石工出身で技術に明るかったといわれ、自分の計画を巨大な木製の模型にして残しているが、個人の作品は少ない。パラッツォ・ファルネーゼも幾人かの建築家が関わった建物だが、ルネサンスの邸館建築を最大の規模で集大成したものになった《7-20》。

サンガッロの死後しばらくして年老いた巨匠ミケランジェロ・ブオナッローティ（1475-1564）が大聖堂造営主任に任命され、結局現在のドームはミケランジェロの計画に基づいて建設されることになる。もともと彫刻家だったミケランジェロは立体の把握に優れ、絵画に比べるとはるかに後になって手を染めた建築でも大きな足跡を残した。ことに全体をデザインしたカンピドーリオの広場では、ジャイアント・オーダーと呼ばれる2層を貫く柱を両脇の建築に並べ、斬新な幾何学模様を描く舗床やあちこちに配置した古代の彫像などと相まって栄光の古代ローマのイメージを見事に甦らせた《7-18》。

無数の噴水で有名なティヴォリの広大な別荘ヴィラ・デステを設計したピッロ・リゴーリオ（1513／14-1583）はサン・ピエトロの主任も務め、考古学的な研究でも業績を残した。ヴァティカーノの庭園につくった優雅な東屋ピオ4世のカジノでは建物の内外を古代風の浮き彫りやモザイクで埋め尽くし、複雑な寓意で教皇の威徳を讃えている《7-21》。

大聖堂の建設ではリゴーリオを助ける立場にあったジャコモ・バロッツィ（1507-1573）は、出身地の地名をとってヴィニョーラと呼ばれている。精密な銅版で『建築の五つのオーダー』を出版し、これは数百年にわたって世界中で使われる古典主義建築の教科書となった。手がけた作品も多いが、なかでも丘の上に聳える5角形の巨大な別荘カプラローラのパラッツォ・ファルネーゼは、端正なデザインでありながら劇的な空間をつくりだしている《7-22》。またローマのヴィラ・ジュリアにはヴィニョーラだけでなく、

⊙7-21｜ピッロ・リゴーリオ Pirro Ligorio　ピオ4世のカジノ 1560-65　ヴァティカーノ
⊙7-22｜ヴィニョーラ Giacomo Barozzi detto il Vignola
パラッツォ・ファルネーゼ 1556以降　カプラローラ

7―ルネサンス建築 I

⊙7-23｜ジャコモ・デッラ・ポルタ Giacomo della Porta 他　イル・ジェズ聖堂　1568-84　ローマ
⊙7-24｜ヴィニョーラ Giacomo Barozzi detto il Vignola，ジョルジョ・ヴァザーリ Giorgio Vasari，バルトロメオ・アンマナーティ Bartolomeo Ammannati 他　ヴィッラ・ジュリア　1551以降　ローマ
⊙7-25｜ガレアッツォ・アレッシ Galeazzo Alessi　パラッツォ・マリーノ（現ミラノ市庁）　1558以降　ミラノ

⊙**7-26** | サン・マルコ小広場
右:パラッツォ・ドゥカーレ(政庁)小広場側正面 1424以降
左:ヤコポ・サンソヴィーノ Jacopo Sansovino サン・マルコ図書館(手前)1537以降, ロッジェッタ(奥)
1538以降 ヴェネツィア
⊙**7-27** | マガンツァ G.B. Maganza 作 アンドレア・パラディオ像
⊙**7-28** | フェデリコ・ツッカリ Federico Zuccari パラッツォ・ツッカリ 1579 フィレンツェ

⊙7-29

現在のウフィツィ美術館を設計した『美術家列伝』の著者ジョルジョ・ヴァザーリ (1511 - 1574) やピッティ美術館の庭側の部分などを担当したバルトロメオ・アンマナーティ (1511 - 1592) などフィレンツェのマニエリストたちも参画しているが，趣向に富んだ都市周縁部の別荘である《7-24》．

■ マニエリストとアカデミー

　ミケランジェロが完成できなかった仕事を仕上げたジャコモ・デッラ・ポルタ (1533 - 1602) は，イエズス会のローマでの本拠となったイル・ジェズ聖堂《7-23》ではヴィニョーラの計画を修正して現在の正面を設計し，その後世界中で建てられることになるこの形の教会の原型をつくった．

　このほかの都市でもマニエリストたちの活動は盛んだった．ペルージア生まれでジェノヴァで活躍したガレアッツォ・アレッシ (1512 - 1572) はミラノでも大きな建築を設計し，彫像で飾りたてた豪華な中庭をつくった《7-25》．

　フィレンツェでは先に挙げたほかにもサン・ステファノ聖堂の階段などに風変わりなデザインを示したベルナルド・ボンタレンティ (1536 - 1608) などがおり，フェデリコ・ツッカリ (1543 - 1609) も小さな自邸で奇抜な石組みをみせている《7-28》．ツッカリは兄のタッデオ (1529 - 66) とともにカプラローラの装飾を担当した画家でもあったが，イギリスやスペインでも活躍し，ローマではアカデミーを創立して理論家としても重きをなした．

⊙7-29｜アンドレア・パラディオ Andrea Palladio
バシリカ（パラッツォ・デッラ・ラジオーネ）1545-80 ヴィチェンツァ

ヴェネツィアとテッラ・フェルマ

　先にみたように15世紀後半、ルネサンス風の建築が建てられるようになっていたヴェネツィアだったが、その動きが大きな流れとなるには16世紀に入ってまだしばらくの時が必要だった。

　ローマ劫掠を逃れてやってきた彫刻家・建築家ヤコポ・サンソヴィーノ（1486 - 1570）がその流れをつくった。ヴェネツィアの顔ともいえるサン・マルコ広場の周辺をサンソヴィーノは古典的建築で一変させていった《7-26》。ここではじめて華やかなヴェネツィア風盛期ルネサンス建築が確立したのだった。

　サンガッロ一族などに学んだミケーレ・サンミケーレはヴェローナを拠点にヴェネツィアでも活躍し、ローマの邸館の様式を翻案してみせた。

　そしてヴェネツィアに近いヴィチェンツァの街には、古典好みの貴族たちに育てられて、ルネサンス最後の大建築家が現れる。アンドレア・パラディオ（1508 - 1580）である《7-27》。

　石工出身のパラディオは、後にはローマの案内書や古典風の劇を書くほど古代の研究に熱心で、豊かな知識を生かしながら当時の施主たちの要望を満たす建築をつぎつぎとつくりだした。出世作となったヴィチェンツァ市中央に立つ古い会堂の改造では、窓の間隔がそれぞれ異なる中世建築の周囲を、セルリアーナと呼ばれるモティーフをつないですっぽりと覆ってしまった。寸法の違いはセルリアーナ両脇の柱間で調節し、中央のアーチはすべて同じに統一したため、一見すると等間隔に並んでいるように見える《7-29》。

　当時のヴェネツィアはテッラ・フェルマと呼ばれる内陸部の領土を拡充して土地経営に乗りだしていた。農業用の施設を備えた領主の居館を兼ねた田園のヴィッラを必要としていた当時のヴェネツィア貴族のために、パラディオは中央の正面は神殿風で、両翼に農作業場などを備えた形を創案する。ラ・ロトンダは街に近く、純粋に気晴らしのための別宅だったが、そのためにより直截に建築家の理念を表したものになった。高台に建つこのヴィッラは四面まったく同じ正面を持ち、ただひとつの主室はパンテオンのように円堂だった《7-30》。

　サンソヴィーノの死後、パラディオはヴェネツィアにも進出し、政庁の向かいに浮かぶ

⊙7-30｜アンドレア・パラディオ　Andrea Palladio　ラ・ロトンダ（ヴィッラ・アルメリコ・カプラ）1566-69　ヴィチェンツァ
⊙7-31｜アンドレア・パラディオ　Andrea Palladio　イル・レデントーレ聖堂　1578-80　ヴェネツィア

サン・ジョルジョ・マッジョーレ修道院を手がけ，レデントーレ聖堂《7-31》では正面の側廊部分の処理に明快な解答を示すなど，教会建築でも力量を発揮した．

またヴィチェンツァでは当時数少なかった恒久的劇場も建設する．そのテアトロ・オリンピコの舞台背景は後を継いだ人々がつくったものだが，ルネサンス人のイメージにあった古代劇場を今に伝えている《7-32》．

パラディオはまた，自分の作品や古代建築を図版入りで記録した『建築四書』を出版した．これはその後長年にわたってヨーロッパ中で愛読され，バーリントン伯爵やゲーテなどパラディオを敬愛する人々を生みつづけることになる．

Suenaga

⊙7-32

✚ **セルリアーナ**

⊙真ん中にアーチがあって2本の柱が支えている．その両脇にもう1本づつ同じ高さの柱を置いて，梁の部分をつなぐ《7-33》．古代ローマではシリア風の破風と呼ばれたものにも現れる単純な形なのだが，これがルネサンスの後半，16世紀からにわかによく使われるようになり，古典主義建築の大切なモティーフとして伝えられていくことになった．セルリオの『建築書』に登場することからセルリアーナと呼ばれている．パラディオもこのモティーフをよく使ったので，パラディアン・ウィンドウともいう．しかしセルリーナを本当に復活させたのはこの二人ではなく，もう少し前のブラマンテだった．

⊙7-33

⊙7-32｜アンドレア・パラディオ Andrea Palladio 他　テアトロ・オリンピコ 1580以降　ヴィチェンツァ
⊙7-33｜ドナート・ブラマンテ Donato Bramante　ニンファエウム（泉水）1501-03頃　ジェナッツァーノ

The Concise History of Western Architecture

8章
ルネサンス建築 II
Renaissance Architecture in Europe

末永航＋堀内正昭＋星和彦

フランスのルネサンス建築

フォンテヌブローのイタリア人

　比較的早くから統一した王国をつくっていたフランスは、15世紀末から16世紀にはハプスブルグ家の神聖ローマ皇帝と張り合うようにイタリアに介入してたびたび兵を送り、いくつかの都市国家を支配下に置く。そうした接触を通じてフランスはイタリア・ルネサンスを受け入れることになった。軍事力ではイタリアを凌いでいたとはいえ、フランスの知識人たちのイタリア文化への憧れは強かった。プレヤード派の文人デュ・ベレイはイタリアに着いたとたん、大地に接吻したといわれている。建築の分野でも、ローマの古典であるウィトルウィウス『建築十書』の注釈やイタリアの建築書の翻訳、それらの影響を受けたフランス人の著作などが数多く出版され、ルネサンス文化を学ぼうとする動きは活発だった。

　しかしそれにもかかわらず、ゴシック建築を育んだフランスの風土には、結局ルネサンス様式が広く根付くことはなかった。影響は王家とその周辺にほぼ限られ、宗教建築はほとんど現れない。当時の国王はロワール川流域を中心にいくつものシャトーと呼ばれる城館を巡りながら生活していたが、フランスのルネサンス建築はほとんどこうした王や貴族の城館だった。

　シャルル8世（在位1483-1498）、ルイ12世（在位1498-1515）、フランソワ1世（在位1515-1547）、そして30年戦争の混乱期を経てブルボン王朝の始祖アンリ4世（在位1589-1610）に至る1世紀は、やがてヨーロッパの中心となるフランス王国の、政治、社会の基礎が築かれた時代にあたる。これは中世以来の石工しかいなかったフランスに、イタリアに倣って「建築家」という職業が確立する時期でもあった。その後のフランス建築の展開を考えるとき、この時代の建築が持つ意味はけっして小さくはない。

　フランス・ルネサンスのもとになったイタリアの様式は、相当偏った形でフランスに伝えられたものだった。初期に結びつきの強かったミラノなど北イタリアの都市はルネサンスの中心ではなく、その建築はむしろ地方様式にすぎなかったし、後になってローマやフィレンツェなどから招いたイタリア人建築家はすでにルネサンス末期、マニエリスムの時代の人々だった。こうした様式がフランスのゴシック的な伝統と混ざり合うとき、そこで生まれてきたフランス・ルネサンスの建築はかなり特異な様相を示すことになる。

　フラ・ジョコンドやジュリアーノ・ダ・サンガッロなど、15世紀半ばからフランスで仕事をするイタリア人建築家はいたが、滞在の期間も短く、それほど重要な作品を残すことはなかった。

　美術家を厚遇し本格的に移住を促したのはたびたびイタリアに遠征し、ルネサンスの文化に通じていたフランソワ1世だった。レオナルド・ダ・ヴィンチ（1452-1519）はアンボアーズの近郊に館を与えられ、そこで世を去った。絵画だけでなくロモランタンの城館の設計にも関与したといわれている。

　ヴェネツィアで『建築書』の最初の部分を出版したセルリオはフランスに移っても、フランス語とイタリア語を併記した形で刊行をつづけ、フォンテヌブロー宮殿の建造に参加する一方、アンシー・ル・フランという端正な館を設計してフランスの建築家たちに大きな影響を与えた。

　フランチェスコ・プリマティッチオ（1504-1570）は、イタリア、マントヴァのジュリオ・ロマーノの下で修行し、フランスではフォンテヌブローのフランソワ1世のギャラ

⊙8-1

リーなどの装飾に協力した．このギャラリーのデザインを主導したのはフィレンツェのマニエリスムの画家，ロッソ・フィオレンティーノだった《8-1》．プリマティッチオはアンリ2世の死後王室建築家となり，サン・ドゥニ修道院のヴァロワ礼拝堂やフォンテヌブロー宮殿の新しい部分を設計したとみられている．

こうしたイタリア人もけっして故国の様式をそのままに持ち込もうとしたわけではなく，それぞれフランス風土や趣味に合わせた形を模索していた．急勾配の大きな屋根や，垂直方向の線が強調されているところなど，イタリアにはない特徴がいくつもみられる．

ロワールの城とパリの宮殿

こうしたイタリア人たちが活躍する以前，フランソワ1世の治世の初期にも，イタリアの影響を受けたフランス人による建築がすでに生まれていた．ブロワの城館の一部《8-3》や，シャンボール《8-2》では，それまでの城館の形を受け継ぎながら，細部の古典的なデザインと全体の統合された構成にはっきりとルネサンスが表れている．シャンボールにはドメニコ・ダ・コルトーナというイタリア人が関わったといわれているが，両方の城とも実際の設計者であるフランス人工匠の名は伝わっていない．

王室建築家に任命され，フランス人として最初の建築家といってもよい人物はフィリベール・ド・ロルム（1510頃‒1570）だった．リヨンの石工の子に生まれ，自分の書いているところによればローマにも遊学したことのあるド・ロルムは，イタリア建築を熱心に吸収した．しかしいっぽうでフランス文化の独自性に強烈な自負を持ち，大胆な造形はときに奇怪な印象を与えるほどだった《8-4》．セ

⊙8-1｜ロッソ・フィオレンティーノ Rosso Fiorentino フランチェスコ・プリマティッチオ Francesco Primaticcio 他
フォンテヌブロー宮殿，フランソワ1世のギャラリー 1533-40頃 フォンテヌブロー

8 — ルネサンス建築 II

⊙8-2 | シャンボール城 1519起工 シャンボール
⊙8-3 | ブロワの城館 1520-24, ブロワ
⊙8-4 | フィリベール・ド・ロルム Philibert de l'Orme アネの城館 1552頃 アネ
⊙8-5 | ジャン・デュ・セルソー Jean du Cerceau オテル・ドゥ・シュリー , 1624-29, パリ

ルリオに倣って出版した大部の建築書は、こうした作風を反映しているが、このなかでド・ロルムは「フランス式オーダー」なるものまで提案している。

ド・ロルム以降、ルーヴル宮殿の一部を建設したピエール・レスコー (1510/15 - 1578) をはじめとしてフランス人の建築家がつぎつぎに育ち、フランスの建築を担っていくことになる．

その後破壊された作品も多いフランス・ルネサンス建築の、貴重な記録となった『フランスにおけるもっとも卓越した建物』(1576, 1579) を著したジャック=アンドルーエ・デュ・セルソーの一族からは多くの建築家がでた。孫のジャン (1585頃 - 1649以降) はアンリ4世の時代になってようやく本格的な整備がはじまったパリで活躍する《8-5》．

Suenaga

北方ルネサンス

アルプス以北へのルネサンス建築の移植は、まずイタリア人によってなされた。例えば、バイエルンの公爵ルートヴィヒ10世は、マントヴァの石工とスタッコ（漆喰）職人を雇ってランツフートに居館 (1537 - 43) を建て、ボヘミア王フェルディナント1世は、プラハのベルヴェデーレ宮 (1534 - 63) をパオロ・デッラ・ステッラに設計させた。イタリア人以外の手になる本格的なルネサンス建築は、アントウェルペン（アントワープ）の市庁舎《8-6》とハイデルベルク城内のオットハインリヒスバウ《8-7》によって開始された．

ネーデルラント

アントウェルペンの市庁舎 (1561 - 65) は、同市出身の彫刻家コルネリス・フロリス (1514 - 75) による。同ファサードは、オーダーによって分節された壁面をもち、中央を張り出させ、その上に大きな破風を立ち上げている。破風には、ニッチ（壁龕）内の彫像、スクロール（渦巻き状の装飾）やオベリスクなどの装飾がにぎやかに施されている。イタリアのパラッツォを想起させる均整のとれた構成と、垂直性が強調された破風の組み合わせは、北方に特有の表現が確立されたこ

とを示している．

ところで、フロリスはイタリアでの遊学を生かして当地のさまざまな建築モティーフの版画集を刊行した。また、同時代人のハンス・フレーデマン・デ・フリース (1527 - 1604頃) の装飾図案集はハンドブックとして流布し、ライデンの市庁舎 (1597 - 1603) の破風に見られる革細工を思わせるストラップワークをはじめとして、ネーデルラントの建築装飾は他国に伝播していった．

ドイツ

オットハインリヒスバウ (1556 - 63) は、現在は三層構成のファサード部分を残すのみである。各層はオーダーによって分節され、壁面はカリアティード（人像柱）、彫像、ストラップワーク、その他の夥しい装飾によって埋め尽くされている。このストラップワークは、フロリスの著作からの影響を受けているとされる。設計者は明らかではなく、ネーデルラント出身のアントニとアレクサンダー・コリンという彫刻家の名前が伝わっている．

このような意匠表現は、ストラスブールの建築家ヨハネス・ショッホとスイス人の彫刻家セバスティアン・ゲッツによる同じ城内の

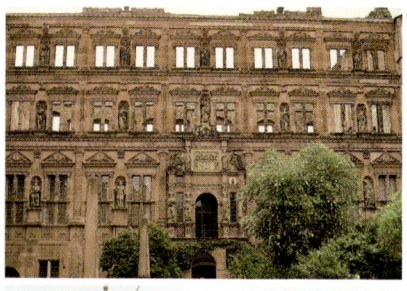

フリードリヒスバウ（1601-07）でひとつの極に達する．今日から見ると狂気じみた彫塑的な装飾の傾向は，以後，北方ルネサンス建築を支配していく．

建物の正面に大きな破風を立ち上げ，そこに過剰な装飾を施すという手法は，アシャフェンブルクの城館《8-12》，ブレーメンの市庁舎（1609起工）など多数の建築例に採用され，なかでもブラウンシュヴァイクの織物商館（1590-91）の破風飾り《8-8》はその極みであろう．その破風部分は4層に重ねられ，建物の高さの約5分の2を占めるほどの大きさがある．そこはカリアティード，スクロール，ヘルメス柱像（胸像を上部に付けた装飾用の柱）などによって賑やかに飾り立てられる．

ここで上げた建築例には市庁舎が多く目に付くが，実際，市庁舎は北方ルネサンスを推進した立て役者である．そして特有の装飾のみならず，より新しい傾向を確立したのも市庁舎であった．アウグスブルクの建築家エリアス・ホル（1573-1646）による同市の市庁舎《8-9》は，その新傾向を示す代表作である．

同市庁舎は，イタリア盛期ルネサンスのパラッツォに似た立方体状の構成をもつが，中央部を立ち上げ，垂直性を強調している．その効果は，ファサードの縦長の窓，ローマのイエズス会の本部であるイル・ジェズ聖堂型の切妻破風，さらに玉葱形のドームをもつ塔によって高められる．装飾は極めて抑制されており，流行していた破風装飾は退けられている．ここには，ルネサンスをみずからのも

⊙8-6｜コルネリス・フロリス Cornelis Floris アントウェルペンの市庁舎 1561-65 アントウェルペン
⊙8-7｜オットハインリヒスバウ（ハイデルベルク城内）1556-63 ハイデルベルク
⊙8-8｜ハンス・ランペ Hans Lampe 織物商館 1590-91 ブラウンシュヴァイク
⊙8-9｜エリアス・ホル Elias Holl アウグスブルク市庁舎 1610-20 アウグスブルク

⊙8-10　　　　　　　　　　　⊙8-11

のにし、さらにバロックへと移行しようとする姿を見ることができる。こうした態度は、ニュルンベルクの市庁舎(1616-22)にも継承された。しかしながら、新旧両派の宗教戦争と諸国家の政治闘争となった30年戦争(1618-48)がドイツを舞台として起こされたため、ドイツ・ルネサンス建築はそれ以上の展開を行う余地はなかった。

　以上は世俗建築の例である。教会建築については目立った建設はなされなかったが、ミュンヘンのザンクト・ミヒャエル聖堂《8-10、11》は注目に値する。同聖堂は、北ヨーロッパに建造された最初の規模の大きなイエズス会の聖堂であり、ヴェンデル・ディートリヒ、ヴォルフガング・ミラー、そしてネーデルランド出身の建築家フリードリヒ・ズストリスが参画した。トンネル・ヴォールトと側廊に礼拝室をもつ構成は、イル・ジェズ聖堂と同様である。しかし、側廊上のトリビューン(二階席)の配置は、むしろ北のプロテスタントの影響を物語っている。また、ファサードは水平方向を強調した層構成であるにもかかわらず、三階で間口を狭め、その上にほぼ正三角形をした大きな破風をのせることによって、北方ならではの垂直性を獲得している。

Horiuchi

⊙8-12

✚ ストラップワーク

⊙鋲止めされた紐状の革細工のように見えることから名付けられた建築装飾で、フロリスやフリースのハンドブックに由来する。16世紀後期以降、ネーデルランド、ドイツ、さらにイギリスの建築に用いられた。図《8-12》はアシャフェンブルクの城館(設計ゲオルク・リディンガー、1605〜14)のもの。

⊙8-10｜ヴェンデル・ディートリヒ Wendel Dietrich 他　ザンクト・ミヒャエル聖堂　1583-97　ミュンヘン
⊙8-11｜ザンクト・ミヒャエル聖堂堂内
⊙8-12｜ゲオルク・リディンガー Georg Ridinger　アシャフェンブルクの城館　1605-14　アシャフェンブルク

イギリス

ルネサンス建築の潮流は，イギリスには一般的に17世紀初期になって初めて訪れたといわれてきた。これは，ヨーロッパにおいては最も遅い場合のひとつとみなされている。確かに，イタリア・ルネサンスに比肩するような正統的な例は17世紀初めをまたねばならないが，すでに16世紀中頃からルネサンスのさまざまな影響をみることができる。

イギリスに宗教改革が起きたのは，テューダー王朝末期の1534年のことであった。その結果，修道院が解体され，これ以降17世紀末になるまで，イギリスでは宗教建築の建設が極めて少なくなった。それに代わり，この時期の建築の主流は，カントリー・ハウスなどの住宅・邸館といった世俗建築となった。このテューダー王朝はルネサンス建築が初めて伝えられた時期でもあり，続くエリザベス王朝期が本格的な導入期，さらにジャコビアン王朝期はそれを消化する時期と位置づけられよう。一方，ジャコビアン期はまたイギリス人が直接ルネサンス建築を学んで取り入れた時期でもあった。これに続くステュアート王朝期は，大内乱（1642-49）から共和国の時期（1649-60），またロンドンでは大火（1666）などのあった時代で，イタリア・ルネサンスやオランダの建築からの影響がみられる。そして，17世紀後半以降のバロック的な時期へといたる。

イギリスにもたらされたルネサンス建築は，当初16世紀初めのフランスの初期ルネサンス建築やオランダのルネサンス建築の影響を受けていた。またオランダなどで出版されたイタリア・ルネサンス期の建築書を翻訳した書物も，その時期の建築家にとっては重要な典拠となっていた。すでに当時のイタリアはマニエリスムの時代にあったため，こうしたものからの影響はマニエリスムの様相の濃いものである。他方，イギリス人自身で初めてイタリアを訪れたのはイニゴー・ジョーンズであり，かれはパラディオの建築から影響を受けたといわれている。

テューダー・ルネサンス

ヘンリー7世とヘンリー8世の治世（1485-1547）の，イギリス16世紀中頃までの建築様式で，垂直式ゴシックの最後の段階であるとともに，ディテールにはすでにイタリア・ルネサンスなどからの影響もみられる時期である。

テューダー期の建築は，テューダー・アーチと呼ばれるアーチ先端が小さく尖った四心アーチを特徴とする。また構法的にみると，ハーフ・ティンバー形式や，ハンマービーム天井などでの発展に独特なものがみられる。ルネサンス的な要素としては，テラコッタやスタッコによる装飾，フランスの城館建築からの影響，またすでにイタリアのマニエリスムからえた着想の使用などがあげられる。このように，この時期の建築的特色は全体構成よりもむしろ細部意匠にみいだせる。

代表的な建築には，壮麗なハンマービーム天井で名高いハンプトン・コートのホール（1531）や，フランスの初期ルネサンスの影響をみせた旧サマーセット・ハウス（1547-52，18世紀後半に破壊）などがあげられる。

エリザベサン

エリザベス1世の治世（1558-1603）はゴシックからルネサンスへの転換期といえ，この16世紀後半の建築様式がエリザベス様式（エリザベサン）である。

この時期の特徴は，建設の中心となったカントリー・ハウスにみられる。外観はシンメトリーを重視した構成をとり，窓は方だて（マ

⊙8-13

リオン) が目立つ縦長の矩形とする．破風はオランダ風に曲線を組み合わせたものが多い．装飾はイタリアのマニエリスムの影響をみせている．例えば，オーダーがルネサンスの規範を少しはずれたものであったり，ストラップワークもよく使われた．重要な作品には，当時を代表する建築家ロバート・スミッソン (1536頃 - 1614) によるロングリート (ウィルトシャー，1568起工《8-13》) やロング・ギャラリーで有名なハードウィック・ホール (ダービイシャー《8-14》) などの大規模な邸館建築があげられる．

⊙8-14

ジャコビアン

ジェームズ1世の治世 (1603 - 25) を中心にした17世紀初期は，エリザベス様式から引き続いてルネサンス建築を摂取していた時期で，その建築様式がジャコビアンと呼ばれるものである．

この時代は，フランスやオランダの建築やその技術が取り入れられた．装飾はエリザベス様式と較べて少なくなり，簡素に仕上げられるようになる．宗教改革のあと教会堂の建設が途絶えると，エリザベス様式とともに住宅建築に優れた作品がみられるようになる．ハットフィールド・ハウス (ハートフォード・シャー，1607 - 11) やチャールトン・ハウス (グリニッジ，1607) がその例である．

一方，イタリア・ルネサンス建築が本格的

⊙8-13｜ロバート・スミッソン Robert Smython ロングリート 1568起工 ウィルトシャー
⊙8-14｜ロバート・スミッソン Robert Smython ハードウィック・ホール 1590-97 ダービイシャー

に導入されたのもこの時期のことで，イニゴー・ジョーンズ (1573 - 1652) はその動きの代表的な建築家である．ジョーンズは二度にわたりイタリアを旅してルネサンス建築を実際に見聞し理解を深め，古典主義建築を初めて正統的にイギリスに取り入れた．端正な外観と立方体の広間で知られるグリニッジのクィーンズ・ハウス《8-15, 16》や，ホワイト・ホール宮殿の一部をなすロンドンのバンケッティング・ハウス (1619 - 22《8-17》) がその例としてあげられる．また，コヴェント・ガーデンのセント・ポール教会堂《8-19》は，パラディオにもとづくトスカナ式オーダーのポルティコをもち，その古代復興の精確さでは新古典主義的な志向をみせている．ジョーンズは単なるイタリア・ルネサンスの引写しに終わらない独自のスタイルを生みだし，のちのイギリスの建築家に大きな影響をおよぼした．

ステュアート王朝期に入ると，ジョーンズの弟子ジョン・ウェッブ (1611 - 72)，あるいはヒュー・メイ (1622 - 84) などが活躍した．ジョーンズ自身の作と思われるリンゼイ・ハウス《8-18》や，ジョーンズのイタリア的な趣をみせるウェッブのグリニッジ・ホスピタル (1663 - 67)，またパラディオ主義とオランダの影響をあわせもつメイのエルサム・ロッジなどがこの時期の代表作である．

Hoshi

⊙8-15｜イニゴー・ジョーンズ Inigo Jones クィーンズ・ハウス 1616-35 グリニッジ（外観）
⊙8-16｜イニゴー・ジョーンズ Inigo Jones クィーンズ・ハウス 1616-35 グリニッジ（内部）
⊙8-17｜イニゴー・ジョーンズ Inigo Jones バンケッティング・ハウス 1619-22 ロンドン
⊙8-18｜イニゴー・ジョーンズ Inigo Jones (?) リンゼイ・ハウス 1640 ロンドン
⊙8-19｜イニゴー・ジョーンズ Inigo Jones セント・ポール教会堂 1630起工 コヴェント・ガーデン ロンドン

スペイン・ポルトガル

装飾の伝統

イスラムの勢力を駆逐してようやく15世紀に成立したスペイン王国では，イスラム建築を改造したり，その影響を受けた建築が多く，イスラムとキリスト教のまざりあったムデハル様式は16世紀までつづいた．イスラム寺院などにみられる細かく豊かな装飾はその後も受け継がれ，いつの時代にも通じるスペイン建築の特質となっていった．15世紀末からは，末期のフランボワイヤン・ゴシックやルネサンスといった国際的な建築様式と結びついて，プラテレスコと呼ばれる独自の装飾様式が生まれる．サラマンカ大学の正面はその代表的な例である《8-22》．建築そのものの構成とは無関係に精細な浮き彫りが壁面を覆い尽くしている．

こうした独自の様式が生まれる一方で，ルネサンス建築そのものはスペインでは大きな流れとなることがなかった．

カルロス1世としてスペイン国王でもあった神聖ローマ皇帝カール5世はイタリアでヴェネツィア派のティツィアーノを宮廷画家として登用したが，スペインではイスラム建築の粋，アル・ハンブラ宮殿のすぐ側にルネサンス様式の大規模な宮殿を建てさせた．イタリアで修行した画家ペドロ・マチューカ（1485頃-1550）は建築でもルネサンスをよく理解していたことを示し，巨大な円形の回廊というイタリアにもない形態を美しく構成することに成功した《8-20》．

8-20 ペドロ・マチューカ Pedro Machuca カルロス1世宮殿 1527以降 グラナダ

世界に広がる帝国が完成しスペイン絶対王政の絶頂期となったフェリペ2世(在位1556-98)の時代を、建築に表現していったのはフアン・デ・エレーラ(1530-97)だった。壮大で冷徹ともいえる独特の古典様式の特徴は、墓廟、聖堂、宮殿など多様な建築の複合体エル・エスコリアルによく現れている《8-23》。エレーラの様式はその後もスペイン宮廷の公式のスタイルとして引き継がれていくが、王家の建築以外ではほとんど受け入れられることがなかった。

　スペインと共通する点も多いポルトガルでは、黄金時代を築いたマヌエル1世(在位1495-1521)の治世にマヌエル様式と呼ばれる様式ができあがった。プラテレスコと通じる細かな装飾が特徴だが、ゴシック的な構造と結びついたものが多い《8-21》。

Suenaga

⊙8-21│ディオゴ・ボイタック Diogo Boytac、ジョアン・デ・カスティーリョ Joao de Castilho 他
ジェロニモス大修道院回廊 1517頃 リスボア
⊙8-22│サラマンカ大学正面 1529頃 サラマンカ
⊙8-23│フアン・デ・エレーラ Juan de Herrera 他
エル・エスコリアル 1563-84 エル・エスコリアル

The Concise History of Western Architecture

9章
バロック建築
Baroque Architecture

末永航＋羽生修二

◉9-2

イタリア

歪んだ真珠

　16世紀はじめから設計の変更を繰り返しながら営々と工事が続けられてきたヴァティカーノのサン・ピエトロ大聖堂は、17世紀にはいってようやくできあがった《9-1》. ミケランジェロ案に基づくドーム、カルロ・マデルノ（1556頃 - 1629）の正面が立ち上がる. 結局, 堂全体は集中式ではなく儀式に便利な縦長, 十字架型のものになった. つづいて, 聖堂の横にあったオベリスクが前の広場の中心に移され, ジャン・ロレンツォ・ベルニーニ（1598 - 1680《9-2》）が広場を囲む回廊をつ

◉9-1｜カルロ・マデルノ Carlo Maderno　ジャン・ロレンツォ・ベルニーニ Gian Lorenzo Bernini 他
サン・ピエトロ大聖堂と広場 16-17世紀 ヴァティカーノ
◉9-2｜ジャン・ロレンツォ・ベルニーニ Gian Lorenzo Bernini 自画像 1622頃

くり，さらに堂内では金色に輝く中央の祭壇と大きな捩れ柱をもつバルダッキーノと呼ばれる天蓋をデザインした．盛期ルネサンスとともに建設が始まった大聖堂は，参詣者たちが息をのむ壮大で華麗な空間として完成し，バロック建築の幕開けを告げることになったのだった．

　バロックの語源は正確にはわからないが，ポルトガル語の「歪んだ真珠」だといわれる．後の時代の人々が悪趣味で下品な様式として批判を込めて呼ぶときに使いだしたのがこの言葉だった．オーダーをはじめとする古典建築の語彙を使うことには違いがないし，バロック時代の建築家が古典の権威にことさら反抗しようとしていたというわけではない．しかしルネサンス時代の端正な形よりも，楕円の平面や捩れ柱のような曲線や歪んだ形，動きのある形が好まれ，決まり切った単純な形を避けようとしたのは確かだった．整合性よりも，それを破り，逸脱したところに美しさ

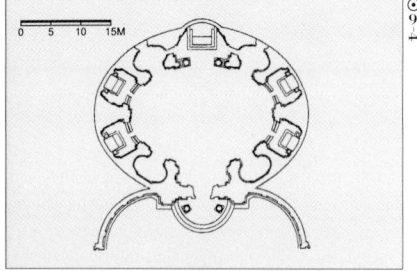

をみようとするのがバロックである．そのためにバロックという言葉が合理的な古典主義とは対極にある概念を表すものとして使われることもある．

　この時期の建築はさまざまな仕掛けで見る者を驚かせ，劇的で強烈な印象を与えようとした．色や形，大きさなど万事に派手好みで装飾もできる限りたっぷりと施される．対抗宗教改革の中心となった教皇，絶対王政を誇った国王など，強力な権威や力を形にして示そうとするとき，このような表現が生まれてきたのだった．

　感性に直接訴えるバロック建築は，わかりやすく伝わりやすかった．ゴシックやもっと

- 9-3｜ジャン・ロレンツォ・ベルニーニ Gian Lorenzo Bernini　サンタンドレア・アル・クイリナーレ聖堂 1658-61 ローマ
- 9-4｜サンタンドレア・アル・クイリナーレ聖堂（平面図）
- 9-5｜ベルニーニ Gian Lorenzo Bernini 他　パラッツォ・モンテチトーリオ（現イタリア下院）1650-97 ローマ
- 9-6｜ナヴォーナ広場 ローマ
 　左手前：ジロラモ・ライナルディ Girolamo Rainaldi 他　パラッツォ・パンフィーリ 1664-50
 　左奥：フランチェスコ・ボッロミーニ Francesco Borromini 他　サンタニェーゼ・イン・アゴーネ聖堂 1652以降
 　中央：ベルニーニ Gian Lorenzo Bernini　四大河の噴水 1648-51

以前の様式の時代から、装飾の伝統を保ち続けている地方ではそれをバロック様式のなかに生かすこともできた。バロック様式はほとんど全ヨーロッパに隈無くいきわたったのだった。しかもそれはヨーロッパが世界に進出する時代でもあった。南北アメリカから、アジア、アフリカまで、バロックの西洋建築がさまざまな所で建てられていった。バロックの時代はおおむね17世紀から18世紀はじめまでだったが、辺境地域では様式が長い間変化しないこともあり、そうした場所では19世紀までバロック様式がつづくこともあった。時と場所、どちらをとってもバロックは空前の広がりをもった様式だったのである。

ベルニーニとボッロミーニ

ローマでは、教皇シクストゥス5世（在位1585-90）の下でいくつものまっすぐな通りを新しく建設して都市改造を進め、ヴァティカーノのオベリスクを移動したドメニコ・フォンターナ（1543-1607）、そしてサン・ピエトロ大聖堂の正面など、比較的穏やかなデザインで大きな空間をまとめていったマデルノなどが、ルネサンスとバロックを繋ぐ役割を果たした。そしてその後に登場するのがバロックを代表することになる建築家ベルニーニとフランチェスコ・ボッロミーニ（1599-1667）だった。

彫刻家の息子としてナポリで生まれたベルニーニは父とともに幼い時ローマに移り、早くから彫刻に天才を発揮していた。建築はマデルノのもとで修行し、その師が亡くなると教皇ウルバヌス8世（在位1623-44）に登用されてサン・ピエトロ大聖堂の主任建築家となる。以後教皇の宮廷でも重きをなしたベルニーニはさまざまな建築を手がける一方、噴水や広場、橋などを飾る彫刻をデザインし、ローマそのものを自分の作品で変革していった。すべてを曲げ、歪めながら古典建築のデザインを優雅に使いこなし、動きのなかに調和を実現したサンタンドレア・アル・クイリナーレ聖堂《9-3,4》や、岩のように突出した下層の石組みが大胆な現在のイタリア下院、パラッツォ・モンテチトーリオなど、現在でもベルニーニの建築はローマの景観の大切な部分をつくっている《9-5》。

ベルニーニとはじめは協力しあっていたものの、しだいに反目するようになったといわれるボッロミーニは現在のスイス、ティチーノ地方出身の建築の専門家だった。与えられた仕事はベルニーニに較べると小規模なものが多かったが、独創的な造形でひとつひとつまったく新しい世界をつくり出していった。ナヴォーナ広場《9-6》の中央に建つサンタニェーゼ・イン・アゴーネ聖堂は湾曲する正面に塔を配して小さいが堂々とした建築で、広場全体を統一する役目をベルニーニの噴水と分かち合っている。またサン・カルロ聖堂では正面全体をうねらせ《9-7》、サンタンドレア《9-8》やサンティーヴォ《9-9》では不思議なイメージが組み込まれている。強烈な個性を発散するボッロミーニ建築にはその後多くの追従者を生んだ。

ローマ・バロック

さらに17世紀のローマでは二人の巨匠につづく建築家たちがつぎつぎに登場し、街をバロック様式で塗り替えていく。さまざまな地方からローマにやってくる建築家はそれぞれの個性を発揮しながら、しかしローマらしい洗練をみせるバロック建築を建てていった。ベルニーニやボッロミーニの作品以外にもスペイン階段やトレヴィの泉など、現在ローマといえば誰もが思い出す場所はバロック時代につくられたものが圧倒的に多い。ローマはバロックを生んだ都市だったが、またローマにとってもバロックが残した刻印は決定的なものだったのである。

ピエトロ・ダ・コルトーナはパラッツォ・バルベリーニの天井画など画家として大きな仕

⊙9-7｜フランチェスコ・ボッロミーニ Francesco Borromini
サン・カルロ・アッレ・クアットロ・ファンターネ聖堂 1637-52,1667頃 ローマ
⊙9-8｜フランチェスコ・ボッロミーニ Francesco Borromini サンタンドレア・デッレ・フラッテ聖堂 1655以降 ローマ
⊙9-9｜フランチェスコ・ボッロミーニ Francesco Borromini
サンティーヴォ・アッラ・サピエンツァ聖堂 1643-46 ローマ

⊙9-10

⊙9-11

⊙9-12

⊙9-13

事をこなしたが，建築でも活躍した．サンタ・マリア・デッラ・パーチェ聖堂《9-10》の正面では凹凸の巧みな処理で狭い空間を奥行きのあるものにしている．

建築一家ロンギ一族も洗練された達者な作品をローマに残した．トレヴィの泉の前に建つ教会では，マルティーノ・ロンギ・イル・ジョーヴァネが3連柱を利用して華やかな正面をまとめている《9-11》．

ヴェネツィアとトリノ

ローマ以外にもイタリア各地にバロックはひろがった．

ビザンティン，ゴシックの伝統を持つヴェネツィアでは繊細な装飾が好まれ，独特のバロック建築が生まれた．バルダッサーレ・ロンゲーナはヴェネツィアの邸館でもバロック様式を確立したが，大運河の入り口に立つサ

⊙9-10 | ピエトロ・ダ・コルトーナ Pietro Berrettini da Cortona
サンタ・マリア・デッラ・パーチェ聖堂 1656-58 ローマ
⊙9-11 | マルティーノ・ロンギ・イル・ジョーヴァネ Martino Longhi il Giovane
サンティ・ヴィンチェンツォ・エ・ダナスタシオ聖堂 1646-50 ローマ
⊙9-12 | バルダッサーレ・ロンゲーナ Baldassare Longhena
サンタ・マリア・デッラ・サルーテ聖堂 1631-87 ヴェネツィア
⊙9-13 | グアリーノ・グアリーニ Guarino Guarini サン・ロレンツォ聖堂内部 1666-87 トリノ

ンタ・マリア・デッラ・サルーテ聖堂では整った円形の平面に華やかな装飾を配して印象深いランド・マークをつくることに成功した《9-12》.

またようやく発展期を迎えた北方の都市,サヴォイア王国の都トリノでは,17世紀後半から大きな建物がつぎつぎと建てられ,やはり独自のバロック様式を形成していく.

グアリーノ・グアリーニはテアティノ会の修道士で,数学者でもあった.ボッロミーニ建築の影響を強く受けながら,自由な発想でそれを発展させ,新しい局面をきりひらいた.バロック建築の重要なテーマとなったドーム内側のデザインでも,数学的知識を駆使してかつてなかった劇的な空間をつくりだした《9-13》.またパラッツォ・カリニャーノでは,この地方独特の煉瓦建築に独自の造形を施し,堂々とした邸館に仕立て上げた《9-15》.

トリノではさらにシチリア出身のフィリッポ・ユヴァーラが活躍し,豊富な古典建築の

⊙9-14|フィリッポ・ユヴァーラ Filippo Juvara ラ・スペルガ聖堂 1717-31 トリノ
⊙9-15|グアリーノ・グアリーニ Guarino Guarini パラッツォ・カリニャーノ 1679以降 トリノ
⊙9-16|フィリッポ・ユヴァーラ Filippo Juvara パラッツォ・マダーマ 1718-21 トリノ

⊙9-17

⊙9-18

知識を生かしてこの都市を壮麗な建築で飾った《9-14, 16》.

南イタリアのバロック都市

またイタリア南部でもバロックは独特の発展を遂げる.ナポリやシチリア島のパレルモ,カターニアのような大都市にもバロック建築が数多く建てられるが,この時代に繁栄を極めたプーリア州のレッチェや地震の被害から都市を再興したシチリアのラグーザ・イブラやノートなど,ほとんどバロック建築で埋め尽くされた小都市も出現した.レッチェのバロックは表面を覆い尽くすかのような装飾が特徴的《9-18》で,シチリアでは塔のような正面をもつ聖堂の様式が生まれた《9-17》.

⊙9-17|ロザリオ・ガリアルディ Rosario Gagliardi サン・ジョルジョ聖堂 1744-75 ラグーザ(イブラ地区)
⊙9-18|ジュゼッペ・ツィンバロ Giuseppe Zimbalo 他 サンタ・クローチェ聖堂 1646(一部1582) レッチェ

イベリア半島と中南米

　16世紀スペインに現れたエレーラ様式は装飾の少ない禁欲的な建築で，けっして広く支持されたわけではなかったが，宮廷の様式としては長く影響を残すことになった．強い王権の下，王室が文化の中心であった当時のスペインではこのことの意味はかなり大きく，17世紀，ベラスケスをはじめとするバロック絵画が黄金時代を迎えたのに較べて，建築はめざましい発展をみせることができなかった．

　しかしイスラム文化と混淆したムデハル様式以来，細かく豊かな装飾はもともとスペイン建築の特徴だった．こうした性向は華麗なバロック様式を受け入れ，つくりあげる絶好の素地となった．ようやく17世紀の終わりになって過剰なまでの装飾に覆われたスペイン・バロック建築が登場し，やがて装飾は建築的枠組みを埋もれさせるほどに増殖していく《9-19》．この時期の装飾様式をサラマンカを中心に建築と祭壇彫刻に活躍したチュリゲラ一族の名前をとってチュリゲレスコと呼ぶこともある《9-20》．

　スペインの隣国ポルトガルでも漆喰やタイルの装飾が伝統を受け継いで独特の発達をみせ，華やかなバロック建築が生まれた《9-21》．

　またスペインのバロック建築はメキシコ，ペルーを中心に中南米の植民地にも移入される．特に銀の産出で豊かになったメキシコでは大規模な教会堂の建設が各地で進み，ヨーロッパとはまったく異なった伝統的文化の影響を受けながら，装飾は増殖をつづけ，独特の様式を生み出していった《9-22, 23》．

Suenaga

⊙9-19 | サンチャゴ・デ・コンポステラ大聖堂 1078-1125頃［フェルナンド・カサス・イ・ノヴォア Fernando Casas y Novoa ＜オブラドイロ＞の正面 1738頃］ サンチャゴ・デ・コンポステラ

9｜バロック建築

⊙9-20｜フランシスコ・ウルタード　Francisco Hurtado 他 ラ・カルトーハ（カルトゥジオ会修道院）聖器室
1730-42施工　グラナダ
⊙9-21｜アンドレ・ソアレス・ダ・シルヴァ　Andre Soares de Silva　サンタ・マリア・マダレーナ聖堂
1750　セーラ・ダ・ファルペラ（ブラガ近郊）
⊙9-22｜ナザレのイエス礼拝堂 1780頃 テパルシンゴ
⊙9-23｜サン・フランシスコ聖堂 1730頃 アカテペック

⊙9-24

フランスのバロック建築

　アンリ4世（1589-1610）の治世下でようやく政治的にも，経済的にも安定した時代を迎えたフランスにおいて，新興のブルジョワ階級が台頭してくる．かれらのなかには王室よりも自由で文化的見識の高い人々が少なからずいた．新しい意欲に燃える若き芸術家を育て，かれらの才能を活かしたのは，実はこの新興ブルジョワ階級の人々だった．ローマのサン・ピエトロ大聖堂の建設によってわき上がった新しい芸術への試みを素早く感知した芸術家たちが，フランスでそれを開花させるためには，かれらの新しい意欲を寛大な心で聞き入れてくれるパトロンが存在しなければならなかったに違いない．フランス・バロックの代表的建築家であるフランソワ・マンサールとルイ・ル・ヴォーに思う存分設計の手腕を発揮させたパトロンは，当初これらのブルジョワ階級だったのであり，王室はあくまでも後から仕事を依頼するようになったにすぎないのである．一般的にフランスのバロック建築は，ローマにおけるカトリックの反宗教改革と並べられてルイ王朝の絶対王政を表現するために採用されたように理解されることが多いが，最初にこの新しい様式を認めたのは，権威と格式を誇示するのを目的とした王室ではなく，イタリアの新しい芸術の素晴らしさを見極める見識を備えていたブルジョワ階級だったのである．それゆえフランスのバロック建築は，パリ近郊の貴族の城館（シャトー）において萌芽し，イタリアのバロック建築のような変則的で曲線的なオーダーを用いることなく，抑制のきいたバロックとし

⊙9-24｜サロモン・ド・ブロス Salomon de Brosse リュクサンブール宮 1615 パリ

フランスにおける初期のバロック建築としてまずとりあげるべき作品には、サロモン・ド・ブロス (1571頃－1626) がイタリアから嫁いできたマリー・ド・メディシスのために設計したリュクサンブール宮《9-24》がある。

この建築は、フィレンツェのメディチ家に生まれ育ったマリー・ド・メディシスが故国の思い出を託すことができるように、フィレンツェのパラッツォ・ピッティを手本としてド・ブロスが設計したといわれるが、フランスの伝統的形式である両隅と中央が張り出すパヴィ

⊙9-25｜ルイ・ル・ヴォー(建築) Louis Le Vau アンドレ・ル・ノートル(庭園) André Le Nôtre
シャルル・ル・ブラン(インテリア) Charles Le Brun ヴォー・ル・ヴィコント城 1657-61 ヴォー・ル・ヴィコント
⊙9-26｜フランソワ・マンサール François Mansart メゾン城 1643-46 パリ近郊
⊙9-27｜フランソワ・マンサール François Mansart メゾン城正面部分

⊙9-28

⊙9-29

リオン形式が採用され、フランス的なファサードの名残りを多く留めているといえる．ただしリュクサンブール公園に面するファサードの中央部におけるオーダーの扱いや彫刻的な構成はバロック的な傾向を表わしている．このリュクサンブール宮を設計したサロモン・ド・ブロスは，この他にパリのサン・ジェルヴェ教会堂のファサード（1616着工）も手掛けており，フランス・ルネサンスの建築家であるフィリベール・ド・ロルムがアネ城で採用した三種のオーダーを三層に積み上げるファサード構成《8-4》を教会堂建築にはじめて適用したことで知られている．しかし，新教徒であったためにあまり仕事には恵まれず生涯を終えたといわれる．

ド・ブロスとは対照的に，生涯を通じてフランス古典主義建築史上最大の傑作を残したのがフランソワ・マンサール（1598－1666）である．かれが設計したルイ13世の大臣ルネ・ド・ロンゲイユの城館，メゾン城《9-26, 27》は，かれの天才的なデザイン力を最高に発揮した傑作といわれている．長方形の主屋の両端にパヴィリオンを張り出させる，いわゆるパヴィリオン形式を採用し，各棟に勾配の強い中世以来のフランス屋根を架けながら，

⊙9-28｜ヴェルサイユ宮殿鏡の間 1661-1735
⊙9-29｜ヴェルサイユ宮殿 1661-1735 ヴェルサイユ

抑制のきいた円柱と水平の影を落とすコーニスの帯が風格ある姿を見せている。しかし、中央部のペディメントを戴いた三層構成のオーダーは、上で述べたサロモン・ド・ブロスがサン・ジェルヴェ教会堂で用いたファサードの形式を採用し、バロック的流動感を表現している。このフランソワ・マンサールに続いて、フランスのバロック建築に大きな刻印を残す建築家がルイ・ル・ヴォー（1612-70）である。かれは、ルイ14世の大蔵大臣ニコラ・フーケの城館であるヴォー・ル・ヴィコント城《9-25》の設計で、室内装飾家のシャルル・ル・ブラン（1619-90）と造園家アンドレ・ル・ノートル（1613-1700）と初めて手を組み、ヴェルサイユ宮殿を予告する最高傑作をつくりあげることとなる。四隅のパヴィリオンと中央広間上の大ドームが織り成す全体構成の斬新さと外壁を飾る大オーダーがこの建物に躍動感あふれる力強さを与えている。そして各部屋の室内は、イタリアでル・ブランが学んできた彩色スタッコと壁画の組み合わせによる優雅な装飾が施されている。また、この素晴らしい建築をさらに引き立たせたのがル・ノートルによる庭園である。ヴェルサイユ宮殿で実施されたあらゆる手法は、ここで試みられイタリアに発したバロック建築がフランス独自の様式として完成したことを示したのである。

以上のようにニコラ・フーケの理解のもとで3人の芸術家によるバロック建築の傑作がここで結実したわけであるが、ヴォー・ル・ヴィコント城の竣工を祝う宴会に招かれたルイ14世は、自分の部下であるニコラ・フーケに対して嫉妬し、かれを汚職の疑いで逮捕し終身投獄してしまう。それはこのヴォー・ル・ヴィコント城の建築があまりに素晴らしかったからだった。ルイ14世は、この建築を超えるみずからの城館を建設するために、ヴォー・ル・ヴィコント城に携わった三人の芸術家をそのまま登用し、ヴェルサイユ宮殿《9-29》を完成させることとなる。ヴェルサイユ宮殿は、ルイ14世の絶対的権威を世に示すための舞台装置であり、バロック的な演劇性を思う存分に発揮した建築だといえる。とりわけル・ノートル設計の視覚的効果をねらった幾何学的庭園やル・ヴォーの後を継いだジュール・アルドアン・マンサールが設計し、インテリアをル・ブランが担当した「鏡の間」は、フランス・バロックの典型として挙げられるであろう《9-28》。しかしながら、ヴェルサイユ宮殿の建築は全体としてイタリア的な独創性あふれる装飾の形態を用いず、常に抑制された、秩序ある古典主義を示している点が特徴的であり、それがフランス・バロックの特色ともいえるのである。

Hanyū

✛マンサート屋根またはマンサール式屋根
⊙17世紀フランスの建築家フランソワ・マンサールの名前にちなんで名づけられた屋根形式で、屋根の傾斜面の勾配が途中から変わる腰折れ屋根のことを指す《9-30》。この形式は、マンサールが創案したものではなく、マンサールが設計した建築にかならず用いられたというわけでもないのに、なぜマンサール式屋根と呼ばれるようになったのか明らかではない。

The Concise History of Western Architecture

10章
18世紀の建築
Architecture of the 18th Century

堀内正昭＋星和彦

後期バロック・ロココ

　17世紀末から18世紀にかけての世紀転換期に，中欧ならびに北欧では，17世紀のイタリアとフランス建築の影響を受けながら，バロック建築の曙を告げる活発な建築活動が開始された．以後，半世紀にわたって宮殿と教会堂を中心にバロック建築の時代が続いた．

　オーストリアとドイツの建築家たちは，ベルニーニ，ボッロミーニ，あるいはグァリーニの手法に魅了され，その作風を自国に移植しようとした．そして，代々の皇帝はローマ教皇を頂点としたキリスト教会を守護する任務を負った「神聖ローマ帝国」という理念を持ち続け，それが精神的にローマ・バロックとの結び付きをいっそう強固にした．

　中欧においてバロック建築が盛期を迎えた18世紀前半，フランスではバロックからロココの時代に入っていた．ロココは瞬く間にヨーロッパに波及し，ドイツで大輪の花を咲かせた．したがって，ドイツのバロック建築はロココ的要素を合わせ持つことになる．

　プロテスタントの支配下にあった北ドイツ，さらにイギリスでもバロック建築は建設された．しかし，イギリスではクリストファー・レン（1632-1723）によりセント・ポール大聖堂（1675-1710）が建てられたものの，バロック様式はカトリック的傾向として嫌われ，むしろ古典主義的なパラディオ主義（イタリア人建築家パラディオの作品を理想とする主義）が隆盛したのだった．

　18世紀半ばから新古典主義がバロック・ロココ様式を駆逐しはじめ，同世紀後半を支配する．この時期にはまたピクチャレスクの思想が，造園，建築，そして都市計画に影響を及ぼした．18世紀はバロックと新古典主義に二分されるが，この世紀は様式が多元的に現れた時代でもあったのだ．

北方のバロック建築

　1690年代，ウィーンでは皇帝レオポルト1世が，ベルリンでは後のプロイセン王フリードリヒ1世が，そしてストックホルムでは国王カール12世が，それぞれ一流の建築家を擁して王宮の建設を開始した．これらの専制君主達にとっての手本は，ヴェルサイユ宮とルーヴル宮であった．

　ウィーンのシェーンブルン宮《10-1》は，ヨハン・ベルンハルト・フィッシャー＝フォン＝エルラッハ（1656-1723）によって設計された．コの字形平面の両翼部を雁行させて中央部に収斂させる手法は，ヴェルサイユ宮に類似し，長大なファサードはベルニーニのパラッツォ・オデスカルキのように，大オーダーの付け柱で分節された．ニコデムス・テッシン（1654-1706）によるストックホルム王宮《10-2》とアンドレアス・シュリューター（1660頃-1714）によるベルリン王宮（1698-1706）は，ともにフランスの宮殿をモデルにし，やはりベルニーニの影響が伺えるが，オーダーの使用は部分的であり，全体に抑制のきいた厳格な仕上げが施されている．

　王宮ではないが，1699年，イギリスではジョン・ヴァンブラ（1664-1726）の設計により大邸宅カースル・ハワード（ヨークシャー）の建設が開始された（竣工1712）．同邸宅の本館はコの字形の平面をもち，中央部に大オーダーを配し，ドームを乗せて中心性を強調している．

　王宮と並行して，教会堂についても18世紀の後の展開を予想させる建造が開始された．フィッシャー＝フォン＝エルラッハはローマに滞在し，ベルニーニ，とくにボッロミーニの造形スタイルに魅了されて帰国した．ザルツブルクのコレーギエンキルヘ（大学聖堂）

⊙10-1

⊙10-2

《10-3》は集中式であり、ファサードは凸面状に張り出し、ボッロミーニの作品を想起させる躍動感あふれる意匠をもつ．

ヨハン・ルーカス・フォン・ヒルデブラント（1668‒1745）は、ボヘミア北部のガーベルにザンクト・ロレンツ聖堂（1699‒1711）を設計する．同聖堂は集中式平面をもつが、ヒルデブラントは円形の身廊を楕円形の前室とアプスの間に挟み、これら堂内の各部分を重ね合わせながら、多様に連続するひとつの空間をつくり上げた．これはグァリーニによるトリノのサン・ロレンツォ聖堂からの影響を受けているとされる．

⊙10-3

ロココ

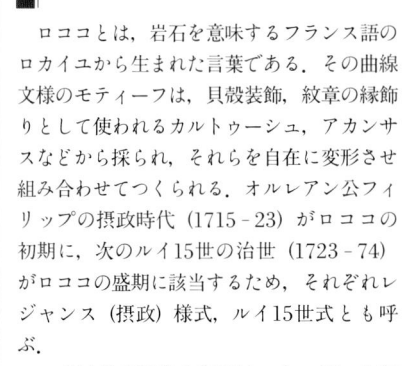

ロココとは、岩石を意味するフランス語のロカイユから生まれた言葉である．その曲線文様のモティーフは、貝殻装飾、紋章の縁飾りとして使われるカルトゥーシュ、アカンサスなどから採られ、それらを自在に変形させ組み合わせてつくられる．オルレアン公フィリップの摂政時代（1715‒23）がロココの初期に、次のルイ15世の治世（1723‒74）がロココの盛期に該当するため、それぞれレジャンス（摂政）様式、ルイ15世式とも呼ぶ．

ルイ14世の時代の室内は、オーダーを配列した重厚で豪華な空間をつくっていたが、ロココでは、壁面の分節には柱でなく、曲線を描く額縁を用いるところに特徴がある．

ロベール・ド・コット（1656‒1735）によるオテル・ド・トゥールーズの「黄金の間」（1713‒19）は、レジャンス様式の代表である．黄金の間の壁面はなお付け柱により分節されるが、壁面にはレリーフを施した額縁が回され、ルイ14世式からロココへと移行する姿を見せる．ジル・マリー・オップノール（1672‒1742）は、オテル・ド・アッシー（1719）において、柱を用いずに、壁面を美しい曲線を描く額縁で構成した．そして、さらに一歩進んでロココを軽やかな優雅な装飾に仕立て

⊙10-1｜ヨハン・ベルンハルト・フィッシャー＝フォン＝エルラッハ Johann Bernhard Fischer von Erlach シェーンブルン宮　1695-1713 ウィーン
⊙10-2｜ニコデムス・テッシン Nicodemus Tessin ストックホルム王宮 1697-1704 ストックホルム
⊙10-3｜J.D.フィッシャー＝フォン＝エルラッハ J.B. Fischer von Erlach コレーギエンキルヘ 1696-1709 ザルツブルク

たのは、ジュスト・オレール・メッソニエ（1693-1750）であり、ジェルメン・ボフラン（1667-1754）のオテル・ド・スービーズ《10-4》によって、フランス・ロココの傑作が誕生した。同邸宅では、壁面と天井との境目はうねるような曲線となり、各種の曲線文様と半丸彫の彫像群で覆われる。天井と壁面との境界をなくすことで、室内は一体的に扱われているのである。

ヨーロッパのどの宮廷でも、多かれ少なかれロココが花開いたが、とくに積極的に取り入れたのはドイツの宮廷であった。バイエルンの選帝侯マックス・エマヌエルは、フランドル出身のフランス人建築家ジャン＝フランソワ・ド・キュヴィイエ（1698-1767）をミュンヘンに招いた。キュヴィイエは、ニンフェンブルク宮の庭園にあるアマリーエンブルク《10-5》で、フランス・ロココ以上に曲線文様を駆使して優美なスタイルを展開させた。1738年にキュヴィイエは図案集を出版し、

⊙10-4｜ジェルメン・ボフラン Germain Boffrand オテル・ド・スービーズ 1735-37　パリ
⊙10-5｜フランソワ・ド・キュヴィイエ François de Cuvilliés アマリーエンブルク 1734-39 ミュンヘン
⊙10-6｜ヨハン・ルーカス・フォン・ヒルデブラント Johann Lukas von Hildebrandt オーベレス・ベルヴェデーレ宮 1721-23 ウィーン
⊙10-7｜マテウス・ダニエル・ペッペルマン Mathaeus Daniel Pöppelmann ツヴィンガー宮 1709-22 ドレスデン

⊙10-8

⊙10-9

同スタイルはドイツ中に広まった.

バロック宮殿の盛期

　王宮が建造された世紀転換期以後の半世紀は，宮殿建築の時代であった．ヒルデブラントによるサヴォイのオイゲーン公のためのウィーンのオーベレス・ベルヴェデーレ宮《10-6》は，中央部と両翼部を張り出させたパヴィリオン形式を取る．ファサードは，両翼から中央にかけて屋根を漸次高くすることで量塊的な力強さを示す一方，大オーダーを用いず，付け柱の双柱による優美な分節がなされた．他方，玄関ホールはグロテスクな男像柱によってヴォールトが支えられ，天井には一転して軽快なレリーフが施される．内外ともに強弱の調和が計られている．それが，同宮をしてバロックとロココが統合されたとされる所以である．装飾については，ドレスデンのアウグスト強健王のために，マテウス・ダニエル・ペッペルマン（1662-1736）によって設計されたツヴィンガー宮《10-7》に，その極端な例が見られる．同宮は馬上槍試合のための劇場として建てられたのであり，とくに外観における彫塑性は圧倒的であり，建築と彫刻が一体となった空前絶後の作品となっ

⊙10-8 | バルタザール・ノイマン Balthasar Neumann 他　領主司教館 1719-44　ヴュルツブルク
⊙10-9 | 領主司教館階段室

た．彫刻には，バルタザール・ペルモーザー (1651 - 1732) が腕を揮った．

この彫塑的な力の表現は，フリードリヒ2世がポツダムに構えた夏の離宮であるサンスーシー宮 (1744 - 47) にも見られる．同宮はゲオルク・ヴェンツェスラウス・フォン・クノーベルスドルフ (1699 - 1753) により設計され，エンタブラチュア (水平材) を支えるようにして付けられたカリアティード (人像柱) は，ツヴィンガー宮のモティーフに酷似する．

1719年，ヴュルツブルクの領主司教は巨大な宮殿《10-8, 9》の建設に取りかかった．バルタザール・ノイマン (1687 - 1753) のほか，ヒルデブラント，ボフラン，ロベール・ド・コット (1656 - 1735) など多くの建築家が携わった．そのため，全体の構成はフランス式であり，正面玄関はオーベレス・ベルヴェデーレ宮に似る．圧巻はノイマンによる大階段室である．単一の階段が踊り場で折り返して二つに分かれて上階に達する大階段室は，彫像群とジョヴァンニ・バッティスタ・ティエポロ (1696 - 1770) による天井画により，さらにその壮麗さを増す．イギリスでは，ジョン・ヴァンブラによるブレニム宮《10-10》がバロックの頂点と目される．中央本館はコリント式，翼部はドリス式の付け柱で分節され，カースル・ハワード以上に厳格な意匠が施された．

ロシアではピョートル1世の治世に，新首都となったサンクト・ペテルブルグを中心にバロックが開花する．この荒涼とした新開地に求められたのは，華麗なバロック建築であった．当地の代表的な建築家は，ジャン＝バティスト・ルブロン (1679 - 1719) とバルトロメオ・フランチェスコ・ラストレッリ (1700 - 71) であり，ルブロンのペテルゴフ (1716 - 17)，ラストレッリにより改築されたツァ

⊙10-10｜ジョン・ヴァンブラ John Vanbrugh ブレニム宮 1705-25 オックスフォード近郊
⊙10-11｜バルトロメオ・フランチェスコ・ラストレッリ Bartolomeo Francesco Rastrelli 冬宮 1762 サンクト・ペテルブルグ
⊙10-12｜J.B.フィッシャー＝フォン＝エルラッハ J.B.Fischer von Erlach カール・ボロメウス聖堂 1716-25 ウィーン

ールスコエ・セロの大宮殿とサンクト・ペテルブルグの冬宮《10-11》がロシア・バロック建築の代表である．ラストレッリは，冬宮殿において長大なファサードをパヴィリオンで分節し，建物全体に古典的なオーダーを使用して単調になることを避け，欄干を彫像で飾り，さらに色彩を加えて，華麗この上ない意匠を施した．同宮殿は1762年になって完成された．

イタリアでは，サヴォイ王国の首都であったトリノに，フィリッポ・ユヴァーラ（1678 - 1736）により放射状の平面をもつストゥピニジ宮（1729 - 33）が建てられた．スペインのブルボン家のカルロス3世が統治したナポリでは，1751年当地にカゼルタ宮の建設が開始された．設計者は，ルイジ・ヴァンヴィテッリ（1700 - 73）で1774年にようやく完成された．同宮は，スペインのエル・エスコリアルとヴェルサイユ宮に匹敵する大宮殿であり，フランスとイタリアの建築の要素を取り入れながら，抑制のきいたファサードをもつ．それはすでに新古典主義への移行を示しているといえる．

ドイツとオーストリアのバロック聖堂

オーストリアとボヘミアで開始されたバロック聖堂は，ベルニーニやボッロミーニなどのローマ・バロックからの強い影響を受けたが，やがて北ヨーロッパ独特の造形が生み出されていった．

フィッシャー＝フォン＝エルラッハによるウィーンのカール・ボロメウス聖堂《10-12》は，ペスト流行の折に皇帝カール6世により寄進された．フィッシャー＝フォン＝エルラッハは，同聖堂の中央に楕円形の大きな身廊をとり，その上に縦長のドームを立ち上げた．ファサードの中央にローマ神殿風のポーチを置き，その左右にトラヤヌス帝の記念柱を模倣した塔を立て，さらに両側に塔状のパヴィリオンを配した．フィッシャー＝フォン＝エルラッハは1721年，世界の七不思議の再現のほかに，みずからの作品を含めて古今東西の建築の偉業を見事な銅版画にまとめ，『歴史的建築図集』として出版した．彼の歴史的建築への関わりは，ここではウィーンの帝権と結び付き，歴史に力を借りた表現が採用されたのだった．

オーストリアのメルクでは，ヤーコブ・プランタウアー（1660 - 1726）によりベネディクト会修道院（1702 - 14）が建てられた．同修道院は，ドナウ河を見下ろす扇形の高台の地形を活かして，大理石の間をもつ棟と図書館棟を扇の要の位置で半円を描く低い建物で繋げ，これら二つの棟の間に双塔の付属聖堂が立ち上がる．その規模と勇壮さは，オーストリア・バロックの最も記念性に富んだ建築のひとつに数えられる．

バイエルンは，ディーンツェンホーファー一族を輩出するが，プラハで活動したクリストフ・ディーンツェンホーファー（1665 - 1727）によるブロイナウのザンクト・マルガレーテ聖堂（1708 - 15）は，堂内を4つの楕円形の平面が交錯しながら連続する空間をつくる．バンベルクの宮廷建築家ヨハン・ディーンツェンホーファー（1663 - 1726）によるバンツの修道院付属聖堂（1710 - 18）も，同様にさまざまな大きさの楕円を連続して組み合わせている．

ミュンヘンでは，コスマス・ダミアンとエーギット・クヴィリンのアザム兄弟が傑出している．コスマス・ダミアン（1686 - 1739）は画家として，エーギット・クヴィリン（1692 - 1750）は彫刻家として，それぞれの手腕を活かして建築に携わった．とくに，ミュンヘンの自邸に隣接して自費で建立したザンクト・ヨハン・ネポムク聖堂《10-13》が注目される．ファサードは，大オーダーの付け柱とうねるような曲線をもつ破風で縁取られ，中央部分を膨らませてボッロミーニの手法を幻想的に演出する．さらにファサード内に入れ子のように同じモティーフを用いることによって，彫塑性に富んだダイナミックな表現が施

⊙10-13

⊙10-14

された．堂内は，建築と彫刻と絵画が渾然一体となり，ベルニーニのバルダッキーノを思わせるねじり柱をもつ祭壇に凝縮される人物の彫刻群は，背後からの光でさらに活き活きと表現される．軽やかな優雅さをもつロココに，重厚で人を圧倒するバロック的表現が加えられた．

アザム兄弟とほぼ同世代に，ツィンマーマン兄弟がいる．もともとは石工のドミニクス（1685‐1766）と画家兼スタッコ職人のヨハン・バプティスト（1680‐1758）の兄弟であるが，ヨハンはすでにアマリーエンブルクでキュヴィエと協同したことがあった．彼らの造形手法はアザムとはかなり異なる．代表作であるヴィース巡礼聖堂《10-14》を例にとろう．プラン自体は単純で，大きな楕円形平面の身廊を中央に配し，2本1組の角柱がアーケードのように身廊を巡り，緩やかに湾曲するヴォールトを支える．柱からアーチが出て壁面と結ばれ，そこに回廊をつくる．ツィンマーマンは軽やかな表現に徹して，堂内に，宮廷のロココを持ち込んだ．同時に，ゴシック建築のハレンキルへ（ドイツのゴシック建築参照）に匹敵するような広間型の独特の空間を創造した．

ドイツ・バロック聖堂の盛期

ヨハン・ミヒャエル・フィッシャー（1692‐1766）によるベネディクト会のオットーボイレン修道院付属聖堂（1737‐66），ノイマンによるシトー会のフィアツェーンハイリゲン巡礼聖堂《10-15, 16》が建造されたときがドイツ・バロック聖堂の盛期である．オットーボイレンは，集中式に近いバシリカ式平面をもち，円と楕円を交互に繰り返したヴォールト天井を連続させる．フィアツェーンハイリゲンもバシリカ式平面をもつが，中心軸

⊙10-13｜アザム兄弟 コスマス・ダミアン（兄）エーギット・クヴィリン（弟）Cosmas Damian Asam, Egid Quirin Asam ザンクト・ヨハン・ネポムク聖堂 1733-46 ミュンヘン

⊙10-14｜ツィンマーマン兄弟 ヨハン・バプティスト（兄），ドミニクス（弟）Johann Baptist Zimmermann, Dominikus Zimmermann ヴィース巡礼聖堂 1748-53 シュタインガーデン近郊

⊙10-15

⊙10-16

上に楕円を三つ並べる．そのうち中央の楕円が最も大きく，そこに14人救済聖人の祭壇が置かれ，アプスの高祭壇とともに，堂内には視覚的中心が2つつくられる．堂内は大小の楕円により湾曲を繰り返しながら，大きなホールをつくり出す．このように，同聖堂はバシリカ式と集中式の構成要素，楕円を連続させることにより生み出されるダイナミズム，そしてロココの軽やかな優雅さを合わせ持っており，ドイツ・バロック聖堂の傑作と目される．

Horiuchi

新古典主義

18世紀中頃から以降，19世紀初頭までの時期は新古典主義の時代と呼ばれる．この背景には，バロックからロココの時期にかけての正統的な古典主義から逸脱していった傾向への批判があった．また，啓蒙思想が興隆し，ものごとを分析的・経験的・実証的に，いわば合理的に捉えようとする志向が強まったことがあげられよう．さらに，ヘラクレネウムやポンペイの古代ローマ遺跡の発掘や，パルテノン神殿などの古代ギリシア建築の遺構の実測を通じて，古代建築の研究が進んだことも指摘できよう．

⊙10-15｜バルタザール・ノイマン Balthasar Neumann フィアツェーンハイリゲン巡礼聖堂 1743-72 フィアツェーンハイリゲン
⊙10-16｜フィアツェーンハイリゲン巡礼聖堂堂内

何学的形態の構成により創造することが試みられた．また考古学という意味は，単に遺構を精確に検討し参照の対象としただけではなく，建築の起源や本質を探求する態度ともいうべきものである．つまり新古典主義とは，啓蒙思想にもとづく合理的な方法と，古代ギリシアの遺構などの検討を通して，ルネサンスの古典主義を捉らえ直そうとした動きといえる．

イギリスの新古典主義

　18世紀のイギリスの建築的な動きをみると，世紀初頭は17世紀から引き継がれたバロック的な流れがまず中心となっていた．1714年にステュアート朝からジョージ朝に変わると，ステュアート朝やフランスを想起させるバロック的な傾向が否定的にみられ，またイギリス的な様式が求められた．そして，平

　事実この時期になって，初めて古代ギリシア以来の建築の歴史が具体的に把握されたのである．こうした新古典主義建築の特徴を，よく理性と考古学といい表わす．理性とは，建築を客観的・科学的に捉えようとする態度といえる．この合理性の追究から，古代の建築がもっとみなされた簡素な美を，単純な幾

⊙10-17｜第三代バーリントン伯爵 Lord Burlington　チズウィック・ハウス 1725-29　ロンドン西郊
⊙10-18｜ジョン・ウッド John Wood the Younger　ロイアル・クレセント 1767-75　バース

明で厳格なパラディオの建築を理想とみなすパラディアニズムが勃興する。この動きはすでに17世紀の初頭にも起きており、18世紀のこの現象はパラディアニズムのリヴァイヴァルともいえる。しかし世紀も中葉を過ぎる頃になると、新古典主義的な態度からパラディアニズムへの批判が生じ、18世紀後半にはこの新古典主義の傾向が主流となった。

　造園術では、ヨーロッパ大陸でルネサンス以降に盛んとなった整形庭園（幾何学式庭園）に対して、自然を取り込んだ非整形庭園（イギリス式庭園）が考案された。意識的に軸組的構成を避け、あたかも自然が再現されたかのように土地を造成し、樹木を配する造園術である。その展開からピクチャレスクという考えが主張され、さらにそれは都市の構成にも取り入れられるようになった。

　第三代バーリントン伯爵ことリチャード・ボイル（1694-1753）は、パラディアニズムを推進した中心的人物で、コレン・キャンベル（1676-1729）やウィリアム・ケント（1685頃-1748）を後援したばかりでなく、みずからも設計を行った。チズウィック・ハウス《10-17》はロンドン西郊に建てられた別荘で、その着想はパラディオの代表作ヴィラ・カプラ・ロトンダにある。しかし、正面性を強調したコリント式円柱の支えるポルティコや八角形のドラムから立ち上がる高いドームなど、ロトンダとは異なる構成をもつ。よりロトンダを忠実に再現しようとした作品には、キャンベルのミアワース（ケント、1722-25）があり、またケントの近衛騎兵旅団司令部（ロンドン、1748-59）やカントリー・ハウスのホーカム・ホール（ノーフォーク、1734起工）がパラディアニズムの代表作として知られている。

　ロイヤル・クレセント（1767-75）の立つバースは、18世紀になりリゾート地として再び脚光を浴びた都市で、その建築や都市計画に寄与したのがウッド親子（父のジョン・ウッド、1704-54、息子のジョン・ウッド、1728-81）である。ロイヤル・クレセント《10-18》は息子のウッドの設計で、壮麗なイオニア式大オーダーが前面を飾る半楕円形の連続住宅である。前方には芝生の斜面が拡がり、それを受け止めるように湾曲するファサードの形態は、建物と周囲の自然を巧妙に調和させている。父によるクイーン・スクエア（1736）から円形の連続住宅サーカス（1754起工）、そしてロイヤル・クレセントと連なる都市景観は、その後のイギリスの都市計画に大きな影響を与えた。

　ロバート・アダム（1728-92）は、18世紀後半のイギリス新古典主義を代表する建築家・デザイナーのひとりである。パラディアニズムと較べて、装飾や色彩など意匠的な構成が軽快・優美で、古典的な比例を必ずしも遵守するのではなく変更を加え、細部にはギリシア建築の影響がみられる点に特色がある。とくにカントリー・ハウスや都市住宅の改装

⊙10-19

⊙10-19｜ロバート・アダム Robert Adam　サイアン・ハウスの前室 1762-69 ロンドン西郊

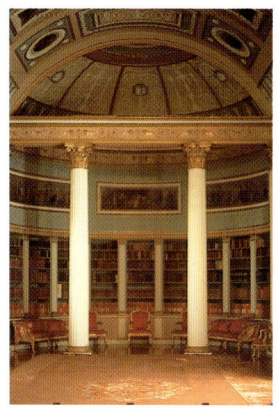

フランスの新古典主義

18世紀のフランスの建築的な動きをみると、世紀初頭にはバロック的傾向が残っていたが、1710年代後半からはそれに対してより自由で軽快な造形を求めるロココ様式が興り、18世紀後半まで続く流れとなる。一方、17世紀後半からルネサンスの比例理論への批判が起きていた。また建築形態の合理的な追究の主張は18世紀初めにすでにみられ、さらに世紀中頃には建築理論家マルク=アントワーヌ・ロージエ（1713-69）は『建築試論』（1753）を著し、そのなかで建築はギリシア建築のように柱と梁、そして切妻屋根からなるべきで、壁体や意味のない装飾は排除されるべきであると主張した。とくに建築構造の合理性への関心は、19世紀の構造合理主義の先駆けといえる。

これに加えてこの世紀中頃から活発となる古代ギリシア研究などの影響から、1770年代には穏やかで抑制のきいた新古典主義的な造形が主流となっていく。一方、単純な形態の壮大な組み立てを特徴とする建築（幻想建築、革命建築）の造形も生まれた。

フランスにおける新古典主義的な傾向の端緒を開いた作品は、パリにあるサン・シュルピス聖堂《10-22》の正面である。設計はイタリア人建築家ジョヴァンニ・ニッコロ・セルヴァンドーニ（1695-1766）で、ドリス式とイオニア式オーダーの独立した円柱を二層に重ねた簡潔な正面が、階を貫いて立ちあがる大オーダーや対にした円柱を構成の基礎とするバロック的表現や、同時期のロココ的な方向とは異なった特徴となっており、セルヴァンドーニの案を変更してのちに加えられた左右の厳格な構成をもつ塔も、新古典主義的な性格を強めている。

新古典主義の志向を最も端的に示したのが、ジャック=ジェルマン・スフロ（1713-80）による、パリのサント・ジュヌヴィエーヴ聖

や設計に活躍したが、ロンドン西郊にあるサイオン・ハウス（1762-69）の前室《10-19》では、彫像を支える、壁面からわずかに離れて配置された円柱がこの部屋に動きを与えている。

こうした表現をアダムは「ムーヴメント」と呼び、彼の特色のひとつである。またロンドンの北に建てたケンウッド・ハウスの図書室《10-20》では、淡い色の漆喰装飾の天井や、エンタブラチュアを支えるコリント式円柱が形成するスクリーンに特徴がある。このほか、記念門構成を正面に採用したケドルストン・ホール（ダービイシャー、1761頃-71）も構想の豊かさを示す例のひとつといえる。

都市住宅では、部屋の形状を多様にしたり、視線が通らないように部屋をつなぐ工夫をみせ、限られた空間をより豊かにしようとしており、その例にはセント・ジェームズ・スクエアの住宅（20番地，1771-74）があげられる。また古典建築の原理のオーダーにも独特の意匠と比例を与え、みずから発掘した古代ローマの遺構ディオクレティアヌスの宮殿から着想を得た柱頭デザインをソサエティ・オヴ・アーツ（1772-74）で採用している。

10-20 | ロバート・アダム Robert Adam ケンウッド・ハウスの図書室 1767-71 ハムステッド

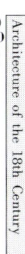

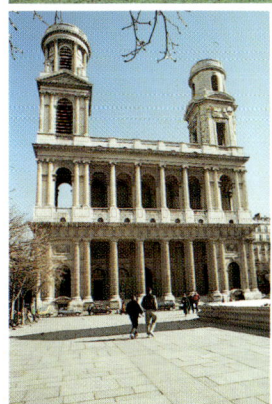

⊙10-21 リシャール・ミーク Richard Mique アモー 1782-86 ヴェルサイユ
⊙10-22 ジョヴァンニ・ニッコロ・セルヴァンドーニ Giovanni Niccolo Servandoni サン・シュルピス聖堂正面 1733-54 パリ
⊙10-23 アンジュ=ジャック・ガブリエル Ange-Jacques Gabriel プチ・トリアノン 1762-64 ヴェルサイユ
⊙10-24 ジャック=ジェルマン・スフロ Jacque-Germain Soufflot サント・ジュヌヴィエーヴ聖堂 1757起工 パリ

⊙10-25

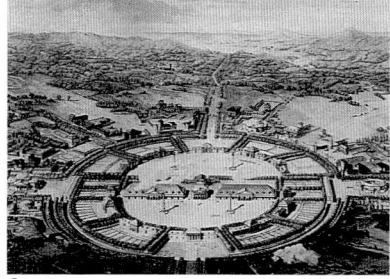

⊙10-26

⊙10-27

革新的な方向性を今も伝えている．

プチ・トリアノン《10-23》はヴェルサイユ宮殿の一部を占める建物で，王室建築家であったアンジュ＝ジャック・ガブリエル（1698 - 1782）の設計である．簡潔な直方体の建物（幅と高さの比が2対1）で，内部も矩形や方形の平面をもつ部屋から構成されている．庭園側のファサードは中央に4本のコリント式円柱，背後の中庭側は片蓋柱で，イギリスのパラディアニズムからの影響を指摘される構成である．

新古典主義には自然への回帰の動きもみられたが，それをよく表したものにやはりヴェルサイユ宮殿にあるアモー《10-21》があげられる．これは，ルイ16世の王妃マリー・アントワネットの依頼によるもので，建築家はリシャール・ミーク（1728 - 94）である．ひなびた建物が周囲の自然に調和するように建てられ，イギリスで18世紀前半から流行しはじめたピクチャレスクの思想を取り入れたものといえる．

単純な幾何学的な形態による壮大な空間の構想も，新古典主義を特色づける傾向であった．この志向を計画案を通して明確に表現したのはエティエンヌ＝ルイ・ブレ（1728 - 99）であった．彼のニュートン記念堂設計案《10-25》は，球体の完全性を主題にして，その着想を端的に表している．そのほかの案でも，ブレは古典主義のディテールと相称性を強調した構成で，広大で簡潔なまとまりのある空間を表現している．

ブレとともに王室建築家のクロード＝ニコラ・ルドゥー（1736 - 1806）も，単純な形態を多様に組み合わせた新古典主義的な造形を示し，ラ・ヴィレットなどに残るパリを囲む通行税徴収所の市門《10-26》にそれをみることができる．とりわけ，ショーの製塩所を含む理想都市案《10-27》は，楕円形の広場を中心に構成された建物群からなり，未完に終わったが都市的な視点を有する計画であった．

Hoshi

堂（1757起工《10-24》）である．現在はフランスの著名人の墓所として「パンテオン」の名で知られるこの建物で，スフロは前述したロージエの考えを実行に移そうと試みた．もちろん，大きなドームを戴く建物なので柱梁構造で建てることはできなかったが，壁面にはなるべく多くの窓を設け，堂内にはコリント式円柱を軽快に並べて，柱と梁による構成を表現しようとした．後に構造的な問題から窓は埋められ，また補強もなされなくてはならなかったが，この建物は新古典主義の最も

⊙10-25｜エティエンヌ＝ルイ・ブレ Etienne-Louis Boullée ニュートン記念堂設計案 1784-85 Bibliothèque Nationale, Paris
⊙10-26｜クロード＝ニコラ・ルドゥー Claude-Nicholas Ledoux 通行税徴収所の市門 1784-89 パリ
⊙10-27｜クロード＝ニコラ・ルドゥー Claude-Nicholas.Ledoux ショーの理想都市案 1775-79 アルケ＝スナン

The Concise History of Western Architecture

11章
19世紀の建築
Architecture of the 19th Century

堀内正昭＋末永航

新古典主義の盛期

18世紀後半に開始された新古典主義は、例えば、銅版画で著名なイタリア人ジョヴァンニ・バッティスタ・ピラネージ (1720-78) の作品に見られるように、ローマの偉大さを強調しようとする傾向、ドイツの美術考古学者ヨハン・ヨアヒム・ヴィンケルマン (1717-68) に代表されるギリシアの「高貴なる単純」こそ至上とする傾向など、さまざまな内容を含んでいた。考古学上の新発見と調査研究は、古代の建築にさまざまなスタイルがあることを教え、多数の出版物が建築家に古代の知識を提供した。新古典主義は、バロック・ロココに代わる新しい美学をもつ国際的な運動となっていった。

他方、自国の伝統のなかに建築のモデルを見出そうとするロマン（中世）主義が台頭する。これはゴシック様式の復興としてイギリスが先陣を切り、19世紀に盛期を迎える。同時に、18世紀の新古典主義者の中にはエジプト、中国、インドなどの非西洋の建築様式に手を染める者もいた。

19世紀は18世紀に現れていた様式の多元化が一気に進んでいく時代であり、建築家は今や幾通りもの様式を手中にすることになった。しかし、最も有力な様式と見なされたのは、依然として新古典主義であり、19世紀前期に全盛期を迎えた。19世紀の中頃から新古典主義の力は衰え、ネオ・ルネサンスとネオ・バロック様式がそれに代わり、世紀の後半は諸様式のリヴァイヴァル（復興）の時代となった。復興様式はさらにそれぞれの国の伝統と混ざり合い、ひとつの建物に複数の様式が折衷されることもあったが、建築の格付けのための重要な表現媒体として生き続けた。

ところで、19世紀初頭、文学者で政治家でもあったシャトーブリアン (1768-1848) は、『キリスト教精髄』(1802) を著し、そのなかでゴシック様式は国民的様式であり、キリスト教にはゴシック様式が古典様式よりも相応しいと述べた。これは、様式がある特定の建築に結び付き得ることを示唆するものである。

19世紀とは、建築家が様式のもつ力を信じ、様式にまだ何が可能であるかを問い続けた時代ではなかったか。

グリーク・リヴァイヴァル（ギリシア復興式）の展開

グリーク・リヴァイヴァルの建築は、18世紀後期に庭園建築として建てられていることはあったが、公の場に最初に姿を現したのは、プロイセンの首席建築家カール・ゴットハルト・ラングハンス (1732-1808) によるベルリンのブランデンブルク門《11-2》からである。同門は、アテネのアクロポリスにあるプロピュライア（門）を下敷きにしている。

イギリスでは、ウィリアム・ウィルキンス (1778-1839) によるケンブリッジのダウニング・カレッジ (1806-11) がある。同カレッジは、もともとジェームズ・ワイアット (1746-1813) によってローマ式で設計されたが、美術批評家のトマス・ホープ (1770-1831) の反対に会い、最終的にウィルキンスによってギリシア式に変更されたという経緯をもつ。それだけ、イギリスにはギリシア復興への強い支持があったのだった。

19世紀に活躍した大抵のドイツ人建築家は、1780,90年代にローマに留学し、当地の古典建築ならびにそこから連想される古代民主主義のイメージを携えて帰国した。ドイツ人建築家にとって新古典主義は、バロック・ロココ様式に代わって自国を近代化してゆけると思われたスタイルであった。

1796年、ベルリンでフリードリヒ大王記念堂コンペが催された。同コンペで最も注目されたのは、フリードリヒ・ジリー (1772-

1800）の案《11-1》であった．それは，巨大な基壇の上にギリシア神殿を配置したもので，ここではギリシア様式は，崇高なイメージを伝達する媒体として用いられている．同案は実施されなかったが，レオ・フォン・クレンツェ（1784-1864）により，レーゲンスブルクにドイツの偉人たちを顕彰する殿堂として建てられたヴァルハラ《11-3》は，パルテノン神殿を模倣して設計された．ドナウ河から見上げる絶景の地に立つその姿は，ギリシア建築の崇高さを蘇えらせたものである．

　ヨーロッパ以外でとくにギリシア式を開花させた国は，アメリカ合衆国である．多民族と多宗教のるつぼの国アメリカにとって，ギリシアからイメージされるのは，民主主義，学問，自由，そして美であり，過去様式の中でもっとも自国の表現に適したものと考えられたからだ．1818年の合衆国第二銀行のコンペでは，設計の規定に「古代ギリシアの純粋なる模倣」という項目が盛り込まれたほどである．合衆国におけるこのような考古学的ともいえる態度は，ウィリアム・ストリックランド（1788-1854）によるフィラデルフィアの商業取引所《11-4》の建物の上に，アテネのリシクラテス記念碑から引用した塔をのせていることでもわかる．

革命建築の波及

　革命建築は，18世紀後期にブレとルドゥーらによって開始された．彼らは建物の内容を幾何学的形態を用いて表現しようとし，古典

⊙11-1｜フリードリヒ・ジリー Friedrich Gilly フリードリヒ大王記念堂コンペ案 1796
⊙11-2｜カール・ゴットハルト・ラングハンス Carl Gotthard Langhans ブランデンブルク門 1789-93 ベルリン
⊙11-3｜レオ・フォン・クレンツェ Leo von Klenze ヴァルハラ 1831-42 レーゲンスブルク近郊

のモティーフを単純化して用いた．例えば，ブレによるニュートン記念堂設計案《10-25》では，建築形態にこの偉大な物理学者を称えるために宇宙をイメージさせるような球体が選ばれた．

先にF.ジリーによるフリードリヒ大王記念堂案に触れたが，同案に見られる巨大な基壇は，立方体状の幾何学的形態をもつ．また同案の左に見える門は，凱旋門の形態を単純化したものである．ジリーへの革命建築の影響は確認できないが，同種の設計手法を共有していたことは間違いない．

イギリスでこの新傾向を独自の手法にまで昇華させたのは，ジョン・ソーン（1753-1837）である．ソーンは1788年から1835年までイングランド銀行の設計に携わり，同銀行の各ホールに斬新な手法を展開した．例えば，ロトンダ《11-5》と呼ばれるホールを見ると，そのドーム内部の装飾は切れ込みを入れた線のパターンに単純化されている．ソーンは，古典建築を知悉した建築家であったが，様式については逆に簡素で自由な表現を得意とした．ソーンのイングランド銀行は，革命建築の理念を実現させた最大の建築作品であろう．

革命建築は，ヨーロッパ諸国とロシア，さらにアメリカ合衆国の建築家たちの設計案にも影響を及ぼしたが，その理念は当時としては斬新でありすぎ，実施された建築例はほんのわずかしかない．

新古典主義の盛期

ナポレオン1世（在位1804-15）は，パリを古代ローマ帝国に匹敵する首都にしようと望み，新古典主義に今まで以上の規模と壮麗さを求めた．彼の治世で実行に移されたのは少数であるが，ナポレオンがなそうとした野心の一端を感じることができる．

1806年，ナポレオンの戦勝を記念して，皇帝の軍隊に捧げるために二つの凱旋門の建設が開始された．ひとつは，シャルル・ペルシエ（1764-1838）とピエール・フォンテーヌ（1762-1853）によるカルーゼル凱旋門（竣工1808）で，これはセプティミウス・セベルス帝の凱旋門を真似た．もうひとつの凱旋門は，ジャン＝フランソワ・シャルグラン（1739-1811）によるエトワール凱旋門《11-6》で，高さ50メートル，幅45メートルという規模を誇る．オーダーの代わりに彫刻群で

⊙11-4｜ウィリアム・ストリックランド William Strickland 商業取引所 1832-34 フィラデルフィア
⊙11-5｜ジョン・ソーン John Soane イングランド銀行のロトンダ 1796 ロンドン

⊙11-6

⊙11-7

埋められた外観は，圧倒的な量感に富んでいる．翌1807年，皇帝の大軍隊のための「栄光の神殿」の建設が，ピエール・ヴィニョン（1763 - 1828）の案に従って開始された．同神殿はローマ神殿を下敷きにして，52本のコリント式円柱が巡り，全長108メートル，幅43メートルという巨大なものであり，ナポレオンの敗退後は，サント・マドレーヌに捧げられる聖堂《11-7》になった．

1793年，ナポレオンによってエコール・ポリテクニク（理工科学校）が創設され，建築理論家のジャン=ニコラ=ルイ・デュラン（1760 - 1834）が同校の教授となった．デュランは，彼の師のブレの描いた図面上の夢を実現可能なものにするために，その練り直しを計ることにした．デュランが第一義としたのは，建築は，その用途と目的に最適で，しかも経済的であることだった．まず，建築課題ごとに異なるプログラムを満足させる平面形が格子状パターンで決定され，シンメトリーと規則性が強調された．次に平面に適した立面が選択され，ファサードには，柱，アーチ，開口部などの諸要素が多くのヴァリエーションをもって配列された．デュランの方法は極めて構法的であり，様式は相対化され，

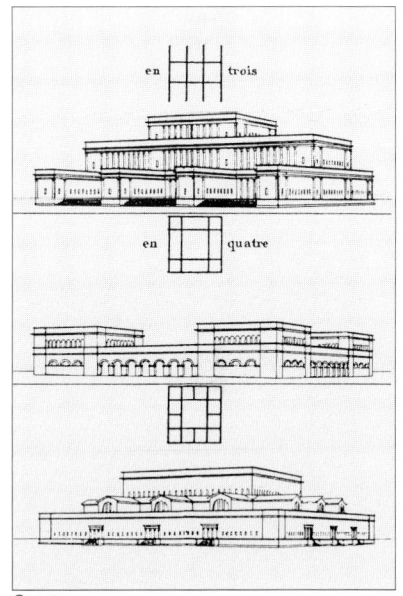

⊙11-8

⊙11-6｜ジャン=フランソワ・シャルグラン Jean François Chalgrin エトワール凱旋門 1806-36 パリ
⊙11-7｜ピエール・アレクサンドル・ヴィニョン Pierre Alexandre Vignon サント・マドレーヌ聖堂 1807-42 パリ
⊙11-8｜ジャン=ニコラ=ルイ・デュラン Jean- Nicolas-Louis Durand
「建築の集合」「建築講義」(1802-05)より

容易に折衷されることになる《11-8》．彼の著作である『建築講義』(1802-05)はただちにドイツ語訳され，ドイツ及び北ヨーロッパに波及していった．

ドイツにおいて，フリードリヒ・ヴァインブレンナー (1766-1826) は，カールスルーエの幹線道路に町並みをつくり上げた．とくに，市庁舎(1805-25)と新教教会堂(1807-16)，およびカール・ヴィルヘルム公の墓所であるピラミッド (1823) で形成されるマルクト・プラッツ《11-9》は，この時代の新古典主義の興味深いアンサンブルである．もうひとつ注目すべき広場がある．それはミュンヘンのケーニヒスプラッツであり，ここにクレンツェはグリプトテーク (彫刻美術館，1816-34) とプロピュレーエン (市門，1846-63) を設計し，堂々たる新古典主義建築をもつ広場を造り上げた．

ドイツ最大の新古典主義建築家と目されるカール・フリードリヒ・シンケル (1781-1841) は，ベルリンに王立劇場(1818-21)とアルテス・ムゼウム《11-10》を設計した．アルテス・ムゼウム (古博物館という意味) は，アテネのエレクテイオンを参考にしたイオニア式の円柱18本を正面に並べ，建物の中央にローマのパンテオン型のドームを組み込んだものであり，デュランの『建築講義』に掲載された博物館のモデル案と共通するところがある．

イギリスでは，ロバート・スマーク (1780-1867) によるブリティッシュ・ミュージアム《11-11》がある．スマークは師のソーンとは異なり，より考古学的な傾向を得意とした．スマークは，同博物館で中央ポーチの両翼を張り出させ，エレクテイオンを参考にした計44本のイオニア式円柱をファサードに並べ立てた．

ここまでの記述で，新古典主義の盛期を飾る建築に博物 (美術) 館が多いことに気付かれるであろう．博物館建設の理念はルネサンス時代に遡るが，公共に開放されたのは18世紀になってからであり，19世紀には，いよいよ博物館に相応しいスタイルが求められた．芸術の殿堂である博物館の様式には，古典様式が採用されることになり，この世紀の新古典主義を先導していった．

ゴシック・リヴァイヴァル

イギリスにおけるゴシック様式の復興例には，ホレス・ウォルポール (1719-97) の別荘ストローベリー・ヒル (1747-77) やジェームズ・ワイアット (1746-1813) による大邸宅フォントヒル・アベイ (1796-1807) などがあるが，考古学的には不正確なものであった．18世紀末から19世紀初期に著された多数の出版物によって考古学上の基盤が形成され，イギリスに本格的なゴシック・リヴァイヴァルが起こった．

ジョン・カーター (1748-1817) は，主として中世の建築を収めた図集である『イギリスの古建造物』(1795-1814) を著した．カーターは同書において，公共建築にはギリシア様式を，宗教建築にはゴシック様式を優先して用いることを提唱した．イギリスでは古典主義の柱廊玄関と尖塔をもつ教会堂が国教会の模範とされてきたので，カーターの提唱は，宗教建築とゴシック様式との関係に一石を投じることになった．トマス・リックマン (1776-1841) は『イギリス建築様式判別試論』(1817) で，さらにゴシック建築を初期イギリス式，装飾式，垂直式に区分してみせた．今日のわれわれもこの区分法に倣って，イギリス・ゴシック建築を理解している．

1818年，イギリス政府は国教会を強化するために教会建法を可決させ，以後続々と教会堂が建設された．1830年代に，神学者たちは国教会とカトリックを融和させることに努めた．その目的は，国教会にカトリックの礼拝を導入することであり，建築的には，教会堂の内陣および歩廊を区分し，全体として聖と俗を明瞭に分離することであった．

1836年，オーガスタス・ウェルビー・ピュージン (1812 - 52) は『対比』を著し，そこで，建築様式も信仰の面でも，堕落の時代となった現代の状況を打破していくために，中世がひとつの社会モデルとなるという考え方を提示した．ピュージンの理想とする教会堂の内陣は，内外ともに形と飾り付けにおいて，身廊と区分され，尖塔をもつ鐘楼を，西構えの中央，側面，あるいは交差廊の上に立て，教会堂南面に洗礼堂として機能する前室を設けるというものであった．なかでもスタッフォードシャーのセント・ジャイルズ聖堂 (1841 - 46) に彼の理想がよく具現されている．イギリス国会議事堂《11-12》は，チャールズ・バリー (1795 - 1860) の設計になるが，細部意匠については，ピュージンが後期ゴシック様式をもとにデザインした．

　批評家兼芸術理論家であったジョン・ラスキン (1819 - 1900) は『ヴェネツィアの石』(1851 - 53) で，装飾と色彩において豊かなヴェネツィア・ゴシックを賞賛した．以後，それまでの考古学的な模倣に代わって，より自由で独創的なゴシック様式が台頭してくる．こうした新傾向はヴィクトリアン・ゴシックと呼ばれる．例えば，ウィリアム・バターフィールド (1814 - 1900) によるロンドンのオール・セインツ聖堂《11-13》の煉瓦壁面には，横縞あるいはジグザグの模様が入れられ，壁面を賑やかで色鮮やかなものにしている．ゴシック式はまた，スコットによるセント・パンクラスの駅ビルであるミッドランド・グランドホテル (1865 - 71) をはじめとして

11-9｜フリードリヒ・ヴァインブレンナー Friedrich Weinbrenner マルクト・プラッツ カールスルーエ
11-10｜カール・フリードリヒ・シンケル Karl Friedrich Schinkel アルテス・ムゼウム 1824-28 ベルリン
11-11｜ロバート・スマーク Robert Smirke ブリティッシュ・ミュージアム 1824-47 ロンドン

⊙11-12

多数の世俗建築に採用された．

　ドイツのゴシック復興の大きな契機となったのは，ケルン大聖堂の再建運動であった．同大聖堂は，16世紀の半ばから工事が中断されていた．1842年に工事が再開され，1880年についに大聖堂は竣工した．この工事に携わったフリードリヒ・フォン・シュミット（1825-91）は，その後ネオ・ゴシックの建築をつくり続けた．ここでは，ウィーンの市庁舎《11-14》を取り上げておこう．

　北米にもゴシック・リヴァイヴァルの熱は伝わり，オタワのカナダ国会議事堂（1859-67）は，イギリスから移住したトマス・フラー（1822-98）とチリオン・ジョーンズによって設計された．また，ニューヨークに建てられた，リチャード・アップジョン（1803-78）によるトリニティ・チャーチ（1841-46）が代表例として上げられる．

　建築家たちは中世建築の修復に携わったが，その代表的な人物はウジェース・エマニュエル・ヴィオレ=ル=デュク（1814-79）である．彼は，パリのサント・シャペルとノートルダ

⊙11-12｜チャールズ・バリー Charles Barry　オーガスタス・ウェルビー・ピュージン Augustus Welby Pugin
イギリス国会議事堂　1836-60年代　ロンドン

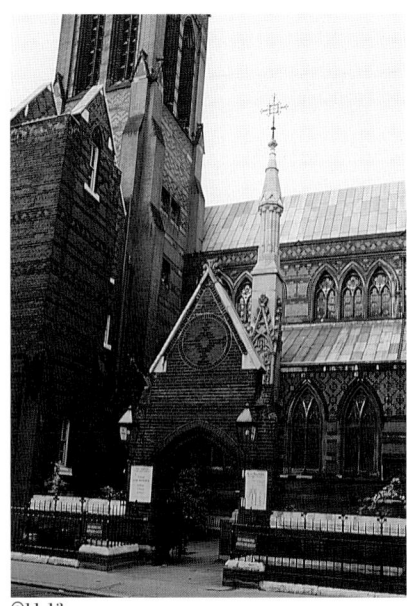

ム人聖堂の修復をはじめとして、ピエルフォン、カルカソンヌのような城館を含む膨大な修復工事を担当した．ヴィオレール=デュクにとって、ゴシック建築は構造上合理的なものであった．彼の修復態度は、あるべき理想を追い求めるがゆえの創造的な復元であり、厳密な考古学的な再現を目指したものではなく、今日なおその賛否が議論されている．パリ近郊のサン・ドゥニ・ド・レストレ聖堂（1864-67）は、ヴィクトリアン・ゴシックに匹敵する多彩色の装飾を示す．

古典と中世の統合

ドイツのカールスルーエで活躍したハインリヒ・ヒュプシュ（1795-1863）は、古典主義を建築に採用することを疑問視し、19世紀にあるべき新様式とは何かを探求した．ヒュプシュは、風土と文化を踏まえつつ、過去様式の取捨選択からより良い様式を得るという結論に達した．すなわち、ギリシア様式は、柱間を十分に取れないことから否定されるが、仕上げの正確さと規則性は採用すべきだとする．ローマ様式のアーチとヴォールトは採用されるが、付け柱や過剰な装飾は否定される．ゴシック様式の尖頭アーチは、天井高を必要以上に高めるため、ロマネスク様式の半円アーチが好ましいとする．この半円アーチが、開口部として建築意匠の基調になるため、ヒュプシュは、新様式を「ルントボーゲンシュティール」と命名した．

ヒュプシュの設計態度は、諸様式を相対化した上で再構築するというもので、ルントボーゲンシュティールは世俗建築にも教会建築にも採用される．代表的建築例に、カールスルーエの理工科大学《11-15》がある．こうした態度は、ヒュプシュに限ったことではない．シンケルは古典と中世の双方の様式を統合す

⊙11-13｜ウィリアム・バターフィールド William Butterfield オール・セインツ聖堂 1849-59 ロンドン
⊙11-14｜フリードリヒ・フォン・シュミット Friedrich von Schmidt ウィーンの市庁舎 1872-83

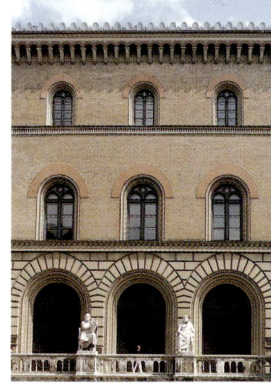

ることを大きな課題とした．シンケルによるベルリンのナツァレート聖堂（1832－34）は，古典主義のペディメント（三角破風）を頂く簡潔なファサードを見せ，そこにはゴシック建築の要素であるバラ窓が大きく穿たれている．さらに同様式は，ヘルマン・ヴェーゼマン（1813－79）によるベルリン市庁舎（1859－70）など以後長い系譜をつくる．

　ミュンヘンでは，フリードリヒ・フォン・ゲルトナー（1792－1847）によるバイエルン国立図書館《11-16》が同様の傾向を代表する．国立図書館の壁面のルスチカ仕上げ（目地の深い石積み）と半円アーチの窓の並列はルネサンス建築を想起させる．しかし，ファサードには，トレーサリ（曲線を描く窓枠）をもつアーチ窓や棟飾りなどの中世的な要素が加えられ，上2層を化粧煉瓦とするなど，イタリア・ルネサンスのパラッツォ（邸館）とは趣を異にする．

　同様式は，ドイツのみならず欧州にも波及するが，とくにアメリカにおいては，ドイツ人建築家の移住にともなって，1840年代以降の約20年間影響を及ぼした．

⊙11-15｜ハインリヒ・ヒュプシュ Heinrich Hübsch 理工科大学 1833-35 カールスルーエ
⊙11-16｜フリードリヒ・フォン・ゲルトナー Friedrich von Gärtner バイエルン国立図書館 1832-43 ミュンヘン
⊙11-17｜ジョージ・ギルバート・スコット George Gilbert Scott イギリス外務省 1873竣工 ロンドン

ネオ・ルネサンスと
スゴンタンピール（第二帝政式）

　クレンツェは，ミュンヘンのロイヒテンベルク宮（1816）を盛期ルネサンス様式で仕上げた．これはヨーロッパのネオ・ルネサンスの早い例である．クレンツェは，さらにミュンヘン王宮のケーニヒスバウ（1826）を，イタリアのパラッツォ・ピッティとパラッツォ・ルチェルライからの引用で設計した．このように，ネオ・ルネサンスは，新古典主義に代わる選択肢のひとつとしてすでに存在していた．ゴットフリート・ゼンパー（1803-79）によるドレスデンのオペラ劇場（1838-41）は，ドイツにおけるネオ・ルネサンスの代表例である．

　イギリスでは，デシムス・バートン（1800-81）によるアセニアン・クラブ（1829-30）が初期の例であり，チャールズ・バリーによるパラッツォ・ファルネーゼを参考にしたリフォーム・クラブ（1837-41）が続く．このようにイギリスにおいては，とくにクラブという建築タイプにルネサンスが採用されたのが注目される．そして，1856年のロンドンのホワイト・ホール地区の外務省と陸軍省のコンペにおいては，ネオ・ルネサンスは政治的な様相を帯びることになる．

　世に「様式戦争」と呼ばれた同コンペにおいて，ジョージ・ギルバート・スコットはゴシック式の案を押した．同案は，当時首相であったパーマストンの気に入るものではなく，最終的にイタリア・ルネサンス式の案に変更されたのだった．1873年，外務省《11-17》の建物が竣工した．ゴシック・リヴァイヴァルが席巻していたイギリスに，ネオ・ルネサンス様式が強引に割り込んだのだった．

　こうしたネオ・ルネサンスは，イタリア・ルネサンスのリヴァイヴァルであったが，世紀も半ばを過ぎると，フランスでは，むしろ自国の建築を拠り所にした，後に世界的な影響を与える様式が出現した．スゴンタンピール

◉11-18

（第二帝政式）である．1852年，ルイ・ナポレオンは皇帝ナポレオン3世となり，ナポレオン1世が着手したルーヴル宮の拡張計画を引き継いだ．ルイ・ヴィスコンティ（1791-1853）とエクトル・マルタン・ルフュエル（1810-81）によるルーヴル宮新館《11-18》は，急傾斜の大屋根と建物全体を覆う彫塑的な装飾に特徴があり，17世紀のルーヴル宮のパヴィリオンなどの建築を参考にしながら，マンサード屋根（上部が緩勾配で下部が急勾配の大屋根），角型ドーム，ドーマー窓（屋根窓）を極度に誇張した形で復活させた．

　パリでは，さらにシャルル・ガルニエ（1825-98）によるオペラ座《11-19, 20》が前例のないほどの豪華さを誇り，第二帝政下のパリを代表した．同劇場の正面は，ルーヴル宮東面に似たフランス古典主義に乗っ取っているが，オーダー以外の壁面は装飾で埋め尽くされ，内部の大階段室は過去のバロック建築に

◉11-18｜ルイ・ヴィスコンティ Louis Visconti　エクトル・マルタン・ルフュエル Hector Martin Lefuel
ルーヴル宮新館 1852-1857 パリ

⊙11-19

⊙11-20

引けを取らない.

第二帝政式の影響は直ちに各国に現れた.イギリスでは,カスバート・ブロドリック(1822-1905)によるスカーバラのグランド・ホテル(1862-67)はその早い例である.アメリカでは,南北戦争後,第二帝政式は連邦政府の威信を示す絶好の様式と見なされ,とくに行政機関の建築に採用されていった.

様式の多元化

ペーテル・ヨゼフ・ハイベルト・カイペルス(1827-1921)によるアムステルダムの王立美術館レイクスムセール《11-22》は,その構成とマンサード屋根は第二帝政式の影響を物語るが,16世紀のオランダ建築を折衷させている.建築様式は,その国の伝統と折衷して多元化を引き起こしていった.そして,建築が群として計画されたとき,その多元化は一気に進行する.その顕著な例がウィーンの都市計画である.

ウィーンは,旧市街を取り巻いていた市壁を取り除き,それによって生じた跡地を環状道路(リンクシュトラーセ)として整備して

⊙11-19 | シャルル・ガルニエ Charles Garnier オペラ座 1861-75 パリ
⊙11-20 | オペラ座内部

いくことになり，1858年以後30年間にわたって，街路に沿って官庁建築，博物館などの多くの公共建築が配置された．これらの公共建築のなかの幾つかについて，採用された様式を以下に書き出してみよう．

ファン・デア・ニュル（1812-68）とシッカーツブルク（1813-68）によるオペラ劇場《11-23》は，イタリアとフランス・ルネサンスの要素をもち，ハインリヒ・フォン・フェルステル（1828-83）による美術工芸博物館（1868-71）は盛期イタリア・ルネサンス，ゼンパーとカール・フォン・ハゼナウアー（1833-94）による美術史・自然史博物館《11-21》と宮廷劇場（1874-88）はネオ・バロック，そしてテオフィル・フォン・ハンゼン（1813-91）による国会議事堂（1873-83）はグリーク・リヴァイヴァルである．まさに様式のオンパレードである．

ウィーンの国会議事堂はギリシア式，一時代前のロンドンとオタワのそれはネオ・ゴシックであったが，大ドームを頂くことで一新されたアメリカの国会議事堂（1851-65）以来，ベルリン（1884-94），ブダペスト（1881-1902《11-24》）など各国の議事堂は，大ド

⊙11-21｜ゴットフリート・ゼンパー Gottfried Semper他　美術史・自然史博物館　1872-81　ウィーン
⊙11-22｜ペーテル・ヨゼフ・ハイベルト・カイペルス Peter Jozef Huibert Cuypers　レイクスミュセール　1877-85　アムステルダム
⊙11-23｜ファン・デア・ニュル Eduard van der Null他　オペラ劇場　1861-69　ウィーン

ームをもつことが趨勢となる．二院制の場合は，さらに両翼に会議場を含んだパヴィリオンを配した形式が定式となり，大オーダーをはじめとして装飾が総動員される．官庁建築は，国家の秩序の基盤としてとくに重い価値が置かれたのであり，ここにネオ・バロック建築は完成する．最高裁判所もこれに倣い，ブリュッセル《11-25》とミュンヘン（1891-97）の裁判所など，格式の高い建築にネオ・バロックが採用されていった．

技術と様式

19世紀において鉄とガラスは，大量生産ができるようになったという意味で新しい可能性を秘め，建築に大きな影響を与えた．鉄はまず多数の橋に，1790年以後は工場建築に応用された．しかし，鉄はそのむき出しの材質感ならびに工業化のシンボルとして建築家から敬遠され，力学的に安定していたとしても，伝統的な柱よりはるかに細く，鉄構造の不安感を解消するのは容易ではなかった．近代建築史上の画期をなしたとされるジョゼフ・パクストン（1801-65）による水晶宮（1851）は巨大な温室であり，装飾要素はほとんどない．19世紀の温室においては，水晶宮のほうが希で，大部分は装飾を施されるか，積石造の様式建築の背後に隠されるかしたのだった．

イギリスのユーストン駅（1835-39）は，正面に堂々としたドリス式の玄関口を構え，新古典主義期の時代様式を反映している．イギリスでは，駅舎はホテルとして使われ，内部のプラットホームとは関連のない建物が正面をつくることが多かった．スコットによるセント・パンクラス駅のミッドランド・グランドホテルは，ヴィクトリアン・ゴシックであった．ミュンヘン駅（1849）では，スタイ

◉11-24｜イムレ・シュタインドル Imre Steindl ブダペスト国会議事堂 1881-1902 ブダペスト
◉11-25｜ヨゼフ・プーラルト Joseph Poelaert ブリュッセル裁判所 1866-83 ブリュッセル
◉11-26｜F.A. デュケネ F.A. Duquesney 東駅 1847-59 パリ

⦿11-27

ルに初期キリスト教バシリカが採用され、アントウェルペン中央駅(1899)は第二帝政式の宮殿であるかのようだ．パリの東駅《11-26》ではルネサンス様式が採用されたが、建物正面の切妻に見られる大きな半円形のバラ窓のようなアーチは、背後にあるプラットホームの大屋根を暗示するものとして用いられた．この手法は、ロンドンのキングス・クロス駅(1851-52)，フランクフルト中央駅(1881-88)などその後の多くの駅舎に採用された．ギュスターヴ・エッフェル(1832-1923)によるブダペストの西駅(1874-77)に至っては、プラットホームの屋根の造形をそのまま表現し、バラ窓などの様式要素を含まない純然たるファサードをつくり上げた．

ところで、逸早く鉄とガラスの建築が試みられたのはパリであり、1810-20年代に、ドームやギャラリーに用いられた．そして、鉄

⦿11-28

⦿11-27｜アンリ・ラブルースト Henri Labrouste 国立図書館 1862-68 パリ
⦿11-28｜アナトール・ド・ボドー Anatole de Baudot サン・ジャン・レヴァンジェリスト聖堂 1894-1904 パリ

の可能性を高めたのがアンリ・ラブルースト（1801-75）であり，サント・ジュヌヴィエーヴ図書館（1843-50）と国立図書館《11-27》において，美的にも質の高い空間をつくり上げた．ルイ＝オーギュスト・ボワロー（1812-96）によるサン・トゥジェーヌ聖堂（1854-55）は，柱とリブの鉄骨をはじめて露出した教会堂で，ヴィオレ＝ル＝デュクとラブルーストの弟子アナトール・ド・ボドー（1834-1915）によるサン・ジャン・レヴァンジェリスト聖堂《11-28》には，鉄の大胆な使用が見られる．最後の例は，教会堂に用いられた最初の鉄筋コンクリートの建築でもある．

Horiuchi

世紀末と新しい様式

アール・ヌーヴォー

ラスキンの思想に共鳴し，室内装飾，家具，その他さまざまな工芸品から建築まで手がけたウィリアム・モリス（1834-1896）と，その協力者たちは中世の職人の世界に理想を求めて，古典主義的な価値観にかわる新しいデザインの方向を示した．アーツ・アンド・クラフツ運動と呼ばれるイギリスのこうした動きは，大陸にも深く大きな影響を与える．その中から，建築の様式としては初めて，過去の建築に拠り所を求めず，まったく新しい造形を生み出した様式が登場してくる．植物の形態などから抽出したうねるような曲線で豊かに装飾されたデザインを，鉄やガラス，タイルといった新しい素材も駆使して実現した新しい様式，アール・ヌーヴォーである．1880年代，時代は世紀末だった．

アール・ヌーヴォーという呼称は日本美術を主に扱ったパリの美術商サミュエル・ビングの店の名前に由来する．あらゆる分野の工芸，デザインに及んだアール・ヌーヴォー様式は，当時の広範な流行だったジャポニスムとも関係が深く，日本の浮世絵や工芸品にみられる装飾的で平面的な空間構成に大きな影響を受けていた．

最初にアール・ヌーヴォーが現れたのはベルギーのブリュッセルで，ヴィクトール・オルタ（1861-1947）の一連の都市住宅だった《11-29》．比較的簡素な外観のオルタの作品は，室内ではガラスを通して上部から光がそそがれ，渦巻く曲線が華麗な空間を演出していた．同じベルギーで画家として出発したアンリ・ヴァン・デ・ヴェルデ（1863-1957）はパリでも活動しビングの店の内装を担当，アール・ヌーヴォーの代表者のひとりと目されるようになる．

パリではカステル・ベランジェなど住宅の設計に才能をみせていたエクトール・ギマール（1867-1942）が数多くの地下鉄の駅をデザインし，景観の中にアール・ヌーヴォーを定着させた《11-30》．

ドイツのアール・ヌーヴォーはユーゲント・シュティール（青春様式）と呼ばれた．ミュンヘンやベルリンで活躍したアウグスト・エンデル（1871-1925）の作品は幻想的なまでの平面的な装飾が外観にも強烈な印象を与えていたが，のちに「頽廃芸術」の代表としてヒトラーの命令で取り壊されることになる．

イタリアでは，ロンドンのリバティー百貨店の名前からリバティー様式という呼び方が一般的で，新しい装飾をもった建築がミラノ，トリノといった産業都市をはじめ多くの都市

⊙11-29 　　　　　　　　　　　　　　　　　⊙11-30

　　　　　　　　　　　　　　　　　　　⊙11-31

で建てられた．北イタリアの作品には重々しい量感を押し出したものも多いが，フィレンツェのジョヴァンニ・ミケラッツィ（1879 - 1920）は均衡のとれた華やかな作風を示している《11-31》．

　こうした狭い意味でのアール・ヌーヴォー以外にも，この時期には多くの国でそれぞれ新しい造形表現が現れてくる．S字型の曲線など形態の特徴は必ずしもあてはまらないが，これらを広くアール・ヌーヴォーととらえることもできる．ほぼすべてに共通するのは，新しく産業革命に成功した都市に，工場主など新しい資産家たちの支持を受けて建てられていったということである．

　ウィーンではアカデミーの建築教授オットー・ヴァーグナー（1841 - 1918）が構造の表現としての装飾をめざしてさまざまな試みを展開し《11-32》，その影響を受けたヨーゼフ・ホフマン（1870 - 1956）やヨーゼフ・マリア・オルブリヒ（1867 - 1908）は画家クリムトやワグナーを会長に戴いてウィーン分離派

⊙11-29｜ヴィクトール・オルタ Victor Horta 自邸（現オルタ博物館）1898 ブリュッセル
⊙11-30｜エクトール・ギマール Hector Guimard 地下鉄アベッス駅入口 1898-1904 パリ
⊙11-31｜ジョヴァンニ・ミケラッツィ Giovanni Michelazzi ボルゴ・オンニサンティのパラッツェット 1911 フィレンツェ

⊙11-32

⊙11-33

⊙11-34

⊙11-32｜オットー・ヴァーグナー Otto Wagner 郵便貯金局 1910-12 ウィーン
⊙11-33｜ヨーゼフ・マリア・オルブリヒ Josef Maria Olbrich ゼツェシオン館 1898 ウィーン
⊙11-34｜リュイス・ドゥメネク・イ・ムンタネー（ドメネク・イ・モンタネール）Lluís Domènech i Montaner
カタルーニャ音楽堂 1905-08 バルセロナ

⊙11-35

（ゼツェション）を結成，過去の様式から分離した新しい表現を求めて多方面の活動を繰り広げた《11-33》．

民族文化の造形

スペインではマドリッドでもアール・ヌーヴォー建築が現れるが，カタルーニャ地方の都バルセロナで起こったムデルニスマ（モデルニスモ）が，この地方の中世建築の伝統や民族主義的な動きとも結びついて独特の展開をみせる．その代表的建築家リュイス・ドゥメネク・イ・ムンタネー（1849-1922）の作品では，微妙な均衡を保ちながら実に多様な

⊙11-35｜アントニ・ガウディ Antoni Gaudi i Cornet サグラダ・ファミリア聖堂 1882以降 バルセロナ

要素が組み合わされている《11-34》. そして
アントニ・ガウディ・イ・コルネ (1852 -
1926) は建築の形態自体を, 合理的な構造
でありながらうねり流れるような独自のもの
に変容させていった. 現在も建設がつづくガ
ウディの遺作サグラダ・ファミリア聖堂では,
夥しい寓話的な石像が集まり重なってその形
態をつくりあげている《11-35》.

ようやく政治的経済的な力をつけ始めたヨ
ーロッパの周辺にあった地域が, 独自の文化
を確立しようと新しい様式を模索する動きは
カタルーニャだけでなく, この時期さまざま
な国でみられた.

イギリスの中の辺境に位置づけられてきた
スコットランドでも, 工業都市としてヨーロ
ッパ有数の発展を遂げたグラスゴーを中心
にそうした動きが起こる. チャールズ・レニ
ー・マッキントッシュ (1868 - 1928《11-
37》) は, 伝統的なスコットランドの城館の
様式や日本の工芸品などから得たものを当時
の流行のなかに採り入れて独自の世界をつく
りだし, イタリアやウィーンなど他の地域に
も大きな影響を与えた《11-36》.

ロシアからの独立をめざしていたフィンラ
ンドでは民族の文化を築くことが切実な課題
となり, ナショナル・ロマンティシズムの運
動が大きな盛り上がりをみせた. 地方都市タ
ンペレに大聖堂を設計したラーシュ・ソンク
(1870 - 1956), そしてエリエル・サーリネ
ン (1873 - 1950) とアルマス・リンドグレン
(1874 - 1929), ヘルマン・ゲゼリウス(1874
-1916) の共同事務所がこの運動を建築に
結実させていった《11-38》.

オーストリアと二重帝国を構成してきたハ
ンガリーでも本来のマジャール民族の文化を
取り戻そうという動きが盛んで, ウィーンや
ドイツの影響を受けとめながらマジャールの
モティーフに由来する独特のスタイルが生ま

⊙11-36|チャールズ・レニー・マッキントッシュ Charles Rennie Mackintosh ヒル・ハウス主寝室 1902-04 ヘリンズバラ
⊙11-37|マッキントッシュ Charles Rennie Mackintosh

⊙11-38

⊙11-39

⊙11-40

れた．セラミックを多用する色彩豊かな作品が，レヒネル・エデン（1845 - 1914《11-39》）とレヒネルの薫陶を受けた建築家たちによってつぎつぎと建てられていく《11-40》．

チェコやロシア，そのほかさまざまな地域でも，同じような運動が起こり，独特のスタイルが生まれた．日本でもいちはやくアール・ヌーヴォーを取り入れた建築が現れる．最近ようやく各地のこうした建築についての調査がまとめられつつあり，アール・ヌーヴォー様式の全貌も明らかになろうとしている．

これほど広くみられたアール・ヌーヴォー様式だったが，飽きられるのも早く，1910年頃には急速に減少し，第一次世界大戦までには完全に消滅してしまう．ことに20世紀にはいって，装飾を罪悪視する機能主義的建築観が主流になるとアール・ヌーヴォーは攻撃の的となり，恐るべき悪趣味として排撃されることになった．やがてダリをはじめとするシュールレアリストたちが再評価の口火を切るがなかなか一般的にはならず，本格的研究ははじまったのは比較的近年のことだった．しかし熱気と倦怠が交錯する世紀末の雰囲気を体現した作品は複雑な魅力をもつものとして現在高い関心を集めている．

Suenaga

⊙11-38｜エリエル・サーリネン Eliel Saarinen 他 フィンランド国立博物館 1901-10 ヘルシンキ
⊙11-39｜レヒネル・エデン Lechner Ödön
⊙11-40｜レヒネル・エデン Lechner Ödön 郵便貯金局（現国立銀行別館）1899-1901 ブダペスト

様式の行方

　世紀転換期に現れたアール・ヌーヴォーは、瞬く間にヨーロッパの建築を席巻し、その時代を彩っていった。同時代のシカゴでは、鉄骨とガラスによる高層建築への取り組みが行われ、オーギュスト・ペレ（1874 - 1954）は、パリのフランクリン街に鉄筋コンクリートのアパート《11-41》を建てた。世の中は確実に、それまでの歴史様式から脱却する道を歩みつつあった。

　しかし、実際には歴史様式は衰えることはなく、むしろ堂々たる様式建築が建てられ続けたのだった。20世紀の初頭、人々はどのような建築を求めていたのかを、ある建築雑誌を例にとって、19世紀の建築の終わりとしよう。

　ベルリンのヴァスムート社は、『現代建築』と題する雑誌を1901年から1914年まで毎年刊行して、世界の建築事情を伝えた。その巻頭において、ドイツの美術史家コルネリウス・グルリット（1850 - 1938）は、「建築家は様式をリヴァイヴァルさせるのではなく、また過去様式を盲目的に崇拝してはならないが、様式という遺産を正当な財産として自由に扱い、その実り豊かな土壌から、形を作り出し発展させていくことが20世紀の建築の課題である」と述べる。

　ここには、様式に呪縛されることなく、といって様式を拒絶することなく、新世紀にふさわしい建築を求めようとする気分が表明されている。ファサードにイスラム様式のモティーフを使用したシカゴの「メディナ神殿」ビル、アムステルダム株式取引所《11-42》をはじめとして中世への連想を誘うヘンドリック・ペートルス・ベルラーへ（1856 - 1934）による建築、正面1階にオーダーを配したアドルフ・ロースによるウィーンのロース・ハウス（1910）など、『現代建築』に掲載された総計1400枚に及ぶ建築は、多かれ少なかれ、様式との関わりの中で生み出されたものである。

　その点で、20世紀初頭の建築は19世紀的であったと言えるし、様式とのより自由な関係を築き、単なる折衷主義に陥っていないという意味で、19世紀を超えていたのであった。

Horiuchi

⊙11-41｜オーギュスト・ペレ Auguste Perret フランクリン街のアパート 1903 パリ
⊙11-42｜ヘンドリック・ペートルス・ベルラーへ Hendrik Petrus Berlage アムステルダム株式取引所 1897-1903

The Concise History of Western Architecture

12章
20世紀の建築
Architecture of the 20th Century

熊倉洋介

20世紀の建築

20世紀は近代建築運動の時代である。近代建築運動とは伝統的な様式建築を否定し、新たな工業化の時代にふさわしい建築を模索する試みである。そこには思想を異にする幾つかのグループが存在したが、初期の段階ではそうした動きは前衛であり、建築界では依然19世紀以来の様式建築が主流を占めていた。しかし社会における工業化の進展にともなって、機能主義的、合理主義的な近代建築運動のうねりは高まってゆき、1920年代のヨーロッパで最初の頂点を迎えた。第二次大戦後は産業化社会のニーズに合致して世界的に普及してゆくが、他方、その装飾を欠いた単純なデザインが無味乾燥であるという文化的観点からの批判を浴びるようになる。そして20世紀後半は再び様々な試みが現れる多様化の時代となった。

ここではそうした近代建築運動の中から幾つかの代表的なグループに着目し、各々の特徴を述べるとともに、今日につながる連続した展開として20世紀の建築の流れを振り返る。

初期近代建築

20世紀前半の建築史を彩る様々なムーヴメントの発生に先だって、それらの出現を準備したいくつかの事例が指摘できる。ここで初期近代建築と呼ぶそうした作品は、技術革新や装飾の排除の問題、あるいは新しい空間構成を先駆的に示していた。

近代建築の出現の契機となった技術革新を、最初に積極的に取り入れたのは工場建築の分野であった。それは工場建築が、経済性と生産のための効率を第一に考える建築タイプであったため、機能的なデザインと合理的な材料の選択を求めたこと、加えて文化的伝統の排除が比較的容易であったことによる。そこでは鉄筋コンクリートの採用がまず最初の大きな変革であった。フランスでペレがフランクリン街のアパートを建てた1903年に、アメリカではエルネスト・ランサム(1844 - 1917)がアメリカ最初のコンクリート柱梁構造の建物と言われているパシフィック・コースト・ホウ砂会社の工場をニュージャージー州ベイオンに完成させている。また、今世紀初頭のアメリカで、自動車産業の黎明を背景に工場建築の分野で活躍したアルバート・カーン(1869 - 1942)も、1905年にデトロイトにコンクリート柱梁構造によるパッカード第10ビル《12-2》を建てた。これらの工場建築の特徴は、構造体であるコンクリートの柱梁を率直に外観に表していることと、装飾がほとんど見られないことである。こうしたアメリカの工場建築は次第にヨーロッパの前衛建築家に影響を及ぼしてゆく。

これに対してペーター・ベーレンス(1868 - 1940)がベルリンに完成させたAEGタービン工場は、鉄骨トラスの大架構を用い、巨大なガラス面の外壁を実現した建物である。しかし付加的な装飾こそないものの、即物的なアメリカの工場に比べモニュメンタルなデザインが施されている。

ベーレンスの下から独立したワルター・グロピウス(1883 - 1969)は、コーナー部分を含む主要な外壁をガラスのカーテンウォール(帳壁)としたファグス靴工場《12-3》を建てた。さらに1914年のドイツ工作連盟展モデル工場では曲面ガラスに覆われた階段室を実現させた。

工場建築と並んで、鉄筋コンクリートが一般化していく上で重要な役割を担ったのが、トニー・ガルニエ(1869 - 1948)による計画案、「工業都市」(1904 - 17)である。そこには工業化された近代都市のイメージが、数多くの鉄筋コンクリートの具体的な使用例をと

もなって描かれていた．

　近代建築の大きなテーマのひとつである装飾の排除を最初に問題にしたのは，ウィーンのアドルフ・ロース（1870-1933）である．ロースはその著書『装飾と犯罪』（1908）の中で装飾を否定するとともに，完全に装飾を排除したシュタイナー邸《12-4》においてその主張を実践した．

　そして建築の空間構成に対して新たなアプローチを示したのがフランク・ロイド・ライト（1867-1959）である．シカゴのロビー邸《12-1》は大草原の中に建てられることをイ

12-1｜フランク・ロイド・ライト Frank Lloyd Wright　ロビー邸　1909　シカゴ
12-2｜アルバート・カーン Albert Kahn　パッカード第10ビル　1905　デトロイト
12-3｜グロピウス＆マイヤー Walter Gropius & Adolf Meyer　ファグス靴工場　1911-13　アルフェルト
12-4｜アドルフ・ロース Adolf Loos　シュタイナー邸　1910　ウィーン

メージするプレーリー派の代表作品として名高いが，間仕切壁のない連続した内部空間の構成と，大きく張り出した庇や横のラインを際だたせた壁による水平性を強調したデザインは，ライトの作品集を通じてヨーロッパの前衛建築家に大きな影響を与えた．

未来派

意識的に過去の伝統を否定して時代に即したデザインを模索した近代建築運動が，最初にまとまったムーヴメントとして現れたのはイタリアにおいてであった．

詩人マリネッティを中心として1909年にミラノに起こった未来派は，文学，音楽，絵画，彫刻，写真などを領域とする前衛芸術運動であった．これに1914年，アントニオ・サンテリア（1888 - 1916）の参加によって建築が加えられた．サンテリアは実際に自身の設計になる建築を建てることはなかったが，彼が描いた都市と建築のドローイングが未来派建築のほぼ全てであると言ってよい．

未来派がテーマとしたのは当時の先端技術である自動車や列車，あるいは機械からイメージされる「スピード」「ダイナミズム」であ った．サンテリアの「新都市」《12-5》と名付けられた一連のドローイングは，未来派に参加する直前に描かれたものであるが，そこに横溢するダイナミックで機械的なイメージは，そうしたテーマを共有するものである．

サンテリア描く「新都市」は，駅舎，発電所，高層住宅，重層する道路，滑走路，エレベーターといった近代的な都市施設によって構成されている．建物の多くは高く伸び上がりつつ，後方に傾斜する部分を持っている．その斜めの要素は画面にダイナミックな感覚を与えるとともに，パースペクティヴの効果によって垂直性を強調している．外部エレベーターや何本もの道路が建築に貫入して一体となっており，スピードのイメージが建築と分かち難く結び付いている．駅舎のドローイングでは線路や滑走路がそうしたイメージをさらに加速している．また，伝統的な装飾は完全に排除されているが，代わって広告看板がビルの頂部に見られるものがある．

工業施設をモティーフにしていることや，鉄筋コンクリートを構造のベースにしている点でガルニエの「工業都市」と共通する部分も少なくないが，ガルニエが合理的な提案を行っているのに対し，サンテリアが提出した

⊙12-5 | アントニオ・サンテリア A.Sant' Elia「新都市」案 1913-14 計画案 イタリア
⊙12-6 | ミース・ファン・デル・ローエ Mies van der Rohe「ガラスの摩天楼」案 1921 計画案 ドイツ

のはもっと空想主義的なイメージである。だがそのことによって、極めて強力なインパクトを見るものに与えたのであった。

サンテリアは「新都市」を発表したわずか2年後に没しており、その後未来派には彼に匹敵する建築家は現れなかった。

表現派

第一次世界大戦（1914‐1918）の終結とともにヨーロッパにおける近代建築の展開が活発化した。それは大きく2つの流れに分けることができる。ひとつは近代的な技術革新をベースに幾何学的なデザインを行う抽象主義的な流れで、これが近代建築の主流となっていく。もうひとつは主観的なイメージをもとに主として有機的なデザインを行う流れである。後者は一般に表現派と呼ばれるが、その中に幾つかのグループを内包していた。

ベルリンを中心として主にドイツ語圏で見られたドイツ表現主義は、ガラスをテーマに幻想的な建築を計画したり、コンクリートの可塑性に着目して有機的な形態を用いた表現を行った。その初期の代表作品がブルーノ・タウト（1880‐1938）がドイツ工作連盟展（1914）に出品したガラス・パヴィリオンである。この建物はガラス張りのドームをはじめ、壁や階段に至るまで全体がガラスで作られていた。温室や工場で採光のためにガラスが用いられるのとは異なり、ここでは詩的な結晶体のイメージを具現するものとしてガラスが扱われている。タウトはこのイメージを膨らませて幻想的な「アルプス建築」計画案（1919）をまとめた。

結晶体のイメージを高層ビルに当てはめたのがミース・ファン・デル・ローエ（1886‐1969）である。1919年の「フリードリヒ街のオフィスビル」案は、ダイヤモンド状の平面形をもって立ち上がる高層ビル全体がガラスのカーテンウォールで覆われている。さらにミースは1921年の「ガラスの摩天楼」案《12

‐6》で、曲面ガラスのカーテンウォールによる高層ビルを提案している。

ハンス・ペルツィッヒ（1869‐1936）はベルリン大劇場の改築（1919）において鍾乳洞のようなインテリア・デザインを行い、またフリッツ・ヘーガー（1877‐1949）はハンブルグに槍のような鋭角的なファサードを持つチリ・ハウス（1924）を設計した。

そしてドイツ表現主義の傑作と言われるのがエーリヒ・メンデルゾーン（1887‐1953）がポツダムに建てたアインシュタイン塔《12‐7》である。その低層部の植物か軟体動物を思わせる3次元曲面による有機的な造形は、コンクリートの彫塑的な性質を生かしてデザインされたものである。

このドイツ表現主義とは別に、オランダのアムステルダムを中心に、主にレンガ造による曲線を用いた建築を手掛けたグループがいた。アムステルダム派と呼ばれるこのグループは機関誌『ウェンディンゲン』を発行し、建築家の個性を重視した手工芸的な建築を目指した。その指導的建築家ミハエル・デ・クレルク（1884‐1923）によるエイヘンハールトの集合住宅（1913‐19）は、象徴的なオベリスクや屋根と一体になった外壁など独創

⊙12-7

⊙12-7｜エーリヒ・メンデルゾーン Erich Mendelsohn アインシュタイン塔 1919-21 ポツダム

的なデザインがなされている.

　第一次大戦直後の混迷した時代を反映したこれらの表現派の流れは,抽象主義的な建築の隆盛によって1920年代の末には姿を消していった.

デ・ステイル

　表現派とほぼ同時に発生し,しかしまったく異なったデザイン思想を持っていたのがデ・ステイルである.

　デ・ステイルはオランダのロッテルダムで1917年に創刊された雑誌『デ・ステイル(様式)』を中心とし,絵画,彫刻,建築など広い範囲から芸術家が参加した純粋抽象芸術運動であった.主導的な役割を果たしていたのはテオ・ファン・ドゥースブルフ(1883 - 1931)とピエト・モンドリアン(1872 - 1944)という二人の画家である.建築家のメンバーとしてはJ. J. P. アウト(1890 - 1963)やG. T. リートフェルト(1888 - 1964)が知られている.

　彼らの思想は単純な矩形と原色だけを用いた抽象的な造形を行うことにより,時代に即した普遍性を獲得しようというものであった.モンドリアンの絵画は画面を縦横の直線で矩形に仕切った中に赤,青,黄の三原色を配した単純な構成であった.アウトはカフェ・デ・ユニ《12-8》のファサードにおいて,モンドリアンの絵のように壁面を縦横の線で分割し,原色で彩色するとともに,店名のロゴをデザインに取り込んだグラフィカルな表現を行った.

　ドゥースブルフはモンドリアンの平面構成を3次元的に拡張していくが,これを建築のレベルに到達させたのがリートフェルトのシュレーダー邸《12-9》である.ユトレヒトに建てられたこの住宅は,完結した箱ではなく,大小様々な矩形の平板が水平垂直に,3次元座標上にばらまかれたような構成を持っている.つまり建築という構成体を個々の要素に分解し,これを無秩序に再構成したようなデザイン手法である.また,フレデリック・キースラー(1890 - 1965)も「空間の中の都市」(1925)と題された展示計画において,格子状に走る線材によって示された3次元座標の中に矩形のパネルがばらまかれた空間構成を行った.

　デ・ステイルの影響は1920年代前半にはヨーロッパ中に及んだが,1931年のドゥースブルフの死によってその活動も終焉した.

ロシア構成主義

　1917年のロシア革命後,ロシアの美術,演劇,映画,文学などの前衛芸術家たちは実験的な活動を開始した.彫刻や建築の領域におけるそれらの運動は構成主義と呼ばれ,デ・ステイルなど当時の他のヨーロッパの抽象芸術運動とも影響関係にあった.先端の工業技術を造形の基礎とし,伝統的なものを払拭した新時代にふさわしいデザインを模索した.

　ウラジーミル・タトリン(1885 - 1953)の「第3インターナショナル記念塔」案(1920)や運動の中心的人物であったエル・リシツキー(1890 - 1941)の「レーニン演説台」案(1920)などの初期の計画案には,螺旋形やクレーンのようなダイナミックな構造が見られ,革命直後の高揚した気分が感じられる.

　そして次第に直方体を基本とした単純な幾何学形態による構成が主流となってゆき,カジミール・マレーヴィッチの「アルキテクトーネン」案(1922)やリシツキーとマルト・スタム(1899-1986)による「ヴォルケンビューゲル」案《12-10》といった積木を重ねたような造型を生みだす.特に「ヴォルケンビューゲル」は,直方体が空中に大きく張り出す大胆な構成を持つとともに,2つの建物を空中で連結するという未来派的な構想を示している点で注目に値する.

　こうした造形がより現実的な提案となったものにヴェスニン兄弟(ヴィクトール・ヴェ

⊙12-8｜ヤコブス・ヨハンネス・ピーテル・アウト J.J.P.Oud カフェ・デ・ユニ 1924-25 ロッテルダム
⊙12-9｜ヘリット・トーマス・リートフェルト Gerrit Thomas Rietveld シュレーダー邸 1925 ユトレヒト
⊙12-10｜エル・リシツキー El Lissitzky「ヴォルケン・ビューゲル」案 1924 計画案 ソ連

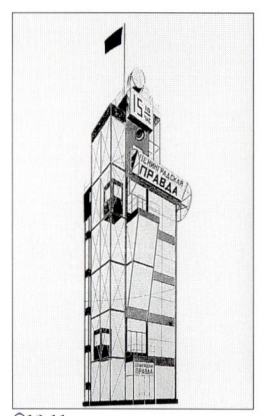

⊙12-11

⊙12-12

スニン，1883－1959，アレキサンドル・ヴェスニン，1883－1959）による「労働宮計画案」（1923）や「レニングラード・プラウダ」案《12-11》がある．そこでは直方体や円筒形などの単純幾何学形態による構成に，ワイヤーやガラス張りのエレベーターなど近代的な建築要素が組み入れられていた．

　これらの計画案の前衛的なデザインはコンスタンティン・メーリニコフ（1890－1974）設計のモスクワのルサコフ労働者クラブ（1928）をはじめとする幾つかの実施作品で部分的に現実のものとなる．しかし1930年代の初頭にはスターリニズムの台頭によって前衛芸術は迫害され，ロシア構成主義は活動の場を失った．

■インターナショナル・スタイル

　第一次大戦後に現れた幾つかの近代建築の潮流は，1920年代の半ばに衰退と統合の大きなうねりに巻き込まれた．有機的な造形を行ってきた表現派は経済性や生産性などの点で社会的条件に反し，次第に衰えていった．一方，デ・ステイルやロシア構成主義などで試みられてきた抽象主義的なアプローチは変質しつつ互いに融合し，1920年代後半から1930年代前半にかけてひとつの流れに一本化された．その流れはドイツとフランスを中心とするヨーロッパ各国とアメリカ，さらには日本を含んだ国際的な傾向となり，1932年にニューヨーク近代美術館で開催された「近代建築国際展」で運動の頂点を迎えた．その際に付けられたのが，新時代の合理的な建築は国際的な普遍性を持つというグロピウスの思想に由来する「インターナショナル・スタイル（国際様式）」という名称である．

⊙12-11｜ヴェスニン兄弟 Alexander and Viktor Vesnin「レニングラード・プラウダ」案 1923 計画案 ソ連
⊙12-12｜グロピウス＆マイヤー Walter Gropius ＆ Adolf Meyer バウハウス校舎 1926 デッサウ

⊙12-13

インターナショナル・スタイルの特徴

　インターナショナル・スタイルのデザインは，近代的な材料および構造形式から導かれる構法的合理性に裏付けられていた．つまり鉄，コンクリート，ガラスといった近代の工業製品の使用と，従来のレンガ積みの壁構造に代わる柱梁構造の採用が前提であった．具体的には，鉄骨か鉄筋コンクリートのフレームに床とパネルとしての壁が取り付けられる構法であり，縦長の窓しか開かない厚い耐力壁や傾斜屋根は非合理的なものとされた．これに加えて抽象主義的観点から装飾が否定された．

　こうして定式化されたデザインは，単純な箱型を基本とし，平滑で白く塗られた無装飾の壁に連続する窓がついており，時にはピロティ（高床柱）で建物全体が持ち上げられているというものであった．ただし，実際の建物では必ずしも柱梁構造やコンクリートが用いられたわけではなく，疑似的にそうしたデザインを取り入れたものも少なくなかった．

3人のリーダー

　インターナショナル・スタイルは3人の主導的建築家の影響の下に形作られた．その一人，ワルター・グロピウスは1910年代にファグス靴工場などの作品ですでに装飾を排除し，ガラスや鉄などの近代的材料を大胆に用いた抽象的な表現を行っていた．そして1926年にみずからが校長を努める芸術学校，バウハウスのためにデッサウに建てた校舎のデザインは，それ以後の近代建築の規範となる質の高さと規模を持っていた《12-12》．

　ミース・ファン・デル・ローエは当初，ドイツ表現主義の影響下にあったが，「フリードリヒ街の事務所ビル」案をはじめとする幾つかの計画案には，表現主義的な造形の裏に革新的な構造の提案と新たな空間概念の萌芽が見られた．そしてバルセロナ・パヴィリオン《12-13》において，ライトがロビー邸で先駆的に示した流動的な空間とデ・ステイル的な平板による要素的構成を統合した．

　もう一人の建築家，パリのル・コルビュジエ（1887‐1965）は，立体派の絵画やロースやガルニエなどの影響を受けて1919年に

⊙12-13｜ミース・ファン・デル・ローエ Mies van der Rohe バルセロナ・パヴィリオン 19 バルセロナ

⦿12-14

⦿12-15　　　　　　　　　　　　　⦿12-16

ピューリズムを唱え，雑誌『レスプリ・ヌーボー（新精神）』を発刊した．また1923年に彼の建築論をまとめた『建築をめざして』が出版されると各国の進歩的な建築家に広く読まれ，彼の「住宅は住むための機械である」という標語は近代建築の合言葉となった．ル・コルビュジエの建築は柱梁構造による単純な箱を基本とするもので，ピロティ，水平連続窓，屋上テラスなどの新しい建築語彙を提案していた．代表作であるサヴォア邸《12-14》はそうしたル・コルビュジエの思想を十全に具現したものとして高く評価されると同時に，インターナショナル・スタイルの住宅の手本とされた．

この3人のリーダーを中心として1927年に，シュトゥットガルトのワイゼンホーフで催されたドイツ工作連盟のジードルンク展《12-15》は，インターナショナル・スタイルを確固たるものにするとともに，これを世界的に宣伝する契機となった．

インターナショナル・スタイルの ひろまり

ヨーロッパでのインターナショナル・スタイルの展開は，すぐに大西洋を渡ってアメリカに飛火した．西海岸ではウィーンから渡米したルドルフ・シンドラー（1887 - 1953）がロヴェル・ビーチ・ハウス《12-16》でピロティをもつ鉄筋コンクリート造の住宅を実現し，同じくウィーン出身のリチャード・ノイトラ（1892 - 1970）が鉄骨造によるインターナショナル・スタイルの模範的作品と言われた

⦿12-14｜ル・コルビュジエ Le Corbusier　サヴォア邸 1928-30 ポワシー，フランス
⦿12-15｜ミース・ファンデル・ローエ Mies von der Rohe　ワイゼンホーフ・ジードルンク展のアパート 1927 シュトゥットガルト
⦿12-16｜ルドルフ・シンドラー Rudolph Schindler　ロヴェル・ビーチ・ハウス 1926 ニューポート・ビーチ

⊙12-17

✚アール・デコ

⊙アール・デコは，流線形やジグザグ模様，階段状の繰形などの幾何学形態を用いた装飾様式で，1925年のパリ万国装飾美術博覧会にその名を由来する．アール・ヌーヴォーの有機的な自由曲線に対して，アール・デコは直線と円弧の組み合わせによる幾何学性がその大きな特徴である．パリで誕生した華麗なアール・デコ様式はアメリカの消費文化と結びつき建築様式として花開いた．その最大の舞台がニューヨークの摩天楼であった《12-18》．1920年代のニューヨークで，高さを求めたために法規により階段状の形態を余儀なくされた摩天楼は，その形態の類似性のみならず，新しい建築にふさわしい新しい装飾としてアール・デコ装飾を取り入れたのである．アール・デコの摩天楼は消費時代のシンボルとして一世を風靡したが，1920年代末以降，大恐慌によるアメリカ経済の沈滞とともにそのブームは去った．

⊙12-18

⊙12-17｜リチャード・ノイトラ Richard Neutra ロヴェル邸 1929 ロサンゼルス
⊙12-18｜ウイリアム・ヴァン・アレン William van Alen クライスラービル 1930 ニューヨーク

ロヴェル邸（健康の家）《12-17》を1929年に完成させた．東部ではハウ&レスカーズ（ジョージ・ハウ，1886-1955，ウィリアム・レスカーズ，1896-1969）によって世界で最初のインターナショナル・スタイルの高層ビル，PSFSビル《12-19》がフィラデルフィアに建てられた．さらにライトも落水荘（1935-1939）においてインターナショナル・スタイルの造形を取り入れている．

また，我が国でも山田守（1894-1966）による電気試験所（1929）など，インターナショナル・スタイルの特徴を示す作品が作られていた．

こうしてインターナショナル・スタイルは文字通り国際的な建築様式となった．しかし1930年代中頃からは地域主義などの影響で変質していくとともに，第二次世界大戦による建設活動の空白期を経て，戦後はかつての前衛的な運動としてではなく，社会の要求に合致した保守的な様式として世界中に広まっていった．

⊙12-19

第二次大戦後の展開

1930年代のヨーロッパ諸国でのファシズムの台頭によりグロピウスやミースをはじめとする近代建築の担い手の多くはアメリカに逃れ，第二次世界大戦後の近代建築の主たる舞台はヨーロッパからアメリカへと移った．同時にインターナショナル・スタイルとして一本化されていた表現形式に多様化の傾向が現れ，各々の建築家が独自の表現を模索しはじめた．

ミースはインターナショナル・スタイルを発展させ，鉄とガラスによる，余分なものを一切そぎ落とした建築を実践した．ミースがユニヴァーサル・スペースと呼んだその透明で研ぎ済まされた均質空間は，彼の単純性の美学を表現する「レス・イズ・モア」という言葉とともに戦後の近代建築のひとつのモデルとなった．この時代の彼の代表作であるニューヨークのシーグラム・ビル《12-22》は，ガラスのカーテンウォールで覆われた直方体がまっすぐ立ち上がる構成を持つが，これは1920年前後にミースが描いたガラス張りの高層ビルの計画案のイメージを具現したものと言える．以後，ミースを模したガラス張りの単純な箱としての高層ビルが次々と建てられてゆく．

一方，ル・コルビュジエはヨーロッパに留まり，ロンシャンの教会《12-20》で作風を一変させ，かつての表現派を思わせる有機的な造形を行った．またライトも有機的なデザインを持つグッゲンハイム美術館《12-21》をニ

⊙12-19｜ハウ&レスカーズ G. Howe & W. Lescaze PSFSビル 1932 フィラデルフィア

⊙12-20 ル・コルビュジエ Le Corbusier ロンシャンの教会 1950-54 ロンシャン, フランス
⊙12-21 フランク・ロイド・ライト Frank Lloyd Wright グッゲンハイム美術館 1959 ニューヨーク
⊙12-22 ミース・ファン・デル・ローエ Mies van der Rohe シーグラム・ビル 1958 ニューヨーク

●12-23

ューヨークに建てた．そうした流れはエーロ・サーリネン（1910-61）のTWA空港ターミナル（1956-62）や丹下健三（1913-2005）の国立屋内総合競技場（1964）などの大空間建築にうけつがれた．

イギリスでは構造材料をそのまま露出させて表現すべきだとするニューブルータリズムが起こり，スミッソン夫妻（アリソン・スミッソン，1928-93，ピーター・スミッソン，1923-2003）によるハンスタントンの学校（1954）やジェームス・スターリング（1926-92）のレスター大学工学部（1959-63）などの作品が作られた．

ポストモダン

第二次大戦後，インターナショナル・スタイルやミース流の均質空間が世界中の都市の容貌を変えていったが，1960年代頃からこのような建築を教条的で無味乾燥なものとして批判する声が現れはじめる．そうした主張は近代建築が否定した伝統的な象徴性を復活させ，古典的な意匠や装飾を纏った建築を生み出した．これを近代建築の後に来るものとしてポストモダンと呼んだ．

その先駆けを担った建築家がアメリカのル

●12-23｜ルイス・カーン Louis Kahn ペンシルヴェニア大学リチャーズ医学研究所 1957-61 フィラデルフィア

◉12-24

イス・カーン（1901 - 1974）である．彼のペンシルヴェニア大学リチャーズ医学研究所《12-23》にはイタリアの中世の都市，サン・ジミニアーノの塔を模したような設備用タワーによる造形が見られる．ただし，カーンの建築は彼の哲学的思考から導かれるものであり，単純な形態の操作によるものではなかった．

カーンの下で学んだロバート・ヴェンチューリ（1925-2018）が1966年の著作『建築の多様性と対立性』においてはじめて近代建築を真っ向から批判し，象徴性と個性の復権を唱えた．彼の出世作である母の家《12-24》は，コンクリート造にもかかわらず近代建築が忌避した切妻形のファサードを大胆に採用し，「家」を象徴的に表現したものであった．

また，かつてミースの弟子であり，またインターナショナル・スタイルに深い関わりをもっていたフィリップ・ジョンソン（1906

◉12-25

◉12-24｜ロバート・ヴェンチューリ Robert Venturi 母の家 1962 チェスナット・ヒル，アメリカ
◉12-25｜ジョンソン＆バーギー Johnson & Burgee AT&Tビル 1978-83 ニューヨーク

⊙12-26

−2005）がAT&Tビル《**12-25**》の計画を1970年代末に発表したとき，そのペディメントを戴く古典主義的デザインは建築界の話題をさらった．マイケル・グレイヴス（1934-2015）や磯崎新（1931-）は古典的意匠を複雑に操作するポストモダン特有の手法を確立した．グレイヴス設計のポートランド市庁舎（1982）は基壇，胴部，頂部という古典的な三層構成を持つビルに，女神やリボンなどの親しみやすいモチーフのカラフルな装飾が取り付けられている．また，磯崎のつくばセンタービル（1983）は西洋の古典様式から引用した様々なモチーフをコラージュ的に配置するメタフォリカル（隠喩的）なデザイン手法が採られている．イタリアではアルド・ロッシ（1931-97）による古典的なシンメトリーを強調した建築や，アレッサンドロ・メンディーニ（1931-2019）による極彩色のインテリアや家具などがポストモダンの代表作として脚光をあびた．

1980年代に一世を風靡したこれら古典的モチーフを主調とするポストモダン建築は，しかし1990年代に入るころには当初の勢いを失い，急速に衰えていった．

ハイテク建築

古典的ポストモダンが近代建築批判から生まれたものであるのに対し，近代建築のもつ技術信奉的な側面，つまり機械のイメージを増幅することによって，見る者の興味を引くデザインとする傾向がハイテク建築である．

設計競技でピアノ&ロジャース（レンゾ・ピアノ，1937-，リチャード・ロジャース，

⊙**12-26**｜ピアノ&ロジャース　R.Piano & R.Rogers　ポンピドー・センター　1971-77　パリ

1933-）が設計者に選ばれたパリのポンピドー・センター《**12-26**》は，構造フレームや空調ダクトやエスカレーターなどが外部に露出され鮮やかにペイントされている．その工場のような外観はテクノロジーをテーマとする装飾的デザインであるといえる．

ロジャースはロイズ・オブ・ロンドン（1986）でも設備ユニットや非常階段など通常は隠蔽する要素をステンレス張りにして外部に露わしたデザインを採用している．

ノーマン・フォスター（1935-）による香港上海銀行《**12-27**》（1986）は高層ビルにおけるハイテク建築の代表作品である．つり橋を積み重ねたような特殊な構造形式やプレハブ式の設備ユニットを外観に現しており，当時最新の建設技術の採用を目に見えるものにしている．

構造や設備などのテクノロジーを表現に用いるハイテク建築のデザイン手法はその後エコロジー技術などの新たなモチーフを得て，21世紀に続いている．

ディコンストラクティビズム建築

まるで大地震で崩壊したようなデザインを持つ建築が20世紀末にあらわれた．デコンと呼ばれる一種の破調の美学である．デコンとはディコンストラクティビズムの略で，脱構築と訳される哲学用語を語源とする．ボリュームの不整合なぶつかり合いや雑多な素材の混合などによって破壊的なデザインを行うものであり，1980年代から世界的に流行し始めた．1988年にニューヨーク近代美術館で「ディコンストラクティビストの建築展」が開催され，ひとつの様式として流布されるようになる．

その最初の例は1979年にロサンゼルスに建てられた建築家フランク・ゲーリー（1929-）の自邸《**12-28**》である．平凡なコロニアル風の住宅に突然ガラスのキューブが降ってきて斜めに突き刺さり，金網や鉄板など工業資材が台風で飛ばされてきてまとわりついている，そんな印象を見るものに与える衝撃的なデザインである．小さな住宅の増築工事であるにもかかわらず，この作品は世界的な注目を浴びた．

ゲーリーは自身の設計手法を洗練させていく過程で，しだいに異種の材料の混在をやめ，単一の金属板を仕上げに用いるようになる．一方，ボリュームのぶつかり合いはより

⊙**12-27**｜ノーマン・フォスター　Norman Foster　香港上海銀行　1986　香港
⊙**12-28**｜フランク・ゲーリー　Frank O. Gehry　自邸　1978-79　ロサンゼルス

⊙12-29

⊙12-30

⊙12-31

過激になり，かつ有機的なフォルムが特徴となっていく．スペインのビルバオに建てられたグッゲンハイム美術館（1997）《12-29》は，銀色に輝くチタン張りの外壁がランダムにうねりながら重なり合い，バラの花びらのような有機的な形態を呈している．

ウィーンの建築家グループ，コープ・ヒンメルブラウ（1968-，ヴォルフ・プリックス 1942-，ヘルムート・シュヴィツィンスキー 1944-）はルーフトップ・リモデリング（1988）という作品でヨーロッパでのデコン建築のリーダーとなった．目をつむって描いたフリーハンドのイメージスケッチを忠実に建築化するという独特のデザイン手法から生み出された，奔放な鉄骨の配置とねじれたガラス屋根による昆虫のような形態を持つペントハウスである．

彼らはフローニンゲン美術館東館《12-30》(1994)では大小の箱をランダムに並べて「おもちゃ箱をひっくり返した」的な乱雑さを演出しているが，これがゲーリー自邸と合い通じる，異種物体同士の予期せぬ衝突といった初期のデコン建築のコンセプトを代表するデザインである．

ダニエル・リベスキンド（1946-）設計のベルリンのユダヤ博物館《12-31》(1999)は，ジグザグに折れ曲がったボリュームとランダムに開けられた開口部を持つデコン建築である．ただし，グッゲンハイム美術館と同様に素材感は統一されており，デコン建築がおもちゃ箱的カオスからボリュームの有機的操作のスタイルへと移行していく時期を象徴する作品といえる．

以上のように，20世紀は建築史に近代建築という新たな章を加えたが，その中身は大小様々なムーヴメント，あるいはイデオロギーの盛衰であった．そしてモダン v s ポストモダンという対立構図も消え，建築スタイルは拡散の様相を呈したまま世紀末を迎えることとなった．

Kumakura

⊙12-29｜フランク・ゲーリー　Frank O. Gehry　グッゲンハイム美術館ビルバオ　1997　ビルバオ
⊙12-30｜コープ・ヒンメルブラウ　COOP HIMMELBLAU　フローニンゲン美術館東館　1994　フローニンゲン
⊙12-31｜ダニエル・リベスキンド　Daniel Libeskind　ユダヤ博物館　1999　ベルリン

The Concise History of Western Architecture

13章
21世紀の建築
Architecture of the 21st Century

熊倉洋介

ポストモダン以後の諸潮流

　20世紀の建築を主導した近代建築は，いまや世界中の都市景観を支配している．20世紀後半に近代建築批判として現れた古典的ポストモダン建築は，一時こそ大きな盛り上がりを見せたが，すでに過去のものとなった．21世紀に入っても，世界中で建設される建築様式の主流は引き続き近代建築が普遍化したところの後期モダニズムである．

　こうしたなか，近代という大きな理念と建築様式の関係をはなれ，個々の条件に応じて選択される小さな理念を表現する傾向が20世紀末以降，複数のデザイン潮流として表れた．

　コンピューターの発達による情報化と効率化の伸展，これにともなうテクノロジーの高度化，資本主義体制の勝利によるグローバリゼーションの波，工業化の結果としての環境問題．今日的なそれぞれのトピックごとに，それへの反応としての個別の理念を持つ建築スタイルがあり，互いに影響を与えながら並行しているのが21世紀第一ディケイドの状況である．

　しかし個々のデザイン潮流の源流をさぐると，じつはいずれも近代建築との関係性の中にそれを見出すことが可能である．

　近代建築の意味性の不在を批判してポストモダン建築が物語性をコンセプトとしたように，近代建築の教条的合理主義に対する異議申し立てとして混乱したデザインをまとって現れたのがデコン建築であった．その後世紀末のデコン建築のアナーキーな表現から，コンピューターの支援によって可能となった形態の有機的な操作へとモードを移行させていきながら，この潮流はいまもって多くの建築家を魅了する流行であるといえる．

　建築における地域的な文脈もかつて，インターナショナルな近代建築を批判する側の重要な論点であったが，冷戦構造の終結とともに拡大したグローバリゼーションにともなうアメリカ的なるものの蔓延が，逆説的に地域性への関心を生む一因となっている．例えば，スイスやオーストラリアといった20世紀の建築界においては辺境であった地域に現れた，ローカルな建築文化を現代技術で裏打ちした新たなリージョナリズムにいま脚光が当てられている．

　一方で，近代建築の後継としてその技術主義的側面を表現のよりどころとして広まったハイテク建築は，サスティナブル・テクノロジーをデザインコンセプトの一要素として取り込みながら，モダニズムの精神をうけつぐスタイルとして生き残った．

　このサスティナブル・テクノロジー志向のハイテク建築が技術をデザイン要素として前面に押し出す意味で20世紀的であるのに対し，文明論的な意味合いの強いエコロジー志向の身振りを示す建築のスタイルが21世紀の新たな潮流として広まりつつある．それは環境をキーワードとする点ではサスティナブル・ハイテク建築と共通するが，植物や自然素材など見るものの感覚にじかに訴える材料の使用，あるいは自然環境への配慮を印象づける配置計画といったイメージ先行型のエコロジー建築といえる．

プログラミング建築

　設計のプロセスにおいて設計図が描かれる前に検討される機能配置や敷地条件，あるいは文化的コンテクストや施主の意向といった与条件をプログラムと呼ぶが，このプログラムを図式化したものを直接的に建築形態に投影するデザイン手法が1980年代にフランスを中心に始まった．プログラミング建築，あるいは図式を意味するダイアグラム建築などと呼ばれ，与条件が複雑化した現代建築のひ

⊙13-1

⊙13-2

とつの解法として注目を浴びた．

　1982年に設計競技が行われたパリのラ・ヴィレット公園《**13-1**》(1991) は，科学産業施設，音楽施設，モニュメント，キオスク，レストランなどの多くの機能が盛り込まれながら，新しい公園の形式を求める計画であった．

　1等を獲得して実現したバーナード・チュミ (1944-) の案は，グリッド上にフォリー（あずまや）を配置したレイヤー，プログラムのレイヤー，ランドスケープのレイヤーを，ずらしながら重ねるという構成により，各レイヤー間の偶発的な関係が自動的に発生することを意図したものであった．

　2等となったレム・コールハース (1944-) の案は，プログラムを構成する個々の要素を，おのおの帯状のエリアにあてはめたもので，異なる要素同士の境界線を最長化することでプログラム間の衝突機会を最大化している．チュミ案とならぶプログラミング建築のもっとも初期の作品である．

　フランス国立図書館設計競技案 (1989)，クンストハル《**13-2**》(1992)，シアトル公立図書館《**13-3**》(2004) などのコールハースの一連の作品はいずれもプログラム建築の代表例である．

　フランス国立図書館設計競技案でコールハースは，図書館というプログラムに対して建築を情報の密な塊と解釈し，ヴォイドをパブリックスペースとして定義した上で，機械設備でヴォイド同士をつなげた．水平性と垂直性とがほとんど等価に扱われ，同時に空間の疎と密の反転が行われている．

　またロッテルダムにある美術館クンストハルでは南北と東西を貫通する道路によって建物内に4つの内部空間が作り出されているが，コールハースはその四つの分断された空間を一つの美術館として経験させるために，土地の高低差を利用して作られた斜路により，建物内を一つの連続するサーキットとして周遊できるルートを設計した．このサーキット型の構成に三つの主要展示空間，オーディトリアム，レストランといったプログラムをプランニングしている．

　シアトル公立図書館では，メディアの多様化や蔵書の増加など現在の図書館における問題点を指摘し，図書館を「書物専用の施設」から「インフォメーションストア」と再定義している．彼は増殖するプログラムとメディアを一度解きほぐし，新たに5個の固定的なプログラムの束と4個の流動的なプログラムの束に整理しなおした．そしてそれらを断面的に交互に配置するという手法で再構成した．フロアは典型的な高層ビルのように上へ積み上げられたものだが，さまざまなプログラムの再編集を行うことによって新たな公共施設

⊙13-1｜バーナード・チュミ　Bernard Tschumi　ラ・ヴィレット公園　1991　パリ
⊙13-2｜レム・コールハース　Rem Koolhaas　クンストハル　1992　ロッテルダム

●13-3

としての図書館を生み出した．

　コールハースらが礎を築いたプログラミング建築は多くの建築に影響力を及ぼしたが，それは一種の設計のスタイルであり，共通する視覚的な特質を抽出しにくいことから他のデザイン潮流にくらべて大きな流れとしては見えてこない．しかし，現代建築に求められる複雑なプログラムを逆手に取った空間の構成方法として，形態とは別のレベルで引き続き有効性を示している．

エコロジー建築

　エコロジー建築には大きく分けて二つの流れがある．まず一つ目は，ハイテク建築の発展形としてのサスティナブル・テクノロジー系．レンゾ・ピアノはポンピドー・センターに代表されるハイテク建築の先駆者であるが，彼の近作であるカリフォルニア・アカデミー・オブ・サイエンス《13-4》(2008) では環境に対する様々な試みがなされている．例え

●13-3｜レム・コールハース　Rem Koolhaas　シアトル公立図書館　2004　シアトル　©Arup

ば，ソーラーパネルによる自家発電，飲料用水の使用削減のための雨水利用，断熱材としての再生デニムの使用，旧博物館解体時の廃材の再利用，廃熱回収システムによる冷暖房空調設備，断熱層としての屋上緑化，自然光と自然通風の利用によるエネルギー削減，などが挙げられる．そしてこれらの試行は，むき出しの構造フレームや自動開閉する天窓など，目に見えるデザインとして表現されている．つまりハイテク建築において装飾的側面が強かった機械的なデザインは，環境問題に対する技術的解答を示すデザインとして継承されているのである．

　同じくハイテク建築の代表格であるノーマン・フォスターも，30セント・メリー・アクス《13-5》(2004) においてハイテク建築の様相を呈しながらも環境配慮型の計画を実現している．「ガーキン（キュウリ）」の愛称で呼ばれるその砲弾型の形態は，ビル風や日影など の周辺環境への影響が考慮されたものであるうえ，高層ビルの持つ圧迫感の緩和にも一役買っている．鉄骨トラスの現れた外壁はハイテク建築の面影をとどめるが，らせん状のガラスのストライプはアトリウムの位置に対応していて，その吹き抜け空間は室内空気の対流を促すことで，断熱効果の高いダブルスキンのカーテンウォールとともに空調負荷の低減に効果を発揮している．

　二つ目の流れは，植物など自然界のものを建築に取り入れることで環境問題への対応を試みたものである．その象徴的な例として挙げられるのが，オランダの建築家グループMVRDV（1991-，ヴィニー・マース 1959-，ヤコブ・ファン・ライス 1964，ナタリー・デ・フリイス 1965-）設計のハノーヴァー国際博覧会オランダ館（2000）である．これは人口密度がますます高まる中で，どのようにして新たな自然を作り出すことができるかを

13-4｜レンゾ・ピアノ　Renzo Piano　カリフォルニア・アカデミー・オブ・サイエンス　2008　サンフランシスコ
13-5｜ノーマン・フォスター　Norman Foster　30セント・メリー・アクス　2004　ロンドン ©Arup
13-6｜フューチャー・システムズ　Future Systems　草とガラスの家　1994　ウェールズ

提案した建築である．この作品では，これまで相容れない存在であった建築と自然の融合を目的としており，外部空間を垂直方向に重ねることで建築的解答を示している．

自然融合型エコロジー建築の他の例としては，フューチャー・システムズ（ヤン・カプリツキー，1937-2009）の草とガラスの家《13-6》(1994) が典型的な例である．建築の存在感を極力無くすよう意図されており，建築自体が地中に埋まっているかのような佇まいを見せている．このような形態をとることで，自然と一体化した風景を作り出すことができるだけでなく，緑化された屋根面は断熱層として機能し消費エネルギーの削減も期待できる．

どちらの作品も，機械的テクノロジーを駆使してエコロジー対策を行うのではなく，自然を取り込むことによってそれを行おうとしている点で，ハイテク建築系のエコロジー建築とは環境に対する考え方が異なっている．前者が自然をコントロールしようとする伝統的な西洋の価値観に基づいているとすれば，後者には東洋的な自然感に近いエコロジー思想を見ることができる．いずれにしろ今後環境と建築の関係はますます緊密になっていく中で，そこに建築スタイルの新たな可能性が広がっていることはまちがいない．

リージョナリズム建築

政治経済面でのグローバリゼーションの進展は，建築の分野でも世界中のどこの都市でも同じようなビルが立ち並ぶ均質化を促してきた．ローカルな建築的文化は資本主義の論理によって切り捨てられて，無国籍なデザインが蔓延してきた．

こうした建築的グローバリゼーションに対する反動として近年注目を浴びているのが，地域のアイデンティティーに目を向けた建築家による風土や文脈をデザインに取り入れた建築群である．新しいリージョナリズム（地域主義）として昨今の建築メディアをにぎわせている．リージョナリズムは元々地域に根づいている建築的伝統を取り入れた現代建築を指すことばであり，いつの時代にもどの地域にもそうした態度で建築をつくっている建築家がいる．20世紀においてもインターナショナル・スタイルが拡大する過程でリージョナリズムに光が当たった時期があり，アアルトやガウディなどをその代表的建築家として挙げることができる．

今日，リージョナリズムの代表的な建築家としては，グレン・マーカット（1936-）やピーター・ズントー（1943-）が挙げられる．

13-7 グレン・マーカット Glenn Murcut シンプソン・リー邸 1994 ニューサウスウェールズ，オーストラリア
13-8 ピーター・ズントー Peter Zumthor テルメルバード・ヴァルス 1996 ヴァルス

◉13-9

　グレン・マーカットはオーストラリアで40年間，500もの建築を一人で設計してきた建築家である．彼の作品はかの地の自然環境と対峙してその気候風土に寄り添うように考えられた建築のディテールに特徴がある．また，「大地はそっと触れるもの」という先住民族アボリジニーのことわざを理念にしており，大規模な工事を行わないシンプルな工法を考えることも彼のデザインの特徴といえる．代表作のひとつシンプソン‐リー邸《13-7》（1994）において，彼はエアコンなどの設備機器に頼ることなく自然の通風をもたらすプランニングや断面計画を行い，光・風・害虫をコントロールする可動式ルーバーをデザインし，水不足解消のための雨水貯水池（山火事対策でもある）を設置するなど，配置計画から住宅の細部にいたるまで，地域の特性に合わせて建築を考えるという彼の設計主題が具現化されている．

　ピーター・ズントーはスイス生まれの建築家で，シンプルな形態と地域の材料を用いた静謐な空間を持つ建築で知られる．彼の代表作であるテルメルバード・ヴァルス《13-8》（1996）や聖コロンバ教会ケルン大司教美術館（2007）にそうした特徴が一貫して表れている．テルメルバード・ヴァルスはスイスのヴァルス村に建てられた温泉施設である．この建物は地元で採出されるヴァルス石を積層させた壁構造の建築である．内部は石窟のようなうす暗い空間で，石の隙間から漏れた光が水面に反射して，幻想的な美しい内部空間を作り出している．

　一方，ケルンの美術館の建つ敷地は，戦争で破壊されたゴシック時代の教会の跡からローマ時代の遺跡が発掘されるという，歴史が重なる場所であった．そこにある小さなチャペルを補修するレンガに想を得たズントーは，土地特有のレンガを使いローマ時代の寸法に従ってこれを積層させた煉瓦壁によって歴史を覆う建物をつくった．薄いレンガを隙間をあけて積んだ部分では，その隙間から内部に光が導かれるディテールを念入りに検討している．

　自らの地域を主な活動の場とするマーカッ

◉13-9｜レンゾ・ピアノ　Renzo Piano　チバウー文化センター　1998　ニュ　カレドニア

トやズントーとはちがって国際的に活躍する建築家の仕事のなかにも，地域の伝統をテーマとした建築をつくる動きを見ることができる．

イタリアに本拠地を置きながら欧米各国や日本で活躍するレンゾ・ピアノは，いわばハイテク系エコロジー建築の代表的建築家であるが，ニューカレドニアに建てたチバウー文化センター《13-9》(1998) では，当地のカナック族の伝統を大胆に取り入れた造形によりリージョナリズムを前面に押し出したデザインとなっている．何本もの木製のペア柱を並べてブレースで固定した籠のような構造体は，カナック族の小屋のつくりかたにヒントを得たもので，これがいくつも林立するユニークな外観は，その木質系の素材感と輪郭のあいまいさによって，個性的でありながらも海に面したジャングルの景観とうまく調和している．しかしながらこの形態はそもそもエアコンを用いずに室内空気の自然対流を最大限に生かすための断面計画から導かれたものである．エコロジーとリージョナリズムはど

⦿**13-10** 伊東豊雄 Ito Toyo サーペンタイン・ギャラリー 2002 ロンドン ©Arup
⦿**13-11** ヘルツォーク＆ド・ムーロン Herzog & de Meuron 北京国家体育場 2008 北京

⊙13-12

ちらも本来同じ風土から生まれる建築文化の一部であることをこの建築は証明している．

このように，ローカルな伝統に敬意を払う建築の傾向は大きな潮流となりつつある．グローバリゼーションが進む一方でアジアやアラブ世界など新興地域が急激に台頭してきた世界情勢に連動して，歴史性や風土をデザインに取り入れるリージョナリズムの盛り上がりも一時的なものではなく，21世紀の建築の主要な傾向となるのかも知れない．

形態主義と表層主義

20世紀後半は近代という大きな理念から建築が離れてゆき，小さな個別の理念の中でそれぞれのスタイルを展開してゆく状況が生まれた．その端的な例として形態を作り出すことそのものを目的とする傾向や，建築の表面の質感に表現を集中させる傾向が顕著になる．ここでは，それらをそれぞれ形態主義，および表層主義と呼び，21世紀の建築デザインを占うキーワードとして位置づけてみたい．

形態主義の代表的な作品の一つに，伊東豊雄（1941-）によって設計されたロンドンのサーペンタイン・ギャラリー《13-10》（2002）がある．これは，構造家セシル・バルモンド（1943-）と協同し，形態を生成する手法としてアルゴリズムを用いた作品である．ここでいうアルゴリズムとは，「幾何学を導きだす反復される数学的規則」というものであり，ここでは「正方形を回転させ拡大して重ねる動きを繰り返す」というルールが設定されている．輪郭としては単純な箱であるが，そのアルゴリズムで生み出された複雑な線の集合が構造体として建築化され，そのままグラフィックなデザインにもなっている．

またスイスの建築家グループ，ヘルツォーク＆ド・ムーロン（1978-，ジャック・ヘルツォーク 1950-，ピエール・ド・ムーロン 1950-）によって設計された北京国家体育場《13-11》(2008) も形態主義の例として挙げられる．この北京オリンピックのスタジアムは「鳥の巣」という愛称で呼ばれるように，線材（鉄骨材）がランダムに絡み合ってできたカゴのような形態をとっている．溶接で組み上げられた大量の鉄骨材は構造部材としてというよりも単に形態を表現するものとして用いられている．一見秩序が見えない幾何

⊙13-12｜サンチャゴ・カラトラバ Santiago Calatrava ミルウォーキー美術館 2001 ミルウォーキー

学配列がより形態主義を先鋭化している作品である（実は設計段階で計画されていた屋根を支えるための構造体であったが，着工直前に屋根が取りやめになった）．

これとは逆に，サンチャゴ・カラトラバ（1951-）の作品は架構がストラクチャーとして合理的に機能しながら，なおかつ形態としても美しいことで評価が高い．ヴァレンシアのフェリペ王子科学博物館（2004）では連続する真っ白な骨組みがレースのように光を透過させて明るく軽快な空間を作っている．またミルウォーキー美術館（2001）《**13-12**》では扇子の骨のような細い線材によるブリーズ・ソレイユが飛翔する鳥の翼を思わせる．

アルゴリズムやフラクタルといった幾何学的ルールによる形態の自動生成にデザインをゆだねるという方法論はコンピューターによる設計の傾向のひとつであるが，一方で，建築家の感覚的なイメージをそのまま建築化するツールとしてコンピューターを用いる例が増えている．デコン建築の流れを汲む有機的なボリュームの扱いをテーマとするもうひとつの形態主義である．

建築が断片化して流れ飛んでいくようなドローイングで知られるイギリスの建築家ザハ・ハディッド（1950-）はデコン建築のイメージ・クリエーターとして長いキャリアを持つが，近年次々と作品が実現しつつあり，その活動に注目が集まっている．

ファエノ科学センター《**13-13**》（2005）やインスブルックのスキージャンプ台（2002）では滑らかにカーブしたボリュームが空中に持ち上げられていて，まるで流体のような印象をみる者に与える．サラゴザ・ブリッジ・パビリオン（2008）は胸骨体をコンセプトにデザインされた橋と建築の融合体で，文字通りあばら骨のようなフレームの反復が有機的なイメージを喚起する．

コープ・ヒンメルブラウも初期の断片的な要素の構成という手法から有機体を思わせるボリュームの構成にシフトしてきた．2007年に完成したミュンヘンのBMWヴェルトでは，回転の軌跡のような，うねったりねじれたりする形態が内外に連続し，めまいを覚えるような空間が実現されている．

前述のゲーリーのグッゲンハイム美術館も同様だが，こうした作家の個人的なイメージを建築化する形態主義は，意味や合理性では説明できない表現の欲求に根ざしている．それゆえ変質しながらも衰えることのないスタイルであると言えよう．

そういった形態の複雑化とは逆に，形態をなるべく単純化し，要素を極力減らしたミニマリズムという建築デザインの流れも存在する．もっとも純粋にモダニズムを継承しているその代表的建築家であるスペインのアルベルト・カンポ・バエザ（1946-）は自身の建築のテーマを「More With Less（より少ないものでより豊かなものを）」と語る．代表作のグラナダ貯蓄銀行（2001）は一見ただの白い箱に見えるが，内部は光の操作によって豊かな空間が広がっている．

その他のミニマル派としてスイスの建築家グループ，ギゴン＆ゴヤー（1989-，アネット・ギゴン 1959-，マイク・ゴヤー 1958-）のヴィンタートゥーア美術館増築《**13-14**》（1995）やポルトガルのアルヴァロ・シザ（1933-）のマルコ・デ・カナヴェーゼスの教会《**13-15**》（2006）などを挙げておく．

形態主義と並んで21世紀の重要な傾向である表層主義の初期の例として，ヘルツォーク＆ド・ムーロンによって設計されたシグナル・ボックス《**13-16**》（1995）を挙げねばならない．形態は単純な直方体だが，表面が鈍く光る銅板覆われている．この銅板に無数の切り込みを入れて徐々にねじることによってルーバーとなり，陰影を生んでいる．鉄道信号用の電子機器を保護することが目的の建物だが，少しずつねじれてまくられる銅板が生む陰影のグラデーションが，ぼやけたブラウン管のような不思議な効果を生んでいる．

同じように表面の効果によりぼやけた印

⊙13-13
⊙13-14
⊙13-15 ⊙13-16

⊙13-13 | ザハ・ハディッド　Zaha Hadid　ファエノ科学センター　2005　ヴォルフスブルグ
⊙13-14 | ギゴン&ゴヤー　Gigon & Guyer　ヴィンタートゥーア美術館増築　1995　ヴィンタートゥーア
⊙13-15 | アルヴァロ・シザ　Alvaro Siza Vieira　マルコ・デ・カナヴェーゼスの教会　2006　マルコ・デ・カナヴェーゼス
⊙13-16 | ヘルツォーク&ド・ムーロン　Herzog & de Meuron　シグナル・ボックス　1995　バーゼル

⊙13-17

⊙13-18

象を生んでいるのが，ジャン・ヌーヴェル 1945- ）によるトーレ・アグバール《**13-17**》（2005）である．砲弾のような円筒形の高層ビルであるが，ファサードが様々なガラスで覆われるとともに，その内側の鉄筋コンクリートによる駆体に穿たれたブロック状の窓によって，複雑であいまいな表層を呈している．エッジのない形態と光をにぶく反射するガラスの表面の効果により，空に溶け込むように存在感を希薄にすることが意図されている．

反対にズントーのブラザー・クラウス野外礼拝堂《**13-18**》(2007) は壁の表面の力強さが印象的な作品である．これはドイツのヴァッヘンドルフの草原に建つ小さな礼拝堂で，外観派は縦長の箱である．地層のようなテクスチャーをもつコンクリートの外壁はモルタルを少しずつ打ち込んでいった建設のプロセスを語っている．一方その内部の壁は，黒々としたコンクリートが波打つように襞をつくっている．これは丸太をぎっしり束ねて立ち上げ，そこにモルタルをかぶせて固めた後，丸太を燃やして空間を作るという驚くべき建設方法の結果なのである．独特の暗く，建築の物質性を感じさせてくれる内部空間の印象は，この壁の物語によって作られているといえるだろう．

21世紀初頭の現在，建築のいくつかの潮流は，それぞれ近代建築との関係性の中に源を発しながら，スタイルとして普及していく過程で当初の小さな理念もあいまいになり，デザインそれ自体が目的化しつつある．しかもそれらは20世紀までの建築に見られた様式という言葉でくくれるような形態上の共通ルールを持っていない．本章で用いたカテゴリーも極めて便宜的で不確定なものであることをお断りしておく．

Kumakura

⊙**13-17**｜ジャン・ヌーヴェル　Jean Nouvel　トーレ・アグバール　2005　バルセロナ
⊙**13-18**｜ピーター・ズントー　Peter Zumthor　ブラザー・クラウス野外礼拝堂　2007　ヴァッヘンドルフ

The Concise History of Western Architecture

巻末資料

掲載作品データ
写真提供
文献案内
建築各部の名称
地図
人名索引

掲載作品データ

1章
古代オリエント・エジプト建築

⊙1-1｜ジッグラト(正面) 紀元前2100頃 ウル イラク Ziggrat, Ur

⊙1-2｜ジッグラト(側面) 紀元前2100頃 ウル イラク Ziggrat, Ur

⊙1-3｜テル・ソンゴル(全体) 紀元前6000年期 イラク Tell Songor, Iraq

⊙1-4｜テル・ソンゴル(部分) 紀元前6000年期 イラク Tell Songor, Iraq

⊙1-5｜王墓内部 紀元前2100頃 ウル イラク Royal Tomb, Ur

⊙1-6｜ペルセポリス(平面図) 紀元前521-前463 ペルセポリス イラン Apadana, Persepolis

⊙1-7｜3つのピラミッド 紀元前2545-前2450頃 ギザ エジプト Piramids, Giza

⊙1-8｜階段状ピラミッド 紀元前2620-前2600頃 サッカラ エジプト Step Piramid, Saqqara

⊙1-9｜メンチュヘテプ2世葬祭殿とハトシェプスト女王葬祭殿 紀元前2045-前2020頃と前1490-前1468頃 ディール・アル=バハリー テーベ エジプト Temples of Menthuhetep and Hatshepust, Dier el-Bahri, Thebes

⊙1-10｜ハトシェプスト女王葬祭殿 ディール・アル=バハリー テーベ エジプト Temple of Hatshepust, Dier el-Bahri, Thebes

⊙1-11｜カルナックのアモン大神殿 紀元前1567-前1320頃 テーベ エジプト Great temple of Amun, Karnak, Thebes

⊙1-12｜カルナックのアモン大神殿 テーベ エジプト Great Temple of Amun, Karnak, Thebes

⊙1-13｜ルクソールの神殿 紀元前1417-前1237頃 テーベ エジプト Temple of Luxor, Thebes

⊙1-14｜ヴァティカーノのオベリスクとその移動 Domenico Fontana, Della transportatione dell'obelisco vaticano, Roma, 1590, libro primo.

2章
古代ギリシア建築

⊙2-1｜クノッソス宮殿 紀元前1700-前1600頃 クノッソス ギリシア Palace, Knossos, Greece

⊙2-2｜獅子門 紀元前1350-前1330頃 ミュケナイ ギリシア Lion Gate, Mycenae, Greece

⊙2-3｜ティリンスのメガロンの平面復原図 紀元前13世紀頃 ティリンス ギリシア Megaron, Tyrins, Greece

⊙2-4｜ヘラ神殿 紀元前600頃 オリンピア ギリシア Temple of Hera, Oympia, Greece

⊙2-5｜アポロ神殿 紀元前540頃 コリント ギリシア Temple of Apollo, Corinth, Greece

⊙2-6｜アポロ神殿平面図

⊙2-7｜アファイア神殿 紀元前510-前480頃 アエギナ ギリシア Temple of Aphaia, Aegina, Greece

⊙2-8｜アファイア神殿の平面図

⊙2-9｜ギリシア神殿平面図

⊙2-10｜アポロ神殿 第1期(紀元前560-前550), 第2期(紀元前300-200)頃 ディディマ トルコ Temple of Apollo, Didyma, Turkey

⊙2-11｜ヘラ神殿平面図 紀元前570-前560 サモス ギリシア Temple of Hera, Samos, Greece

⊙2-12｜パルテノン神殿 紀元前447-前432 アテネ ギリシア Parthenon, Athens, Greece

⊙2-13｜パルテノン神殿平面図

⊙2-14｜エレクテイオン 紀元前421-前405 アテネ ギリシア Erectheion, Athens, Greece

⊙2-15｜ポセイドン神殿 紀元前460頃 パエストゥム イタリア Temple of Poseidon, Paestum, Italia

⊙2-16｜ソロス復原図 紀元前360-前320 エピダウロス ギリシア Tholos, Epidauros, Greece

⊙2-17｜アテナ・ポリアス神殿平面図 紀元前4世紀後半 プリエネ トルコ Temple of Athena Polias, Priene, Turkey

⊙2-18｜マウソレウム復原図 紀元前367-前350頃 ハリカリナッソス トルコ Mausoleum, Halicarnassos, Turkey

⊙2-19｜ミレトスの都市図 紀元前5世紀初め ミレトス トルコ City Plan, Miletus, Turkey

⊙2-20｜エピダウロスの劇場 紀元前4世紀後半 エピダウロス ギリシア Theater, Epidauros, Greece

⊙2-21｜オリュンソスの住宅平面図 紀元前4世紀 オリュンソス ギリシア House, Olynthus, Greece

⊙2-22｜アルテミス神殿平面図 紀元前150以後 マグネシア トルコ Temple of Artemis, Magnesia on Maeander, Turkey

⊙2-23｜アルテミス神域の平面図 紀元前2世紀 マグネシア トルコ Sanctuary of Artemis, Magnesia on Maeander, Turkey

⊙2-24｜アルテミス神殿復原模型 紀元前150以後 マグネシア(イスタンブール考古学博物館蔵) トルコ Temple of Artemis, Magnesia on Maeander, Turkey

⊙2-25｜プリエネのアゴラ平面図 紀元前2世紀頃 プリエネ トルコ Agora, Priene, Turkey

⊙2-26｜ペルガモン上市の復原図 紀元前2世紀より ペルガモン トルコ General View of Upper City, Pergamon, Turkey

3章
古代ローマ建築

⊙3-1｜アラトリのエトルリア神殿 紀元前3世紀末-前2世紀初め ヴィッラ・ジュリア博物館(アラトリ出土) ローマ イタリア Etruscan Temple, Alatri, Roma, Italia

⊙3-2｜柱頭飾りの墓 紀元前6世紀 チェルヴェテリ イタリア Tomb with Capitals, Cervetri, Italia

⊙3-3｜カピトール神殿平面図 紀元前509 ローマ イタリア Temple of Capitole, Roma, Italia

⊙3-4｜通称ウェスタ神殿 紀元前2世紀末-前1世紀初め ローマ イタリア so-called Temple of Vesta, Roma, Italia

⊙3-5｜ポルトゥヌス神殿 紀元前1世紀 ローマ イタリア Temple of Portunus, Roma, Italia

⊙3-6｜フォルトナ・プリミゲニア神域 紀元前80頃 パレストリーナ イタリア Sanctuary of Fortuna Primigenia,

Palestrina, Italia

◉3-7 | 古代ローマ住宅の平面図
Dell'architettura di Marco Vitoruvio Pollione ... pubblicati da Carlo Amati, tomo secondo, Milano, 1830, tavola XLVII, fig. 2.

◉3-8 | ファーノの家平面図 紀元前2世紀 ポンペイ イタリア House of Fano, Pompeii, Italia

◉3-9 | ヴェッティの家 62-79 ポンペイ イタリア House of Vettii, Pompeii, Italia

◉3-10 | カストールとポルックス神殿 6年（再建）ローマ イタリア Temple of Castor and Pollux, Roma, Italia

◉3-11 | メゾン・カレ 1-10頃 ニーム フランス Masion Carrée, Nîmes, France

◉3-12 | コロッセウム ドミティアヌス時代 ローマ イタリア Colosseum, Roma, Italia

◉3-13 | ティトゥス凱旋門 82頃か ローマ イタリア Triumphal Arch of Titus, Roma, Italia

◉3-14 | アウグストゥスのフォルム平面図 紀元前2 ローマ イタリア Forum of Augustus, Roma, Italia

◉3-15 | トラヤヌスのフォルム トラヤヌス時代 ローマ イタリア Forum of Trajan, Roma, Italia

◉3-16 | パンテオン内部 118-128 ローマ イタリア Pantheon, Roma, Italia

◉3-17 | トラヤヌスのマーケット 112 ローマ イタリア Market of Trajan, Roma, Italia

◉3-18 | ハドリアヌスの別荘 118-134 ティヴォリ イタリア Villa of Hadrian, Tivoli, Italia

◉3-19 | 通称トラヤヌス記念門 2世紀末-3世紀初め ティムガド アルジェリア so-called Arch of Trajan, Timgad, Algeria

◉3-20 | ディアナの家 2世紀中頃 オスティア イタリア House of Diana, Ostia, Italia

◉3-21 | ティムガドの都市の平面図 100頃 ティムガド アルジェリア City Plan, Timgad, Algeria

◉3-22 | ケレスの図書館 117-120 エフェソス トルコ Library of Celsus, Ephesus, Turkey

◉3-23 | コンスタンティヌス凱旋門 315 ローマ イタリア Triumphal Arch of Constantine, Roma, Italia

◉3-24 | マクセンティウスのバシリカ 307-312 ローマ イタリア Basilica of Maxentius, Roma, Italia

◉3-25 | 通称ミネルウァ・メディカ神殿 4世紀初期 ローマ イタリア so-called Temple of Mineva Medica, Roma, Italia

4章
初期中世建築

◉4-1 | ドゥーラ・エウロポス 231改造（復原図）シリア Dura Europos, Syria

◉4-2 | 旧サン・ピエトロ教会堂 4世紀（復原図）ローマ San Pietro, Roma, Italia

◉4-3 | 旧サン・ピエトロ教会堂平面図

◉4-4 | サンタ・マリア・マッジョーレ教会堂 5世紀前半 ローマ Santa Maria Maggiore, Roma, Italia © Scala

◉4-5 | サン・タポリナーレ・イン・クラッセ教会堂 535-549 ラヴェンナ Sant' Apollinare in Classe, Ravenna © 日本建築学会

◉4-6 | ラテラノの洗礼堂平面図 主として432-440頃 ローマ Battistero Lateranese, Roma, Italia

◉4-7 | サンタ・コスタンツァ 350頃 ローマ Santa Costanza, Roma, Italia

◉4-8 | アヤ・ソフィア 532-537 イスタンブール Hagia Sophia, Istanbul

◉4-9 | アヤ・ソフィア堂内 532-537 イスタンブール Hagia Sophia, Istanbul © 日本建築学会

◉4-10 | サン・ヴィターレ 526頃-547 ラヴェンナ S.Vitale, Ravenna, Italia

◉4-11 | サン・マルコ大聖堂 1063-90 ヴェネツィア S.Marco, Venezia, Italia © 日本建築学会

◉4-12 | 宮廷礼拝堂 796-805 アーヘン Palast Kapelle, Aachen, Germany

◉4-13 | サン・リキエ修道院付属聖堂 790-799（17世紀の版画より）サン・リキエ Saint Riquier, Abbeville, France

5章
ロマネスク建築

◉5-1 | ザンクト・ミヒャエル教会堂堂内 1010-33 ヒルデスハイム St. Michael, Hildesheim, Deutschland

◉5-2 | ザンクト・ミヒャエル教会堂 St. Micheal

◉5-3 | サン・フィリベール教会堂 1007-1120頃 トゥールニュ Saint-Philibert, Tournus, France

◉5-4 | サン・フィリベール教会堂天井 Saint-Philibert

◉5-5 | サン・マルタン・デュ・カニグー修道院 1009 サン・マルタン・デュ・カニグー Saint Martin du Canigou, France

◉5-6 | サント・フィワ教会堂 1045起工 コンク Sainte Foy Conque, France

◉5-7 | サン・セルナン教会堂 1080-13世紀 トゥールーズ Saint Sernin, Toulouse, France

◉5-8 | ノートル・ダム・デュ・ポール教会堂 12世紀 クレルモン・フェラン Notre Dame du Port, Clermont Ferrand, France

◉5-9 | ラ・マドレーヌ教会堂 1120-60頃 ヴェズレー La Madeleine, Vézelay, France

◉5-10 | ラ・マドレーヌ教会堂内 La Madeleine

◉5-11 | サン・トロフィーム教会堂身廊のヴォールト天井 12世紀 アルル Saint Trophime, Arles, France

◉5-12 | ノートル・ダム・ラ・グランド教会堂 12世紀 ポワチエ Notre Dame-la-Grancle, Poitiers, France

◉5-13 | ノートル・ダム大聖堂 11-12世紀 ル・ピュイ Notre Dame, Lepuy, France

◉5-14 | ノートル・ダム大聖堂室内のドーム

◉5-15 | サン・フロン大聖堂 1120-60 ペリグー Saint-Front, Périgueux, France

◉5-16 | サン・ピエール大聖堂 1105頃起工 アングレーム Saint Pierre, Angoulême, France

◉5-17 | ピサ大聖堂 1063起工, 1118献堂と鐘楼（斜塔）1350頃 ピサ Duomo, Pisa, Italia

◉5-18 | 洗礼堂 1153-14世紀 ピサ Battistero, Pisa, Italia

◉5-19 | サン・ミニアート・アル・モンテ教会堂 1018-92 フィレンツェ San Miniato al Monte, Firenze, Italia

◉5-20 | サンチャゴ・デ・コンポステラ大聖堂南扉口の彫刻 1075-1122 サンチャゴ・デ・コンポステラ Catedral, Santiago de Compostela, España

◉5-21 | シュパイヤー大聖堂 1030頃-1106頃 シュパイヤー Dom Speyer, Deutschland

◉5-22 | シュパイヤー大聖堂堂内

⊙5-23｜ヴォルムス大聖堂 1171-1230 ヴォルムス Dom Worms, Deutschland
⊙5-24｜マリア・ラーハ修道院聖堂 1093-1177 コブレンツ近郊 Maria Laach, near Koblenz, Deutschland
⊙5-25｜バンベルク大聖堂 1012年献堂 13世紀に改築 1237年再び献堂 バンベルク Dom Bamberg, Deutschland
⊙5-26｜マリア・ラーハ修道院聖堂堂内
⊙5-27｜ザンクト・マリーエン・イム・カピトール聖堂(平面図) 1065年献堂 12-13世紀に改築 ケルン St. Marienim Kapitol Köln, Deutschland
⊙5-28｜ヒルデスハイム大聖堂 1061年献堂 ヒルデスハイム Dom Hildesheim, Deutschland

6章
ゴシック建築

⊙6-1｜サン・ドゥニ修道院付属聖堂身廊 1136頃-44 サン・ドゥニ Abbaye de Saint Denis, France
⊙6-2｜ステンドグラス(シュジェールが描かれている), サン・ドゥニ修道院付属聖堂堂内
⊙6-3｜サンリス大聖堂 1155起工 サンリス Cathédrale Senlis, France
⊙6-4｜ノワイヨン大聖堂 1150頃以降 ノワイヨン Noyon, France
⊙6-5｜ノワイヨン大聖堂4層構成の身廊立面
⊙6-6｜ラン大聖堂 1160-1230 ラン Cathédrale Laon, France
⊙6-7｜ラン大聖堂堂内 Cathédrale, Laon
⊙6-8｜パリ大聖堂堂内 1163-1250 パリ Cathédrale, Paris
⊙6-9｜サンス大聖堂6分ヴォールトの天井 1130頃-1168頃 Cathédrale, Sens, France
⊙6-10｜シャルトル大聖堂 1194-1260 シャルトル Cathédrale, Chartres, France
⊙6-11｜シャルトル大聖堂フライング・バットレス
⊙6-12｜ランス大聖堂 1211-13世紀末 ランス Cathédrale, Reims, France
⊙6-13｜アミアン大聖堂堂内 1220-1410頃 アミアン Cathédrale, Amiens, France
⊙6-14｜サント・シャペル礼拝堂 1245-48 パリ Sainte Chapelle, Paris
⊙6-15｜サン・マクルー教会堂 1436頃-1521 ルーアン Saint Maclou, Rouen, France
⊙6-16｜ミラノ大聖堂 1386起工 ミラノ Duomo, Milano, Italia
⊙6-17｜サン・フランチェスコ聖堂 1253頃 アッシジ San Francesco, Assisi, Italia
⊙6-18｜シエナ大聖堂 12世紀後半起工 シエナ Duomo, Siena, Italia
⊙6-19｜エリーザベト聖堂 1235-83 マールブルク Elisabethkirche Marburg, Germany
⊙6-20｜エリーザベト聖堂堂内
⊙6-21｜リープフラウエンキルヒェ(平面図) 1227-43 トリーア Liebfrauenkirche Trier, Germany
⊙6-22｜ハンス・シュテートハイマー他 サンクト・マルティン聖堂 1380頃-1500頃 ランツフート Hans Stethaimer et.al. St.Martin Landshut, Deutschland
⊙6-23｜ケルン大聖堂 1248起工 1842-80 ケルン Dom Köln, Deutschland
⊙6-24｜ケルン大聖堂堂内
⊙6-25｜ヨハネス・フォン・グミュント他 フライブルク大聖堂 1200頃-1513 フライブルク Johannes von Gmünd et. al., Münster Unserer Lieben Frau Freiburg, Deutschland
⊙6-26｜ソールズベリ大聖堂 1220-66 ソールズベリ Salisbury Cathedral, Wiltshire, England
⊙6-27｜リンカーン大聖堂 1192-1250頃 後陣は1256-80頃 リンカーン Lincoln Cathedral, Lincolnshire, England
⊙6-28｜エクセター大聖堂の内陣 1270頃-14世紀中頃 エクセター Exeter Cathedral, Devon, England 『English Architecture』1979
⊙6-29｜キングス・カレッジ礼拝堂 1446-61 1477-85 1508-15 ケンブリッジ Kings College Chapel, Cambridge, Cambridgeshire, England
⊙6-30｜ウエストミンスター・ホール 1394-99 ロンドン Westminster Hall, London 『English Architecture』1979

7章
ルネサンス建築 I

⊙7-1｜フィリッポ・ブルネッレスキ, サンタ・マリア・デル・フィオーレ聖堂ドーム 1420以降 フィレンツェ イタリア Filippo Brunelleschi, S. Maria del Fiore, Firenze, Italia
⊙7-2｜フィリッポ・ブルネッレスキ, オスペダーレ・デリ・インノチェンティ 1419以降 フィレンツェ イタリア Filippo Brunelleschi, Ospedale degli Innnocenti, Firenze, Italia
⊙7-3｜フィリッポ・ブルネッレスキ サンタ・クローチェ聖堂パッツィ礼拝堂 1430頃 フィレンツェ イタリア Filippo Brunelleschi, Capella dei Pazzi, S. Croce, Firenze, Italia
⊙7-4｜レオン・バッティスタ・アルベルティ サンタ・マリア・ノヴェッラ聖堂 1470頃 フィレンツェ イタリア Leon Battista Alberti, S. Maria Novella, Firenze, Italia
⊙7-5｜レオン・バッティスタ・アルベルティ テンピオ・マラテスティアーノ(サン・フランチェスコ聖堂) 1450以降 リミニ イタリア Leon Battista Alberti, Tempio Malatestiano(S. Francesco), Rimini, Italia
⊙7-6｜ミケロッツォ・ディ・バルトロメオ, パラッツォ・メディチ 1446以降 フィレンツェ イタリア Michelozzo di Bartolomeo, Plazzo Medici-Riccardi, Firenze, Italia
⊙7-7｜ベルナルド・ロッセッリーノ 大聖堂とパラッツォ・ピッコローミニ 1460-1462 ピエンツァ イタリア Bernardo Rosselino, Duomo, Palazzo Piccolomini, Pienza (Siena), Italia
⊙7-8｜マウロ・コドゥッシ他 スクォーラ・グランデ・ディ・サン・マルコ 1487以降 ヴェネツィア イタリア Mauro Codussi et al., Scuola Grande di S.Marco, Venezia, Italia
⊙7-9｜ジョヴァンニ・アントニオ・アマデオ コッレオーニ礼拝堂 1470-75 ベルガモ イタリア Giovanni Antonio Amadeo, Capella Colleoni, Bergamo, Italia
⊙7-10｜ドナート・ブラマンテ サンタ・マリア・プレッソ・サン・サーティロ聖堂 1478以降 ミラノ イタリア Donato Bramante, S.Maria presso S.Satiro, Milano, Italia
⊙7-11｜ドナート・ブラマンテ サンタ・マリア・デッラ・パーチェ聖堂回廊 1500-04 ローマ イタリア Donato Bramante, S.Maria della Pace, chiostro, Roma, Italia

◉7-12｜ドナート・ブラマンテ サン・ピエトロ・イン・モントーリオ聖堂テンピエット 1502以降 ローマ イタリア Donato Bramante, Tempietto di S.Pietro in Montorio, Roma, Italia

◉7-13｜ラファエッロ・サンツィオ ジョヴァンニ・ダ・ウディネ他 ヴィラ・マダーマの室内 1516頃以降 Raffaello Sanzio, Giovanni da Udine et al., Villa Madama, Roma, Italia

◉7-14｜アントニオ・ダ・サンガッロ・イル・ヴェッキオ他 サン・ビアジオ聖堂 1518-45 モンテプルチアーノ イタリア Antonio da Sangallo il Vecchio et al., S.Biagio, Montepulciano(Siena), Italia

◉7-15｜ラファエッロ・サンツィオ他 ヴィラ・マダーマ 1516以降 ローマ イタリア Raffaello Sanzio et al., Villa Madama, Roma, Italia

◉7-16｜ティツィアーノ＜ジュリオ・ロマーノ像＞ 1536頃 キャンヴァス 油彩｜101×86 cm｜Tiziano ＜ritratto di Giulio Romano＞『クリスティーズ社売立目録』1990

◉7-17｜ジュリオ・ロマーノ パラッツォ・デル・テ 1525 32 マントヴァ イタリア Giulio Romano, Palazzo del Te, Mantova, Italia

◉7-18｜ミケランジェロ・ブオナッローティ他 カンピドーリオ広場 1538-64 ローマ イタリア Michelangelo Buonarroti, Piazza del Campidoglio, Roma, Italia

◉7-19｜バルダッサーレ・ペルッツィ パラッツォ・マッシモ 1535以降 ローマ イタリア Baldassarre Peruzzi, Palazzo Massimo alle Colonne, Roma, Italia

◉7-20｜アントニオ・ダ・サンガッロ・イル・ジョヴァネ他 パラッツォ・ファルネーゼ(現フランス大使館)1530以降 ローマ イタリア Antonio da Sangallo il Giovane et al., Plazzo Faranese, Roma, Italia

◉7-21｜ピッロ・リゴーリオ ピオ4世のカジノ 1560-65 ヴァティカーノ Pirro Ligorio, Casino di Pio IV, Città del Vaticano

◉7-22｜ヴィニョーラ パラッツォ・ファルネーゼ 1556以降 カプラローラ イタリア Giacomo Barozzi detto il Vignola, Palazzo Farnese, Caprarola(Viterbo), Italia

◉7-23｜ジャコモ・デッラ・ポルタ他 イル・ジェズ聖堂 1568-84 ローマ イタリア Giacomo della Porta et al., Il Gesu, Roma, Italia

◉7-24｜ヴィニョーラ、ジョルジョ・ヴァザーリ、バルトロメオ・アンマナーティ他 ヴィラ・ジュリア 1551以降 ローマ イタリア il Vignola, Giorgio Vasari, Bartolomeo Ammannati et al., Villa Giulia, Roma, Italia

◉7-25｜ガレアッツォ・アレッシ、パラッツォ・マリーノ(現ミラノ市庁)1558以降 ミラノ イタリア Galeazzo Alessi, Palazzo Marino, Milano, Italia

◉7-26｜サン・マルコ小広場 右:パラッツォ・ドゥカーレ(政庁) 小広場側正面1424以降- 左:ヤコポ・サンソヴィーノ サン・マルコ図書館(手前)1537以降-とロッジェッタ(奥)1538以降-、ヴェネツィア、イタリア Jacopo Sansovino et al., Piazzetta San Marco, Venezia, Italia

◉7-27｜マガンツァ ＜アンドレア・パラディオ像＞ G.B. Maganza, ＜ritratto di Andrea Palladio＞, Villa Valmarana ai Nani, Vicenza, Italia

◉7-28｜フェデリコ・ツッカリ パラッツォ・ツッカリ 1579 フィレンツェ、イタリア Federico Zuccari, Palazzo Zuccari, Firenze, Italia

◉7-29｜アンドレア・パラディオ、バシリカ(パラッツォ・デッラ・ラジオーネ)1545-80、ヴィチェンツァ、イタリア Andrea Palladio, Basilica(Palazzo della Ragione), Vicenza, Italia

◉7-30｜アンドレア・パラディオ ラ・ロトンダ(ヴィッラ・アルメリコ・カプラ)1566-69、ヴィチェンツァ、イタリア Andrea Palladio, La Rotonda (Villa Almerico Capra), Vicenza, Italia

◉7-31｜アンドレア・パラディオ イル・レデントーレ聖堂 1578-80 Andrea Palladio, Il Redentore ヴェネツィア『Andrea Palladio』1990 Taschen

◉7-32｜アンドレア・パラディオ他、テアトロ・オリンピコ 1580以降 ヴィチェンツァ、イタリア Andrea Palladio et al., Teatro Olimpico, Vicenza, Italia

◉7-33｜ドナート・ブラマンテ、ニンファエウム(泉水)1501-03頃、ジェナッツァーノ、イタリア Donato Bramante, Ninfeo, Genazzano(Roma), Italia

8章
ルネサンス建築II

◉8-1｜ロッソ・フィオレンティーノ、フランチェスコ・プリマティッチオ他、フォンテンブロー宮殿、フランソワ1世のギャラリー 1533-40頃、フォンテンブロー、フランス Rosso Fiorentino, Francesco Primaticcio et al., Galerie François I, Fontainebleau, France

◉8-2｜シャンボール城 1519起工、シャンボール フランス Château Chambord, Chambord, France

◉8-3｜ブロワの城館 1515-24、ブロワ、フランス Château Blois, Blois, France

◉8-4｜フィリベール・ド・ロルム、アネの城館、1552頃、アネ、フランス Philibert de l'Orme, Château Anet, Anet, France

◉8-5｜ジャン・デュ・セルソー オテル・ドゥ・シュリー、1624-29、パリ Jean du Cerceau, Hôtel de Sully, Paris, France

◉8-6｜コルネリス・フロリス アントウェルペンの市庁舎 1561-65 アントウェルペン Cornelis Floris, Hôtel de Ville Antwerpen

◉8-7｜オットハインリヒスバウ(ハイデルベルク城内)1556-63 ハイデルベルク Ottoheinrichsbau, Heidelberg, Deutchland

◉8-8｜ハンス・ランペ 織物商館 1590-91 ブラウンシュヴァイク Hans Lampe, Gewandhaus, Braunschweig, Deutchland

◉8-9｜エリアス・ホル アウグスブルク市庁舎 1610-20 アウグスブルク Elias Holl, Rathaus Augusburg, Deutchland

◉8-10｜ヴェンデル・ディートリヒ他 ザンクト・ミヒャエル聖堂 1583-97 ミュンヘン Wendel Dietrich et. al., St. Michael, München

◉8-11｜ザンクト・ミヒャエル聖堂内

◉8-12｜グオルク・リディンガー アシャフェンブルクの城館 1605-14 アシャフェンブルク Georg Ridinger, Schloss, Aschaffenburg, Deutchland

◉8-13｜ロバート・スミッスソン ロングリート 1568起工 ウィルトシャー Robert Smythson, Longleat, Wiltshire, England

◉8-14｜ロバート・スミッスソン ハードウィック・ホール 1590-97 ダービイシャー Robert Smythson, Hardwick Hall, Derbyshire, England

197

⊙8-15｜イニゴー・ジョーンズ クィーンズ・ハウス 1616-35 グリニッジ(外観) Inigo Jones, Queen's House, Greenwich, England

⊙8-16｜イニゴー・ジョーンズ クィーンズ・ハウス 1616-35 グリニッジ(内部) Inigo Jones,Queen's House, Greenwich, England

⊙8-17｜イニゴー・ジョーンズ バンケッティング・ハウス 1619-22 ロンドン Inigo Jones, Banqueting House, London

⊙8-18｜イニゴー・ジョーンズ(?) リンゼイ・ハウス 1640 ロンドン Inigo Jones, Lindsey House, London

⊙8-19｜イニゴー・ジョーンズ セント・ポール教会堂 1630起工 コヴェント・ガーデン ロンドン Inigo Jones, S. Paul, Covent Garden, London

⊙8-20｜ペドロ・マチューカ カルロス1世宮殿 1527以降 グラナダ スペイン Pedro Machuca, Palacio Carlos I, Granada, España

⊙8-21｜ディオゴ・ボイタック, ジョアン・デ・カスティーリョ他 ジェロニモス大修道院回廊, 1517頃, リスボア(リスボン) Diogo Boytac, João de Castilho et al. Jeronimos (Mosteiro de Santa Maria de Belem), claustro do convento, Lisboa(Lisbon), Portugal

⊙8-22｜サラマンカ大学正面 1529頃 サラマンカ Fachada de la Universidad, Salamanca, España

⊙8-23｜フアン・デ・エレーラ他 エル・エスコリアル 1563-84 エル・エスコリアル スペイン Juan de Herrera, El Escorial, El Escorial(Madrid), España.『Felipe II Mecenas de las artes』1992

9章
バロック建築

⊙9-1｜カルロ・マデルノ, ベルニーニ他, サン・ピエトロ大聖堂と広場 16-17世紀 ヴァティカーノ Carlo Maderno, Gian Lorenzo Bernini et al. Basilica e Piazza S. Pietro, Città del Vaticano

⊙9-2｜ジャン・ロレンツォ・ベルニーニ <自画像> キャンヴァス, 油彩 | 39×31 cm | 1622頃 Gian Lorenzo Bernini, <autoritoratto>, Galleria Borghese, Roma

⊙9-3｜ジャン・ロレンツォ・ベルニーニ, サンタンドレア・アル・クイリナーレ聖堂, 1658-1661, ローマ, イタリア Gian Lorenzo Bernini, S.Andrea al Quirinale, Roma, Italia

⊙9-4｜サンタンドレア・アル・クイリナーレ聖堂(平面図)

⊙9-5｜ジャン・ロレンツォ・ベルニーニ他, パラッツォ・モンテチトーリオ(現イタリア下院) 1650-97 ローマ, イタリア Gian Lorenzo Bernini et al., Palazzo Motecitorio, Roma, Italia

⊙9-6｜ナヴォーナ広場, ローマ, イタリア 左手前ジロラモ・ライナルディ他 パラッツォ・パンフィーリ 1644-50 左奥フランチェスコ・ボッロミーニ他 サンタニェーゼ・イン・アゴーネ聖堂 1652以降 中央ベルニーニ: 四大河の噴水 1648-51 Francesco Borromini, Gian Lorenzo Bernini.Girolamo Rainaldi et al., Piazza Navona, Roma, Italia

⊙9-7｜フランチェスコ・ボッロミーニ, サン・カルロ・アッレ・クアットロ・フォンターネ聖堂 1637-52, 1667頃, ローマ, イタリア Francesco Borromini, San Carlo alle Quattro Fontane, Roma, Italia

⊙9-8｜フランチェスコ・ボッロミーニ, サンタンドレア・デッレ・フラッテ聖堂 1655以降 ローマ, イタリア Francesco Borromini, Sant'Andrea delle Fratte, Roma, Italia

⊙9-9｜フランチェスコ・ボッロミーニ, サンティーヴォ・アッラ・サピエンツァ聖堂 1643-46 ローマ, イタリア Francesco Borromini, Sant'Ivo alla Sapienza, Roma, Italia

⊙9-10｜ピエトロ・ダ・コルトーナ サンタ・マリア・デッラ・パーチェ聖堂 1656-58 ローマ Pietro Berrettini da Cortona,Santa Maria della Pace, Roma, Italia

⊙9-11｜マルティーノ・ロンギ・イル・ジョーヴァネ, サンティ・ヴィンチェンツォ・エ・ダナスタシオ聖堂 1646-50, ローマ, イタリア Martino Longhi il Giovane, SS. Vincenzo ed Anastasio, Roma, Italia

⊙9-12｜バルダッサーレ・ロンゲーナ, サンタ・マリア・デッラ・サルーテ聖堂, 1630-87, ヴェネツィア, イタリア Baldassarre Longhena, Santa Maria della Salute, Venezia, Italia

⊙9-13｜グアリーノ・グアリーニ, サン・ロレンツォ聖堂内部, 1666-87,トリノ, イタリア Guarino Guarini, S.Lorenzo, Torino, Italia

⊙9-14｜フィリッポ・ユヴァーラ, ラ・スペルガ聖堂, 1716-31,トリノ, イタリア Filippo Juvara, La Superga, Torino, Italia

⊙9-15｜グアリーノ・グアリーニ, パラッツォ・カリニャーノ, 1679以降,トリノ, イタリア Guarino Guarini, Palazzo Carignano, Torino, Italia

⊙9-16｜フィリッポ・ユヴァーラ, パラッツォ・マダーマ, 1718-21,トリノ, イタリア Filippo Juvara, Palazzo Madama, Torino, Italia

⊙9-17｜ロザリオ・ガリアルディ, サン・ジョルジョ聖堂, 1744-75, ラグーサ(イブラ地区), シチリア島, イタリア Rosario Gagliardi, S.Giorgio, Ragusa-Ibla, Italia

⊙9-18｜ジュゼッペ・ツィンバロ他, サンタ・クローチェ聖堂 1646(一部は1582), レッチェ, イタリア Giuseppe Zimbalo et al., S.Croce, Lecce, Italia.『Barocco Mediterarneo : Sicilia, Lecce, Sardegna, Spagna』1992

⊙9-19｜サンチャゴ・デ・コンポステラ大聖堂 1078-1125頃 [フェルナンド・カサス・イ・ノボア <オブラドイロ>の正面 1738頃] サンチャゴ・デ・コンポステラ スペイン Fernando Casas y Novoa, Fachada 《Obradoiro》 de la Catedral, Santiago de Compostela, Espana

⊙9-20｜フランシスコ・ウルタード他, ラ・カルトーハ(カルトゥジオ会修道院)聖器室, 1730-42施工, グラナダ, スペイン Francisco Hurtado et al. La Cartuja, Granada, Espana

⊙9-21｜アンドレ・ソアレス・ダ・シルヴァ, サンタ・マリア・マダレーナ聖堂, 1750, セーラ・ダ・ファルペラ(ブラガ近郊) ポルトガル Andre Soares de Silva Santa Maria Madalena, Serra da Falperra(Braga), Portugal.『Churches of Portgal』1985

⊙9-22｜ナザレのイエス礼拝堂 1780頃, テパルシンゴ(モレーロス州), メキシコ El Santuario de Jesus Nazareno, Tepalcingo(Morelos), Mexico.『Il Barocco del Messico』1991

⊙9-23｜サン・フランシスコ聖堂, 1730頃, アカテペック(プエブラ州), メキシコ.San Francisco, Acatepec(Puebla), Mexico『Il Barocco del Messico』1991

⊙9-24｜サロモン・ド・ブロス リュクスンブール宮 1615 パリ Salomon de Brosse, Palais de Luxembourg, Paris

⊙9-25｜ルイ・ル・ヴォー(建築) アンドレ・ノートル(庭園), シャルル・ル・ブラン(インテリア), ヴォー・ル・ヴィコン

ト城 1657-61 ヴォー・ル・ヴィコント Louis Le Vau, André Le Nôtre, Charles Le Brun, Château de Vaux-Le-Vicomte, France

⊙9-26｜フランソワ・マンサール メゾン城 1643-46 パリ近郊 François Mansart, Château de Maison, France

⊙9-27｜フランソワ・マンサール メゾン城正面部分

⊙9-28｜ヴェルサイユ宮殿鏡の間 1661-1735 Palais de Versailles Galerie de Glaces, France

⊙9-29｜ヴェルサイユ宮殿 1661-1735 ヴェルサイユ Palais de Versailles, France

⊙9-30｜マンサード屋根

10章
18世紀の建築

⊙10-1｜ヨハン・ベルンハルト・フィッシャー=フォン=エルラッハ シェーンブルン宮 1695-1713 ウィーン Johann Bernhard Fischer von Erlach, Schloβ Schönbrunn, Wien

⊙10-2｜ニコデムス・テッシン ストックホルム王宮 1697-1704 ストックホルム Nicodemus Tessin, Royal Palace Stockholm

⊙10-3｜J.B. フィッシャー=フォン=エルラッハ コレーギエンキルへ 1696-1709 ザルツブルク J.B.Fischer von Erlach, Kollegienkirche, Salzbulg

⊙10-4｜ジェルメン・ボフラン オテル・ド・スービーズ 1735-37 パリ Germain Boffrand, Hôtel de Soubise, Paris『世界の建築第7巻バロック・ロココ』1982 学習研究社

⊙10-5｜フランソワ・ド・キュヴィリエ アマリーエンブルク 1734-39 ミュンヘン François de Cuvilliès, Amalienburg, München『世界の建築第7巻バロック・ロココ』1982 学習研究社

⊙10-6｜ヨハン・ルーカス・フォン・ヒルデブラント オーベーレ・ベルヴェデーレ宮 1721-23 ウィーン Johann Lukas von Hildebrandt, Oberes Belvedere Wien『Late Baroque and Rococo Architecture』1980

⊙10-7｜マテウス・ダニエル・ペッペルマン ツヴィンガー宮 1709-22 ドレスデン Mathaeus Daniel Pöppelmann, Der Zwinger Dresden

⊙10-8｜バルタザール・ノイマン他 領主司教館 1719-44 ヴュルツブルク Balthasar Neumann et.al. Bischöfliche Residenz Würzburg

⊙10-9｜領主司教館階段室 Bischöfliche Residenz

⊙10-10｜ジョン・ヴァンブラ ブレニム宮 1705-25 オックスフォード近郊 John Vanbrugh, Blenheim Palace near Oxford

⊙10-11｜バルトロメオ・フランチェスコ・ラストレッリ 冬宮 1762 サンクト・ペテルブルグ Bartolomeo Francesco Rastrelli, Winter Palace St Petersburg.『A History of Russian architecture』1993

⊙10-12｜J.B. フィッシャー=フォン=エルラッハ カール・ボロメウス聖堂 1716-25 ウィーン J.B.Fischer von Erlach, St.Karl-Borromäuskirche Wien

⊙10-13｜アザム兄弟 コスマス・ダミアン（兄）=エーギット・クヴィリン（弟）ザンクト・ヨハン・ネポムク聖堂 1733-46 ミュンヘン Cosmas Damian Asam, Egid Quirin Asam, St.Johann-Nepomukkirche München

⊙10-14｜ツィンマーマン兄弟 ヨハン・バプティスト（兄）ドミニクス（弟）ヴィース巡礼聖堂 1748-53 シュタインガ

ーデン近郊 Johann Baptist Zimmermann, Dominikus Zimmermann, Wieskirche near Steingaden『世界の建築第7巻バロック・ロココ』1982 学習研究社

⊙10-15｜バルタザール・ノイマン フィアツェーンハイリゲン巡礼聖堂 1743-72 フィアツェーンハイリゲン Barthasar Neumann, Wallfahrtskirche Vierzehnheiligen Franken

⊙10-16｜フィアツェーンハイリゲン巡礼聖堂堂内 Wallfahrtskirche Vierzehnheiligen

⊙10-17｜第三代バーリントン伯爵 チズウィック・ハウス 1725-29 ロンドン西郊 Lord Burlington, Chiswick House, London

⊙10-18｜ジョン・ウッド ロイアル・クレセント 1767-75 バース John Wood the Younger, Royal Cresent, Bath, Avon, England

⊙10-19｜ロバート・アダム サイアン・ハウスの前室 1762-69 ロンドン西郊 Robert Adam, Syon House, London.『The National Trust Book of English Architecture』1981

⊙10-20｜ロバート・アダム ケンウッド・ハウスの図書室 1767-71 ハムステッド Robert Adam, Kenwood House, London

⊙10-21｜リシャール・ミーク アモー 1782-86 ヴェルサイユ Richard Mique, Hameau, Versailles

⊙10-22｜ジョヴァンニ・ニッコロ・セルヴァンドーニ サン・シュルピス聖堂正面 1733-54 パリ Giovanni Niccolo Servandoni, S.Sulpice, Paris

⊙10-23｜アンジュ=ジャック・ガブリエル プチ・トリアノン 1762-64 ヴェルサイユ Ange-Jacques Gabriel, Petit Trianon, Versailles, France

⊙10-24｜ジャック=ジェルメン・スフロ サント・ジュヌヴィエーヴ聖堂 1757起工 パリ Jacque-Germain Soufflot, S.Geneviève(Pantheon), Paris

10-25｜エンティエンス=ルイ・ブレ ニュートン記念堂設計案 1784-85 Etienne-Louis Boullée, Bibliothèque Nationale, Paris

⊙10-26｜クロード=ニコラ・ルドゥー 通行税徴収所の市門 1784-89 パリ Claude-Nicholas Ledoux, Barrière de la Villette, Paris

⊙10-27｜クロード=ニコラ・ルドゥー ショーの理想都市案 1775-79, アレク=エ=スナン Claude-Nicholas Ledoux, the Ideal city of Chaux, Aec-et-Senans『The Architecture of the Eighteenth Century』1969

11章
19世紀の建築

⊙11-1｜フリードリヒ・ジリー フリードリヒ大王記念堂コンペ案 1796 Friedrich Gilly, Nationaldenkmal für Friedrichder Groβe

⊙11-2｜カール・ゴットハルト・ラングハンス ブランデンブルク門 1789-93 ベルリン Carl Gotthard Langhans, Brandenburger Tor, Berlin

⊙11-3｜レオ・フォン・クレンツェ ヴァルハラ 1831-42 レーゲンスブルク近郊 Leo von Klenze, Walhalla, Regensburg, Deutschland

⊙11-4｜ウィリアム・ストリックランド 商業取引所 1832-34 フィラデルフィア William Strickland, Merchants' Exchange, Philadelphia,U.S.

⊙11-5｜ジョン・ソーン イングランド銀行のロトンダ 1796

掲載作品データ

ロンドン John Soane, Bank of England London<The Modern Goth>1796. angegriffen.『Die Bank von England』1989

⊙11-6｜ジャン=フランソワ・シャルグラン エトワール凱旋門 1806-36 パリ Jean François Chalgrin, Arc de Triomphe de l'Etoile, Paris

⊙11-7｜ピエール・アレクサンドル・ヴィニョン サント・マドレーヌ聖堂 1807-42 パリ Pierre Alexandre Vignon, La Madeleine, Paris

⊙11-8｜ジャン=ニコラ=ルイ・デュラン「建築の集合」『建築講義』(1802-05)より Jean-Nicolas-Louis Durand 『Leçons d'Architecture』

⊙11-9｜フリードリヒ・ヴァインブレンナー マルクト・プラッツ カールスルーエ Friedrich Weinbrenner, Marktplatz, Karlsruhe

⊙11-10｜カール・フリードリヒ・シンケル アルテス・ムゼウム 1824-28 ベルリン Karl Friedrich Schinkel, Altes Museum, Berlin

⊙11-11｜ロバート・スマーク ブリティッシュ・ミュージアム 1824-47 ロンドン Robert Smirke, British Museum, London

⊙11-12｜チャールズ・バリー オーガスタス・ウェルビー・ピュージン イギリス国会議事堂 1836-60年代 ロンドン Charles Barry, Augustus Welby Pugin, Houses of Parliament, London

⊙11-13｜ウィリアム・バターフィールド オール・セインツ聖堂 1849-59 ロンドン William Butterfield, Church of All Saints, London

⊙11-14｜フリードリヒ・フォン・シュミット ウィーンの市庁舎 1872-83 Friedrich von Schmidt, Rathaus, Wien

⊙11-15｜ハインリヒ・ヒュブシュ 理工科大学 1833-35 カールスルーエ Heinrich Hübsch, Polytechnische Schule, Karlsruhe, Deutschland

⊙11-16｜フリードリヒ・フォン・ゲルトナー バイエルン国立図書館 1832-43 ミュンヘン Friedrich von Gärtner, Staatsbibliothek, München

⊙11-17｜ジョージ・ギルバート・スコット イギリス外務省 1873竣工 ロンドン George Gilbert Scott, Foreign Office, London

⊙11-18｜ルイ・ヴィスコンティ エクトル・マルタン・ルフュエル ルーヴル宮新館 1852-1857 パリ Louis Visconti, Hector Martin Lefuel, Nouveau Louvre, Paris

⊙11-19｜シャルル・ガルニエ オペラ座 1861-75 パリ Charles Garnier, Opéra, Paris

⊙11-20｜オペラ座内部 Charles Garnier, Opéra

⊙11-21｜ゴットフリート・ゼンパー他 美術史・自然史博物館 1872-81 ウィーン Gottfried Semper et.al. Kunsthistorischesund Naturhistorisches Museum, Wien

⊙11-22｜ペーテル・ヨゼフ・ハイベルト・カイペルス レイクスムセール 1877-85 アムステルダム Peter Jozef Huibert Cuypers, Rijksmuseum, Amsterdam

⊙11-23｜ファン・デア・ニュル他 オペラ劇場 1861-69 ウィーン Eduard van der Nüll et. al. Staatsoper, Wien

⊙11-24｜イムレ・シュタインドル ブダペスト国会議事堂 1881-1902 ブダペスト Imre Steindl, Houses of Parliament Budapest『Mignot, Claude, Architectur des 19 Jahrhunderts, Stuttgart, 1983』 Deutsche Verlags-Anstalt

⊙11-25｜ヨゼフ・プーラルト ブリュッセル裁判所 1866-83 ブリュッセル Joseph Poelaert, Palais de Justice, Bruxelles

⊙11-26｜F. A. デュケネ 東駅 1847-59 パリ F.A.Duquesney, Gare del' Est ou de Strasbourg, Paris

⊙11-27｜アンリ・ラブルースト 国立図書館 1862-68 パリ Henri Labrouste, Bibliothèque Nationale, Paris

⊙11-28｜アナトール・ド・ボド サン・ジャン・レヴァンジェリスト聖堂 1894-1904 パリ Anatole de Baudot, St-Jean-l'Évangéliste, Paris

⊙11-29｜ヴィクトール・オルタ 自邸(現オルタ博物館) 1898, ブリュッセル ベルギー Victor Horta, Maison Horta, Bruxelles, Belgique

⊙11-30｜エクトール・ギマール 地下鉄アベッス駅入口 1898-1904, パリ, フランス Hector Guimard, Station de Metro Abbesses, Paris, France

⊙11-31｜ジョヴァンニ・ミケラッツィ ボルゴ・オンニサンティのパラッツェット 1911 フィレンツェ イタリア Giovanni Michelazzi, Palazzetto-galleria in via Borgo Ognissanti 26, Firenze, Italia

⊙11-32｜オットー・ヴァグナー 郵便貯金局 1904-06, (2期工事 1910-12), ウィーン オーストリア Otto Wagner, Postsparkasse, Wien, Österreich

⊙11-33｜ヨーゼフ・マリア・オルブリヒ ゼツェシオン館 1898, ウィーン オーストリア Josef Maria Olbrich, Secession, Wien, Österreich

⊙11-34｜リュイス・ドゥメネク・イ・ムンタネー カタルーニャ音楽堂 1905-08, バルセロナ スペイン Lluís Domènech i Montaner, Palau de la Música Catalana, Barcelona, España

⊙11-35｜アントニ・ガウディ サグラダ・ファミリア聖堂 1882以降, バルセロナ スペイン Antoni Gaudí i Cornet, Templo de la Sagrada Familia, Barcelona, España

⊙11-36｜チャールズ・レニー・マッキントッシュ, ヒル・ハウス 主寝室, 1902-04, ヘリンズバラ(スコットランド), イギリス Charles Rennie Mackintosh, Hill House, Helensburgh, Scotland, U.K.

⊙11-37｜チャールズ・レニー・マッキントッシュ, Charles Rennie Mackintosh

⊙11-38｜エリエル・サーリネン ヘルマン・ゲセリウス, アルマス・リンドグレイン, 国立博物館, 1901-10, ヘルシンキ, フィンランド Eliel Saarinen et al., Knsallismuseo, Helsinki, Suomi

⊙11-39｜レヒネル・エデン Lechner Ödön

⊙11-40｜レヒネル・エデン 郵便貯金局(現国立銀行別館), 1899-1901, ブダペスト ハンガリー Lechner Ödön, Magyar Nemzeti Bank, Budapest, Magyarorszag

⊙11-41｜オーギュスト・ペレ フランクリン街のアパート 1903, パリ Auguste Perret, Apartment Buildings rue Franklin, Paris

⊙11-42｜ヘンドリク・ペートルス・ベルラーヘ アムステルダム株式取引所, 1903 Hendrik Petrus Berlage, Amsterdam Bourse, Amsterdam

12章
20世紀の建築

⊙12-1｜フランク・ロイド・ライト ロビー邸 1909 シカゴ Frank Lloyd Wright, Robie House, Chicago, Illinois, U.S.

⊙12-2｜アルバート・カーン　パッカード第10ビル　1905　デトロイト　Albert Kahn, Packard Moter Car Company Building No.10, Detroit, Michigan, U.S.

⊙12-3｜グロピウス＆マイヤー　ファグス靴工場　1911-13　アルフェルト　Walter Gropins & Adolf Meyer, Fagus Shoe Factory, Alfeld-an-der-Leine, Germany Praun photo, München

⊙12-4｜アドルフ・ロース　シュタイナー邸　1910　ウィーン　Adolf Loos, Steiner House, Wien

⊙12-5｜アントニオ・サンテリア　「新都市」案　1913-14　計画案　イタリア　A.Sant' Elia, Città Nuova

⊙12-6｜ミース・ファン・デル・ローエ　「ガラスの摩天楼」　1921　計画案　ドイツ　Mies van der Rohe, Glass Skyscraper

⊙12-7｜エーリヒ・メンデルゾーン　アインシュタイン塔　1919-21　ポツダム　Erich Mendelsohn, Elnstein Tower, Potsdam, Deutschland

⊙12-8｜ヤコブス・ヨハンネス・ピーテル、アウト　カフェ・デ・ユニ　1924-25　ロッテルダム　J.J.P.Oud, De Unie Café, Rotterdam, The Netherlands

⊙12-9｜ヘリット・トーマス、リートフェルト　シュレーダー邸　1925　ユトレヒト　Gerrit Thomas Rietveld, Schröder House, Utrecht, The Netherlands

⊙12-10｜エル・リシツキー　「ヴォルケン・ビューゲル」案　1924　計画案　ソ連　El Lissitzky, Wolkenbügel

⊙12-11｜ヴェスニン兄弟　「レニングラード・プラウダ」案　1923　計画案　ソ連　Alexander and Viktor Vesnin, Leningradskaya Pravda

⊙12-12｜グロピウス＆マイヤー　バウハウス校舎　1926　デッサウ　Walter Gropius & Adolf Meyer, Bauhaus, Dessau, Deutschland

⊙12-13｜ミース・ファン・デル・ローエ　バルセロナ・パヴィリオン　1929　バルセロナ　Mies van der Rohe, German Pavilion, International Exposition, Barcelona, Spain Poligráfa, Barselona, España

⊙12-14｜ル・コルビュジエ　サヴォア邸　1928-30　ポワシー、フランス　Le Corbusier, Villa Savoye, Poissy, France

⊙12-15｜ミース・ファンデル・ローエ　ワイゼンホーフ・ジードルンク展のアパート　1927　シュトゥットガルト　Mies von der Rohe, Lovell Beach House, Newport Beach, California, U.S.

⊙12-16｜ルドルフ・シンドラー　ロヴェル・ビーチ・ハウス　1926　ニューポート・ビーチ　Rudolph Schindler, Weisenhofsiedlung, Stuttgart, Deutschland

⊙12-17｜リチャード・ノイトラ　ロヴェル邸　1929　ロサンゼルス　Richard Neutra, Lovell House (Health House), Los Angeles, Califorrnia, U.S.

⊙12-18｜ウィリアム・ヴァン・アレン　クライスラービル　1930　William van Alen, Chrysler Building, New York, New York, U.S.

⊙12-19｜ハウ＆レスカーズ　PSFSビル　1932　フィラデルフィア　G.Howe & W.Lescaze, Philadelphia Saving Fund Society Building, Philadelphla, U.S.

⊙12-20｜ル・コルビュジエ　ロンシャンの教会　1950-54　ロンシャン、フランス　Le Corbusier, Nortre-Dome-du-Haut, Ronchamp, France. Photo graphique Girodon, Paris

⊙12-21｜フランク・ロイド・ライト　グッゲンハイム美術館　1943-46　ニューヨーク　Frank Lloyd Wright, Guggenheim Museum, New York, New York, U.S.

⊙12-22｜ミース・ファン・デル・ローエ　シーグラム・ビル　1958　ニューヨーク　Mies van der Rohe, Seagram Building, New York, NewYork, U.S.

⊙12-23｜ルイス・カーン　ペンシルヴェニア大学リチャーズ医学研究棟　1957-61　フィラデルフィア　Louis Kahn, Richards Medical Research Building, University of Pennsylvania, Philadelphia, U.S.

⊙12-24｜ロバート・ヴェンチューリ　母の家　1962　チェスナット・ヒル、アメリカ　Robert Venturi, Vanna Venturi House, Philadelphia, U.S.

⊙12-25｜ジョンソン＆バーギー　AT＆Tビル　1978-83　ニューヨーク　Johnson & Burgee, AT&T Building, New York, New York, U.S.

⊙12-26｜ピアノ＆ロジャース　ポンピドー・センター　1971-77　パリ　R.Piano & R.Rogers, Georges Pompidou Cultural Center, Paris, France

⊙12-27｜ノーマン・フォスター　香港上海銀行　1986　香港　Norman Foster, Hong Kong and Shanghai Banking Corporation Headquarters Building, Hong Kong

⊙12-28｜フランク・ゲーリー　自邸　1978-79　ロサンゼルス　Frank O.Gehry House, Los Angeles, U.S.

⊙12-29｜フランク・ゲーリー　グッゲンハイム美術館ビルバオ　1997　ビルバオ　Frank O. Gehry, Guggenheim Museum Bilbao, Bilbao, Spain

⊙12-30｜コープ・ヒンメルブラウ　フローニンゲン美術館東館　1994　フローニンゲン　COOP HIMMELBLAU, Groninger Museum, Groningen, The Netherlands

⊙12-31｜ダニエル・リベスキンド　ユダヤ博物館　1999　ベルリン　Daniel Libeskind, Jewish Museum Berlin, Berlin, Germany

13章
21世紀の建築

⊙13-1｜バーナード・チュミ　ラ・ヴィレット公園　1991　パリ　Bernard Tschumi, Parc de la Villette, Paris, France

⊙13-2｜レム・コールハース　クンストハル　1992　ロッテルダム　Rem Koolhaas, Kunsthal, Rotterdam, The Netherlands

⊙13-3｜レム・コールハース　シアトル公立図書館　2004　シアトル　Rem Koolhaas　Seattle Public Library, Seattle, U.S.

⊙13-4｜レンゾ・ピアノ　カリフォルニア・アカデミー・オブ・サイエンス　2008　サンフランシスコ　Renzo Piano, California Academy of Sciences, San Francisco, California, U.S.

⊙13-5｜ノーマン・フォスター　30セント・メリー・アクス　2004　ロンドン　Norman Foster, 30 St Mary Axe, London, U.K.

⊙13-6｜フューチャー・システムズ　草とガラスの家　1994　ウェールズ　Future Systems, House in Wales, Wales, U.K.

⊙13-7｜グレン・マーカット　シンプソン・リー邸　1994　ニューサウスウェールズ、オーストラリア　Glenn Murcut, Simpson-Lee House, New South Wales, Australia

⊙13-8｜ピーター・ズントー　テルメルバード・ヴァルス　1996　ヴァルス　Peter Zumthor, Thermal Baths Vals, Vals, Switzerland

⊙13-9｜レンゾ・ピアノ　チバウー文化センター　1998　ニューカレドニア　Renzo Piano, Jean Marie Tjibaou Cultural Centre, Noumea, New Caledonia

掲載作品データ

⊙13-10｜伊東豊雄 サーペンタイン・ギャラリー 2002 ロンドン Ito Toyo, Serpentine Gallery, London, U.K.
⊙13-11｜ヘルツォーク&ド・ムーロン 北京国家体育場 2008 北京 Herzog & de Meuron, National Stadium, Beijing, China
⊙13-12｜サンチャゴ・カラトラバ ミルウォーキー美術館 2001 ミルウォーキー Santiago Calatrava, Milwaukee Art Museum, Miwaukee, U.S.
⊙13-13｜ザハ・ハディド ファエノ科学センター 2005 ヴォルフスブルク Zaha Hadid, Phaeno Science Center, Wolfsburg, Germany
⊙13-14｜ギゴン&ゴヤー ヴィンタートゥーア美術館増築 1995 ヴィンタートゥーア Gigon & Guyer, Kunstmuseum, Winterthour, Switzerland
⊙13-15｜アルヴァロ・シザ マルコ・デ・カナヴェーゼスの教会 2006 マルコ・デ・カナヴェーゼス Alvaro Siza Vieira, Igreja marco canaveses, Portugal
⊙13-16｜ヘルツォーク&ド・ムーロン シグナル・ボックス 1995 バーゼル Herzog & de Meuron, SignalBox,Basel, Switzerland
⊙13-17｜ジャン・ヌーヴェル トーレ・アグバール 2005 バルセロナ Jean Nouvel, Torre Agbar, Barcelona, Spain
⊙13-18｜ピーター・ズントー ブラザー・クラウス野外礼拝堂 2007 ヴァッヘンドルフ Peter Zumthor, Bruder Klaus Field Chapel, Wachendorf, Germany

写真提供
Arup
赤池経夫
市原出
井上宗和
上西昇
英国政府観光庁
岡田明子
小河内学
片木篤
川島洋一
熊倉洋介
小林克弘
新建築社
末永航
スペイン政府観光局
瀧口範子
田島恭子
田中友章
鍛佳代子
中屋伸茂
日本建築学会
羽生修二
美術出版社サービスセンター
PPS通信社
藤井伸介
星和彦
堀内正昭
前田篤伸
三田村哲哉
向井周太郎
渡辺道治

文献案内

総合・通史

■エレクタ・リッツォーリ社版図説世界建築史｜全16巻 本の友社 1996-
■世界美術大全集｜全28巻 小学館 1992-
■世界の建築｜全8巻 学習研究社 1982
■世界の建築｜全10巻 美術出版社 1964以降
■世界の大遺跡｜全13巻 講談社 1987-89
■都市シリーズ｜全14巻 井上書院 1983-85
■世界美術史｜M.ホリングスワース 木島俊介監訳 中央公論社 1994
■近代・現代建築史｜鈴木博之・山口廣 彰国社（新建築学体系5）1993
■建築造形論｜横山正他 彰国社（新建築学体系6）1985
■西洋建築史図集 三訂版｜日本建築学会編 彰国社 1981
■近代建築史図集｜日本建築学会編 彰国社 1966
■図説都市の世界史｜全4巻 L.ベネヴォロ 佐野敬彦、林美佐訳 相模書房 1983
■絵で見る建築様式史｜O.ランカスター 白石和也訳 鹿島出版会 1979
■西洋建築様式史(上・下)｜フリッツ・バウムガルト 杉本俊多訳 鹿島出版会 1983
■建築史学の興隆｜D.ワトキン 桐敷真次郎訳 中央公論美術出版 1993
■美術・建築・デザインの研究 I・II｜N.ペヴスナー 鈴木博之・鈴木実幾子訳 鹿島出版会 1980
■空間・時間・建築 I・II｜G.ギーディオン 太田實訳 丸善 1969
■新版ヨーロッパ建築序説｜N.ペヴスナー 小林文次、山口廣、竹本碧訳 彰国社 1989
■西洋建築史｜小林文次、藤岡亥治郎、堀内清治、桐敷真次郎 彰国社(新訂建築学大系5) 1968
■建築全史―背景と意味｜S.コストフ 鈴木博之訳 住まいの図書館出版局（発売星雲社）1990
■カラー版西洋美術史｜高階秀爾監修 美術出版社 1990
■カラー版世界デザイン史｜阿部公正監修 美術出版社 1994
■古典主義建築の系譜｜J.サマーソン 鈴木博之訳 中央公論美術出版 1976
■図解百科・様式の要素―英米住宅デザイン事典｜S.キャロウェー編 桐敷真次郎監訳 同朋舎出版 1994
■図集世界の建築(上・下)｜H.ステアリン 鈴木博之訳 鹿島出版会 1979
■建築空間論―その美学的考察｜上松佑二 早稲田大学出版部 1986
■建築心理学序説｜H.ヴェルフリン 上松佑二訳 中央公論美術出版 1988
■建築のテオリア あるいは史的空間の回復｜M.タフーリ 八束はじめ訳 朝日出版社 1985
■建築家―職能の歴史｜S.コストフ編 槙文彦訳 日経マグロウヒル社 1981
■建築の世界―意味と場所｜C.ノルベルグ＝シュルツ 前川道郎他訳 鹿島出版会 1991
■劇場―建築・文化史｜S.ティドワース 白川宣力、石川敏男訳 早稲田大学出版部 1986
■グロテスクの系譜―装飾空間論｜A.シャステル 永澤峻訳 文彩社 1990
■アベラシオン―形態の伝説をめぐる四つのエッセー｜J.バルトルシャイテス 種村季弘他訳 国書刊行会(バルトルシャイテス著作集1) 1991
■幻想のオリエント｜S.コッペルカム 池内紀他訳 鹿島出版会 1991
■建築家とパトロン｜F.ジェンキンズ 佐藤彰、五島利兵衛訳 鹿島出版会 1977
■図面で見るアメリカの建築家 ジェファソンからヴェンチューリまで｜D.ゲバード、D.ネヴィンズ 谷川正己、増山博文訳 鹿島出版会 1980
■アメリカの住宅建築｜全3巻 八木幸二 講談社 1994
■英国建築物語｜H.ブラウン 小野悦子訳 晶文社 1980
■ドイツ建築史(上・下)｜三宅理一 相模書房 1981
■ヨーロッパの住宅建築｜S.カンタクシーノ 山下和正訳 鹿島出版会(SD選書) 1970
■空間としての建築(上・下)｜B.ゼーヴィ 栗田勇訳 鹿島出版会 1977
■絵で見る近代建築とデザインの歩み｜B.ライズベロ 内田茂他訳 鹿島出版会 1988
■東ヨーロッパの木造建築―架構形式の比較研究｜太田邦夫 相模書房 1988
■近代＝時代のなかの住居―近代建築をもたらした46件の住居｜黒沢隆 リクルート出版 1991
■図説アメリカの住宅｜L.ウォーカー 小野木重勝訳 三省堂
■建築の七つの力｜鈴木博之 鹿島出版会 1984
■近代都市計画の起源｜レオナルド・ベネヴォロ 横山正訳 鹿島出版会 1976
■まぼろしのロルシュ―ヨーロッパ建築探訪｜海津忠雄 日本基督教団出版局 1983
■ヨーロッパの庭園―歴史・空間・意匠｜横山正 講談社 1988
■空間を描く遠近法｜黒田正巳 彰国社 1992
■エジプトのオベリスク｜L.ハバシュ 吉村作治訳 六興出版 1985
■スペイン建築の特質｜F.チュエッカ 鳥居徳敏訳 鹿島出版会(SD選書) 1991
■ラテンアメリカ美術史｜加藤薫 現代企画室 1987
■オーダーの謎と魅惑―西洋建築史サブノート｜吉田鋼市 彰国社 1994
■ローマ―ある都市の伝記｜C.ヒバード 横山徳爾訳 朝日新聞社(朝日選書) 1981
■都市を読む イタリア｜陣内秀信・大坂彰 法政大学出版局 1988
■ヴェネツィア―都市のコンテクストを読む｜陣内秀信 鹿島出版会(SD選書) 1987
■ヴェネツィア―水上の迷宮都市｜陣内秀信 講談社(講談社現代新書) 1992

文献案内

■聖母の都市シエナ—中世イタリアの都市国家と美術｜石鍋真澄 吉川弘文館 1988
■バルセロナ—自由の風が吹く街｜岡村多佳夫 講談社（講談社現代新書）1991
■芸術作品としての都市 ロンドン/パリ/ウィーン｜D.J.オールセン 和田日訳 芸立出版 1992
■ロンドン物語—その都市と建築の歴史｜S.E.ラスムッセン 兼田啓一訳 中央公論美術出版 1987
■ベルリン—都市は進化する｜杉本俊多 講談社（講談社現代新書）1993
■誰がパリをつくったか｜宇田英男 朝日新聞社（朝日選書）1994

辞典・事典

■世界建築辞典｜N.ペヴスナー他 鈴木博之監訳 鹿島出版会 1984
■建築・インテリアなるほど事典｜星和彦 トーソー出版 1992
■世界美術大事典｜全6巻 小学館 1988-1990
■キリスト教美術図典｜柳宗玄、中森義宗編 吉川弘文館 1990
■建築大辞典第2版｜彰国社 1993
■新潮世界美術辞典｜新潮社 1985
■オックスフォード西洋美術事典｜佐々木英也監修 講談社 1989
■近代建築小事典｜谷川正己編著 オーム社 1975

古代

■建築の誕生｜小林文次 相模書房 1959 絶版
■古代のメソポタミア｜M.ローフ 松谷俊雄監修,朝倉書店（図説世界文化地理大百科）1994
■メソポタミア建築序説｜M.S.B.ダメルジ 高世富夫他訳 国土館大学イラク古代文化研究所 1987
■エジプト美術の謎｜鈴木まどか 丸善（丸善ライブラリー）1992
■古代のエジプト｜J.ベインズ,J.マレック 平田寛監修 朝倉書店（図説世界文化地理大百科）1983
■ナイルの祝祭—カルナック神殿｜関和明他 六耀社（磯崎新＋篠山紀信 建築行脚 1）1980
■古代ギリシアの建築家—設計と構造の技術｜J.J.クールトン 伊藤重剛訳 中央公論美術出版 1991
■古代のギリシア｜P.レーヴィ 平田寛,小林雅夫訳 朝倉書店（図説世界文化地理大百科）1984
■透明な秩序—アクロポリス｜渡辺真弓他 六耀社（磯崎新＋篠山紀信 建築行脚 2）1984
■ウィトルーウィウス建築書｜森田慶一訳注 東海大学出版会（東海選書）1979[初版1969年]
■パルテノンの建築家たち｜R.カーペンター 松島道也訳 鹿島出版会（SD選書）1977
■古代ギリシアのサイトプランニング｜C.A.ドクシアデス 長島孝一, 大野秀敏訳 鹿島出版会 1978
■古代ギリシアの都市構成｜R.E.ウィッチャー 小林文次訳 相模書房（相模選書）1980
■古代ギリシア・ローマの都市｜E.J.オーウェンズ 松原國師訳 国文社 1992
■＜まち＞のイデア—ローマと古代世界の都市の形の人間学｜J.リクワート 前川道郎・小野育雄訳 みすず書房 1991

■古代都市ローマ｜青柳正規 中央公論美術出版 1990
■都市型住居の文化史｜後藤久 日本放送出版協会（NHKブックス）1986
■ローマ美術｜R.バンディネッリ 吉村忠典訳 新潮社（人類の美術）1974
■古代のローマ｜T.コーネス,J.マシューズ、平田寛,小林雅夫訳 朝倉書店（図説世界文化地理大百科）1985
■ポンペイの人々｜P.コノリー 木村尚三郎、毛利品監訳 東京書籍（世界の生活史21）1986
■皇帝たちの古代ローマ—都市に刻まれた権力者像｜青柳正規 中央公論社（中公新書）1992
■ローマ・永遠の都—千年の発掘物語｜C.モアッティ 青柳正規監修 松田廸子訳 創元社（知の再発見双書25）1993
■ポンペイ・奇跡の町—甦る古代ローマ文明｜R.エティエンス 弓削達監修 阪田由美子・片岡純子訳 創元社（知の再発見双書10）1991
■古代ローマの別荘（ヴィラ）｜J.モーリー 桐敷真次郎訳 三省堂（三省堂図解ライブラリー）
■逸楽と憂愁のローマ—ヴィラ・アドリアーナ｜青柳正規他 六耀社（磯崎新＋篠山紀信 建築行脚 3）1981

中世

■ミサ—その意味と歴史｜土屋吉正 あかし書房 1977
■カロリング朝美術｜J.ユベール他 吉川逸治他訳 新潮社（人類の美術）1970
■紀元千年のヨーロッパ｜L.グロデッキ他 吉川逸治他訳 新潮社（人類の美術）1976
■至福千年｜H.フォシヨン 神沢栄三訳 みすず書房 1971
■きらめく東方—サン・ヴィターレ聖堂｜越宏一他 六耀社（磯崎新＋篠山紀信 建築行脚 4）1988
■西欧の美術Ⅰ—ロマネスク｜H.フォシヨン 神沢栄三他訳 鹿島出版会 1970
■ロマネスク美術｜L.ブレイエ 辻佐保子訳 美術出版社（美術選書）1968
■ロマネスク美術を索めて｜吉川逸治 美術出版社 1979
■中世の光と石—ル・トロネ修道院｜三宅理一他 六耀社（磯崎新＋篠山紀信 建築行脚 5）1980
■ロマネスク彫刻｜H.フォシヨン 辻佐保子訳 中央公論社 1975
■「ロマネスク聖堂の窓」1-3｜高野禎子『季刊iichiko』18, 19, 20（1991年）
■中世の巡礼者たち—人と道と聖堂と｜R.ウルセル 田辺保訳 みすず書房 1987
■凍れる音楽—シャルトル大聖堂｜前川道郎他 六耀社（磯崎新＋篠山紀信 建築行脚 6）1983
■西欧の美術Ⅱ—ゴシック｜H.フォシヨン 神沢栄三他訳 鹿島出版会 1972
■ゴシック美術｜E.ランペール 辻佐保子訳 美術出版社（美術選書）1968
■カテドラルを建てた人びと｜J.ジャンペル 飯田喜四郎訳 鹿島出版会（SD選書）1969
■ゴシック建築のリブ・ヴォールト｜飯田喜四郎 中央公論美術出版 1989
■光と風と構造—建築デザインと構造のミステリー｜R.マーク 飯田喜四郎訳 鹿島出版会（SDライブラリー）1991

■フランスの大聖堂｜A.ロダン　新庄嘉章訳　創元社 1984
■ゴシック建築の設計術——ロリツァーとシュムッテルマイアの技法書｜L.R.シェルビー編　前川道郎、谷川康信訳　中央公論美術出版 1990
■ゴシックということ｜前川道郎　学芸出版社 1992
■ゴシックの大聖堂｜O.V.ジムソン　前川道郎訳　みすず書房 1985
■大聖堂のコスモロジー——中世の聖なる空間を読む｜馬杉宗夫　講談社（講談社現代新書）1992
■ゴシック建築とスコラ学｜E.パノフスキー　前川道郎訳　平凡社（ヴァールブルク・コレクション）1987
■ヴィラール・ド・オヌクールの画帖｜藤本康雄　鹿島出版会（SD選書）1972
■ヴィラール・ド・オヌクールの画帖に関する研究｜藤本康雄　中央公論美術出版 1991
■カテドラル——最も美しい大聖堂のできあがるまで｜デビッド・マコーレイ　飯田喜四郎訳　岩波書店 1979
■中世の職人II——建築の世界｜H.ハーヴェイ　森岡健一郎訳　原書房 1986
■大聖堂の生成｜H.ゼーデルマイア　前川道郎・黒岩俊介訳　中央公論美術出版 1995
■中世・美の様式（上・下）——キリスト教美術の展開　建築・彫刻・工芸｜O.ド・リーブル　大高保二郎訳　連合出版 1991
■教会堂の成立——キリスト教世界の歴史的記念碑序説｜尚樹啓太郎　東海大学出版会 1968

ルネサンス

■ルネサンス彫刻家建築家列伝｜ヴァザーリ　森田義之監訳　白水社 1989
■ヴァザーリの芸術論—「芸術家列伝」における技法論と美学｜ヴァザーリ　生田圓他訳　平凡社 1980
■ブルネッレスキ伝——付グラッソ物語｜A.マネッティ　浅井朋子訳　中央公論美術出版 1989
■建築論｜L.B.アルベルティ　相川浩訳　中央公論美術出版 1982
■芸術論｜L.B.アルベルティ　森雅彦訳編　中央公論美術出版 1992
■建築論｜F.G.マルティーニ　日高健一郎訳［限定版］中央公論社 1992
■パラーディオ「建築四書」注解｜桐敷真次郎編著　中央公論美術出版 1986
■建築の五つのオーダー｜J.B.ヴィニョーラ　長尾重武編　中央公論美術出版 1984
■イタリア・ルネサンスの建築｜P.マレー　長尾重武訳　鹿島出版会（SDライブラリー8）1991
■イタリアの美術｜A.ブラント　中森義宗訳　鹿島出版会（SD選書）1968
■ルネサンス理想都市｜中嶋和郎　講談社（選書メチエ）1996
■ヒューマニズム建築の源流｜R.ウィットコウアー　中森義宗訳　彰国社 1971
■ルネサンスの楽園｜岡崎文彬　養賢堂 1993
■ルネサンスの祝祭——王権と芸術（上・下）｜R.ストロング　星和彦訳　平凡社（イメージ・リーディング叢書）1987
■イタリア・ルネサンス 1400-1460｜L.H.ハイデンライヒ　前川誠郎訳　新潮社（人類の美術）1975
■イタリア・ルネサンス1460-1500｜A.シャステル　高階秀爾訳　新潮社（人類の美術）1968
■イタリア・ルネサンスの大工房1460-1500｜A.シャステル　辻茂訳　新潮社（人類の美術）1969
■ブルネレスキ｜G.ファネッリ　児嶋由枝訳　東京書籍（イタリア・ルネサンスの巨匠たち7）1994
■ブルネッレスキー—ルネサンス建築の開花｜G.C.アルガン　浅井朋子訳　鹿島出版会（SD選書）1981
■メディチ家の華——サン・ロレンツォ聖堂｜長尾重武他　六耀社（磯崎新＋篠山紀信　建築行脚7）1992
■建築家レオナルド・ダ・ヴィンチ｜C.ペドレッティ　日高健一郎他訳　学芸図書 1992
■建築家レオナルド・ダ・ヴィンチ——ルネサンス期の理想都市像　長尾重武　中央公論社（中公新書）1994
■ラファエッロと古代ローマ建築——教皇レオ10世宛書簡に関する研究を中心に｜小佐野重利・姜雄　中央公論美術出版 1993
■マニエリスムの館——パラッツォ・デル・テ｜長尾重武他　六耀社（磯崎新＋篠山紀信　建築行脚8）1980
■ミケランジェロの建築｜J.アッカーマン　中森義宗訳　彰国社 1976
■建築家ミケランジェロ｜A.ノーヴァ　日高健一郎他訳　岩崎美術社 1992
■ミケランジェロ｜H.ヒバード　中山修一他訳　法政大学出版局（叢書ウニベルシタス）1986
■ミケランジェロのローマ｜長尾重武　丸善（建築巡礼5）1988
■パッラーディオの建築｜J.アッカーマン　中森義宗訳　彰国社 1979
■ルネッサンスの黄昏——パラーディオ紀行｜渡辺真弓　丸善（建築巡礼6）1988
■パラディオへの招待｜長尾重武　鹿島出版会（SD選書）1994

バロック

■ルネサンスとバロック——イタリアにおけるバロック様式の成立と本質に関する研究｜H.ヴェルフリン　上松佑二訳　中央公論美術出版 1993
■官能の庭——マニエリスム・エンブレム・バロック｜M.プラーツ　若桑みどり他訳　ありな書房 1992
■バロック芸術｜V.L.タピエ　高階秀爾・坂本満訳　白水社（文庫クセジュ）
■天使の饗宴——バロックのヨーロッパ、ローマからプラハまで｜D.フェルナンデス　岩崎力訳　平凡社（バロック・コレクション）1988
■バロック的｜彦坂裕・岡村昌佳夫・末永航他　洋泉社（キーワード事典スペシャル）1992
■劇的な空間——栄光のイタリア・バロック｜湯澤正信　丸善（建築巡礼7）1993
■ベルニーニ——バロック美術の巨星｜石鍋真澄　吉川弘文館 1985
■ベルニーニ｜M.ファジョーロ　上村清雄訳　東京書籍 1995
■ボッロミーニ｜G.C.アルガン　長谷川允訳　鹿島出版会（SD選書）1992
■バロックの真珠——サン・カルロ・アッレ・クアトロ・フォンターネ聖堂｜横山正他　六耀社（磯崎新＋篠山紀信　建築行脚9）1983

文献案内

■ローマ―バロックの劇場都市｜長尾重武 丸善(建築巡礼26) 1993

■南イタリア小都市紀行―地中海に輝くミクロポリス｜野口昌夫 丸善(建築探訪7) 1991

■「バロック建築―ローマからウィーン、南ドイツへの展開」『SD』1986年4月号

■バロックの生活｜ペーター・ラーンシュタイン 波田節夫訳 法政大学出版局 1988

■「特集 ラテンアメリカのバロック建築」｜小野一郎他 『SD』1993年8月号

18世紀

■建築序説｜J.F.ブロンデル 白井秀和訳 中央公論美術出版 1990

■建築試論｜M.A.ロージエ 三宅理一訳 中央公論美術出版 1986

■フィッシャー・フォン・エルラッハ『歴史的建築の構想』注解｜中村恵三編著 中央公論美術出版 1995

■ルドゥーからル・コルビュジエまで―自律的建築の起源と展開｜E.カウフマン 白井秀和訳 中央公論美術出版 1992

■森と楕円―アルプス北方の空間｜伊藤哲夫 井上書院 1992

■英国紳士の館｜田中亮三・文、増田彰久・写真 講談社 1992

■18世紀の美術｜S.ジョーンズ 高階秀爾他訳 岩波書店(ケンブリッジ西洋美術の流れ5) 1989

■エピキュリアンたちの首都｜三宅理一 学芸書林 1989

■ウィーンの都市と建築―様式の回路を辿る｜川向正人 丸善(建築巡礼13) 1990

■18世紀の建築―バロックと新古典主義｜J.サマーソン 堀内正昭訳 鹿島出版会(SDライブラリー) 1993

■三人の革命建築家ブレ、ルドゥー、ルクー｜エミール・カウフマン 白井秀和訳 中央公論美術出版 1994

■理性の時代の建築―イギリス・イタリアにおけるバロックとバロック以後｜E.カウフマン 白井秀和訳 中央公論美術出版 1993

■自由の創出｜J.スタロビンスキー、小西嘉章訳 白水社 1982

■新古典主義｜H.オナー 白井秀和訳 中央公論美術出版 1996

■英国のカントリーハウス(上・下)｜マーク・ジルアード 森静子・ヒューズ訳 住まいの図書館出版局(発売星雲社) 1989

■ギリシア美術模倣論｜J.J.ヴィンケルマン 澤柳大五郎訳 座右宝刊行会 1976

■建築と劇場―18世紀イタリアの劇場論｜福田晴虔 中央公論美術出版 1991

■ピラネージと『カンプス・マルティウス』｜桐敷真次郎・岡田哲史 本の友社 1993

■幻視の理想都市―ショーの製塩工場｜八束はじめ他 六耀社(磯崎新+篠山紀信 建築行脚 10) 1980

■貴紳の邸宅―サー・ジョン・ソーン美術館｜菊地誠他 六耀社(磯崎新+篠山紀信 建築行脚 11) 1989

19世紀

■絶景、パリ万国博覧会―サン=シモンの鉄の夢｜鹿島茂 河出書房新社 1992

■水晶宮物語―ロンドン万国博覧会1851｜松村昌家 リブロポート 1986

■ビーダーマイヤー時代―ドイツ19世紀の前半の文化と社会｜M.V.ベーン 飯塚信雄他訳 三修社 1993

■ギュスターヴ・エッフェル―パリに大記念塔を建てた男｜H.ロワレット 飯田喜四郎、丹羽和彦訳 西村書店 1989

■ラスキンとヴィオレ・ル・デューク―ゴシック建築評価における英国性とフランス性｜N.ペヴスナー 鈴木博之訳 中央公論美術出版 1990

■建築夢の系譜―ドイツ精神の19世紀｜杉本俊多 鹿島出版会 1991

■人工楽園―19世紀の温室とウィンターガーデン｜S.コッペカム 堀内正昭訳 鹿島出版会 1991

■建築家たちのヴィクトリア朝―ゴシック復興の世紀｜鈴木博之 平凡社 1991

■建築の世紀末｜鈴木博之 晶文社 1977

■ヴィクトリアン・ゴシックの崩壊｜鈴木博之 中央公論美術出版 1996

■オーギュスト・ペレ｜吉田鋼市 鹿島出版会(SD選書) 1985

■建築家シンケルとベルリン―19世紀の都市環境の造形｜H.G.プント 杉本俊多訳 中央公論美術出版 1985

■建築講話(第一巻)｜ヴィオレ=デュク 飯田喜四郎訳 中央公論美術出版 1986

■ヴィオレ・ル・デューク―歴史再生のラショナリスト｜羽生修二 鹿島出版会(SD選書) 1992

■世紀末のドイツ建築｜小幡一 井上書院 1987

■ボザール建築理論講義｜L-P.バルタール 白井秀和訳 中央公論美術出版 1992

■アメリカ様式建築の華｜小林克弘 丸善(建築巡礼9) 1988

■建築形態の構造―ヘンリー・H・リチャードソンとアメリカ近代建築｜香山寿夫 東京大学出版会 1988

■世紀末の中の近代―オットー・ワグナーの作品と手法｜越後島研一 丸善(建築巡礼10) 1989

■ロンドン縦断―ナッシュとソーンが造った街｜長谷川堯 丸善(建築巡礼22) 1993

■アール・ヌーヴォー｜S.T.マドセン 高階秀爾・千足伸行訳 美術公論社 1983[初版1970年]

■世紀末芸術｜高階秀爾 紀伊国屋書店 1981[初版1963年]

■建築の世紀末｜鈴木博之 晶文社 1977

■アール・ヌーヴォーの建築｜F.ラッセル編 西澤信彌他訳 A.D.A. Edita Tokyo 1982

■アール・ヌーヴォー―世紀末に生まれた空前の美術状況｜W.ハーディ 野中邦子訳 美術出版社(BSSアートガイド) 1989

■アール・ヌーヴォーの名邸｜下村純一 小学館 1990

■世紀末建築―空間のうつろう光｜田原桂一・三宅理一他 鹿島出版会 1985

■ウィリアム・モリス｜G.ネイラー編 ウィリアム・モリス研究会訳 講談社 1990

■ウィリアム・モリス｜小野二郎 中央公論社(中公文庫) 1971

■ウィリアム・モリス｜藤田治彦 鹿島出版会(SD選書) 1996

■世紀末空間―建築とインテリアデザイン｜田原桂一・写真,三宅理一・文) 講談社 1989

■建築逍遥—W.モリスと彼の後継者たち｜長谷川堯　平凡社 1990
■近代建築｜O.ヴァーグナー　樋口清・佐久間博訳　中央公論美術出版 1985
■ガウディの作品—芸術と建築｜J.バセゴダ　入江正之他　六耀社 1985
■ガウディ｜J.バセゴダ　岡村多佳士訳　美術公論社 1992
■アントニオ・ガウディ論｜入江正之　早稲田大学出版部 1985
■ガウディー芸術的・宗教的ヴィジョン｜R.デシャルス他　池亜原義郎他訳　鹿島出版会 1996
■アントニオ・ガウディ｜鳥居徳敏　鹿島出版会(SD選書) 1985
■ガウディのパルク・グエル｜E.アルバラン　寿里順平訳　東洋書店 1989
■ガウディの影武者だった男｜森枝雄司　徳間書店 1992
■CHARLES RENNIE MACKINTOSH｜木村博昭『プロセス・アーキテクチュア』50 1984
■レヒネル・エデン｜A.ハディック、E.キッシュ、伊藤大介他　INAX（発売 図書出版社） 1990
■プラハのアール・ヌーヴォー —壁装都市の歴史と栄光｜田中充子　丸善(建築巡礼31) 1993
■モダン・デザインの源泉｜N.ペヴスナー　小野二郎訳　美術出版社 1976
■現代建築の黎明1851-1919｜K.フランプトン　香山壽夫監訳　A.D.A Edita Tokyo 1981

20世紀

■アールトとフィンランド—北の風土と近代建築｜伊藤大介　丸善(建築巡礼18) 1990
■ゆらめくアール・デコ—クライスラー・ビル｜松永安光他　六耀社(磯崎新+篠山紀信 建築行脚12) 1984
■マニエリスムと近代建築｜C.ロウ　伊東豊雄、松永安光訳　彰国社 1981
■20世紀の建築 図説・近代建築芸術の系譜｜D.シャープ　沢田清訳　啓学出版 1983
■革命と建築｜E.リシツキー　阿部公正訳　彰国社 1983
■表現主義の建築(上・下)｜W.ペーント　長谷川章訳　鹿島出版会 1988
■建築をめざして｜ル・コルビュジエ　吉阪隆正訳　鹿島出版会 1967
■アテネ憲章｜ル・コルビュジエ　吉阪隆正訳　鹿島出版会 1976
■ル・コルビュジエ—理念と形態｜W.カーティス　鹿島出版会 1992
■ポスト・モダニズムの建築言語｜C.ジェンクス　竹山実訳『a+u』増刊号 1978
■評伝ミース・ファン・デル・ローエ｜F.シュルツ　澤村明訳　鹿島出版会 1987
■ミース再考—その今日的意味｜K.フランプトン他　澤村明+EAT訳　鹿島出版会 1992
■近代建築の系譜(上・下)｜C.カーティス　五島朋子、澤村明、末廣香織訳　鹿島出版会 1990
■フランク・ロイド・ライト｜谷川正己　鹿島出版会 1966
■アドルフ・ロース｜川向正人　住まいの図書館出版局 1989

■タリアセンへの道｜谷川正己　鹿島出版会 1978
■バウハウス—その建築造形理念｜杉本俊多　鹿島出版会 1979
■バウハウス—歴史と理念｜利光功　美術出版社 1977
■バウハウス叢書｜全14巻 別巻1巻　利光功、宮島久雄、貞包博幸編訳　中央公論美術出版 1991〜
■アール・デコ｜B.ヒリアー　西澤信弥訳　PARCO出版局 1977
■アール・デコ—<一九二五年様式>の勝利と没落｜G.ヴェロナージ　西澤信弥他訳　美術出版社 1972
■一九二五年様式—アールデコの世界｜Y.ブリュナメル　竹内次男訳　岩崎美術社 1987
■アール・デコの摩天楼｜小林克弘、鹿島出版会 1990
■アメリカ建築の巨匠たち｜P.ブレイク他　小林克弘、熊倉洋介訳　鹿島出版会 1991
■デ・スティル｜P.オヴリー　由水常雄訳　PARCO出版局 1978
■光のドラマトゥルギー—20世紀の建築｜飯島洋一　青土社 1990
■現代建築の潮流｜V.M.ランプニャーニ　川向正人訳　鹿島出版会 1985
■近代建築の歴史(上・下)｜L.ベネヴォロ　武藤章訳　鹿島出版会 1978-79
■近代建築とは何か｜J.M.リチャーズ　桐敷真次郎訳　彰国社 1952
■世界建築宣言文集｜阿部公正訳　彰国社 1970
■インテリアの近代｜下村純一　講談社(講談社現代新書) 1991

ガイド・ブック

■望遠郷｜1, フィレンツェ 2, イスタンブール 5, ヴェネツィア 6, アムステルダム 9, ローマ　同朋舎出版 1994〜
■建築ガイド｜1, ローマ 2, パリ 3, ロンドン 4, ヴェネツィア 5, フィレンツェ　R.サルヴァドーリ他　丸善 1991-95
■ヨーロッパの建築インテリアガイド(上・下)｜田島恭子他　ニューハウス出版 1991
■ヨーロッパ建築600選｜ヨーロッパ建築ゼミナール編　工業調査会 1991
■魅惑のローマ｜小森谷慶子他　グラフィック社 1991
■地球の歩き方 ローマ／フィレンツェ｜桑名睦　ダイアモンド社 1992-3
■イタリア美術鑑賞紀行｜全7巻　宮下孝晴　美術出版社 1993
■スペイン美術鑑賞紀行｜全2巻　岡村多佳夫　美術出版社 1995-6
■図説ヴェネツィア｜L.コルフェライ　中山悦子訳　河出書房新社 1996
■建築の旅 カタロニア近代の建築｜R.ラケスタ、A.ゴンザーレス　入江正之訳　彰国社 1991
■ガウディの建築｜鳥居徳敏　鹿島出版会 1987
■こだわりガイドわが街バルセロナ｜丹下敏明　TOTO出版 1991
■レヒネル・エデンの建築探訪—ハンガリー世紀末建築をガイドする｜寺田生子・渡辺美紀　彰国社 1995

建築各部の名称

【建築各部の名称】

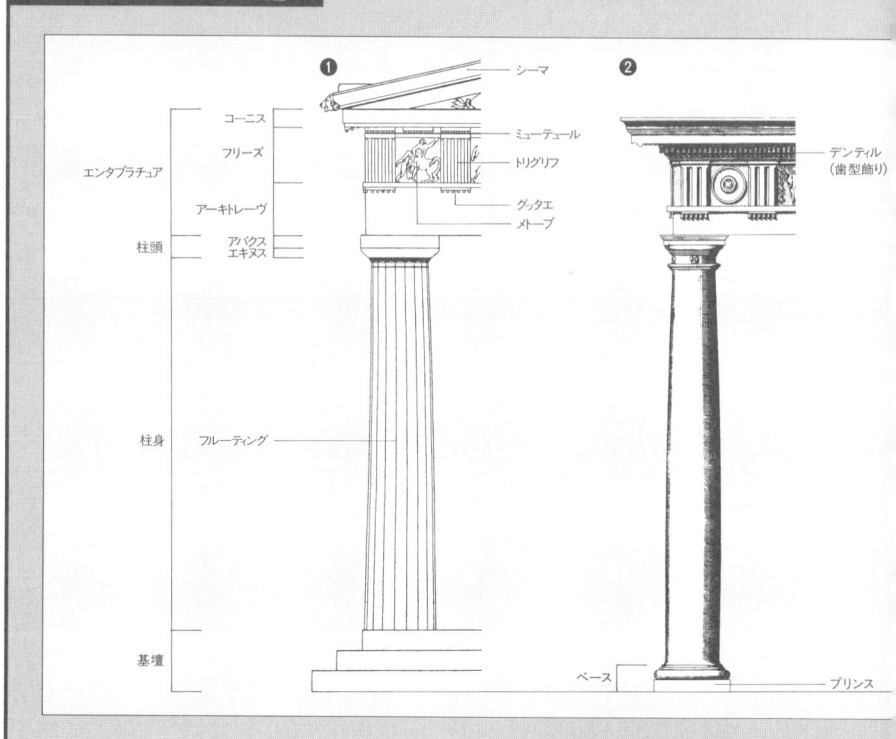

❶
- エンタブラチュア
  - コーニス
  - フリーズ
  - アーキトレーヴ
- 柱頭
  - アバクス
  - エキヌス
- シーマ
- ミューテュール
- トリグリフ
- グッタエ
- メトープ

- 柱身
  - フルーティング

- 基壇

❷
- デンティル（歯型飾り）
- ベース
- プリンス

● ギリシア神殿

- ペディメント
- テュンパヌム

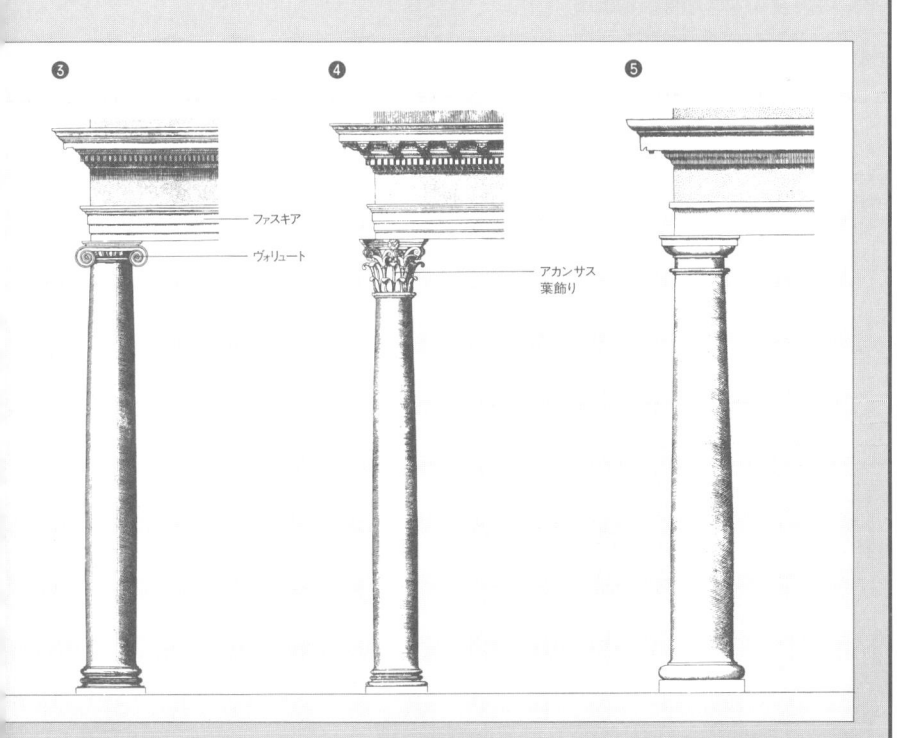

❸ — ファスキア / ヴォリュート
❹ — アカンサス葉飾り

●オーダー

❶ ギリシア・ドリス式
❷ ローマ・ドリス式
❸ イオニア式
❹ コリント式
❺ トスカナ式
❻ コンポジット式

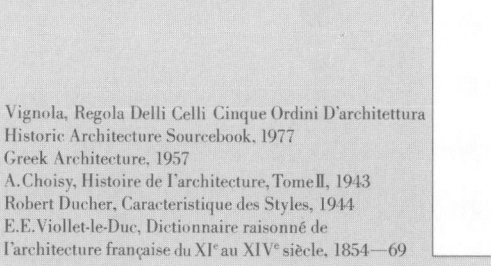

Vignola, Regola Delli Celli Cinque Ordini D'architettura
Historic Architecture Sourcebook, 1977
Greek Architecture, 1957
A. Choisy, Histoire de l'architecture, Tome II, 1943
Robert Ducher, Caracteristique des Styles, 1944
E.E. Viollet-le-Duc, Dictionnaire raisonné de
l'architecture française du XIe au XIVe siècle, 1854—69

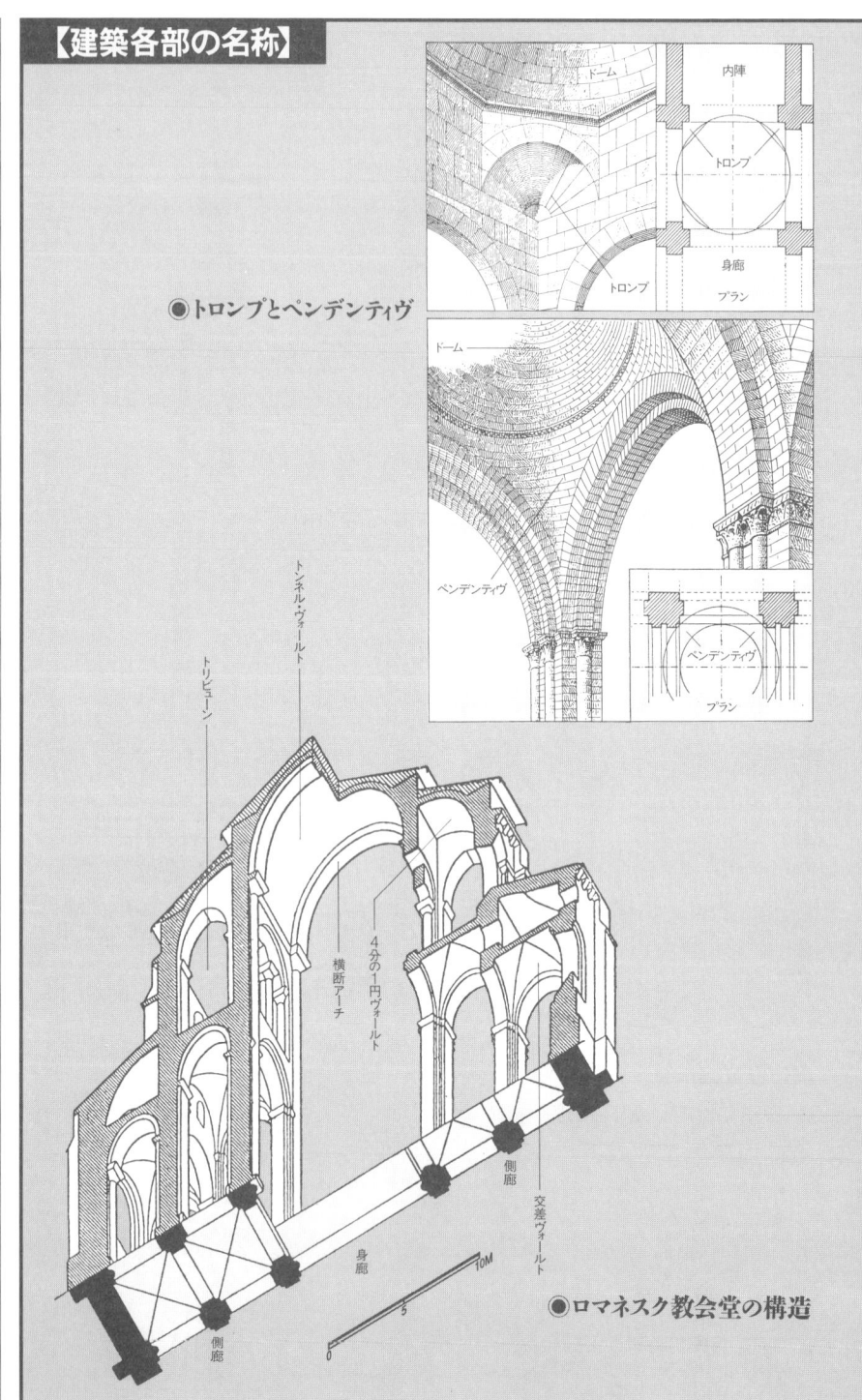

【建築各部の名称】

● トロンプとペンデンティヴ

ドーム
内陣
トロンプ
身廊
トロンプ
プラン

ドーム
ペンデンティヴ
ペンデンティヴ
プラン

トンネル・ヴォールト
トリビューン
4分の1円ヴォールト
横断アーチ
交差ヴォールト
側廊
身廊
側廊

● ロマネスク教会堂の構造

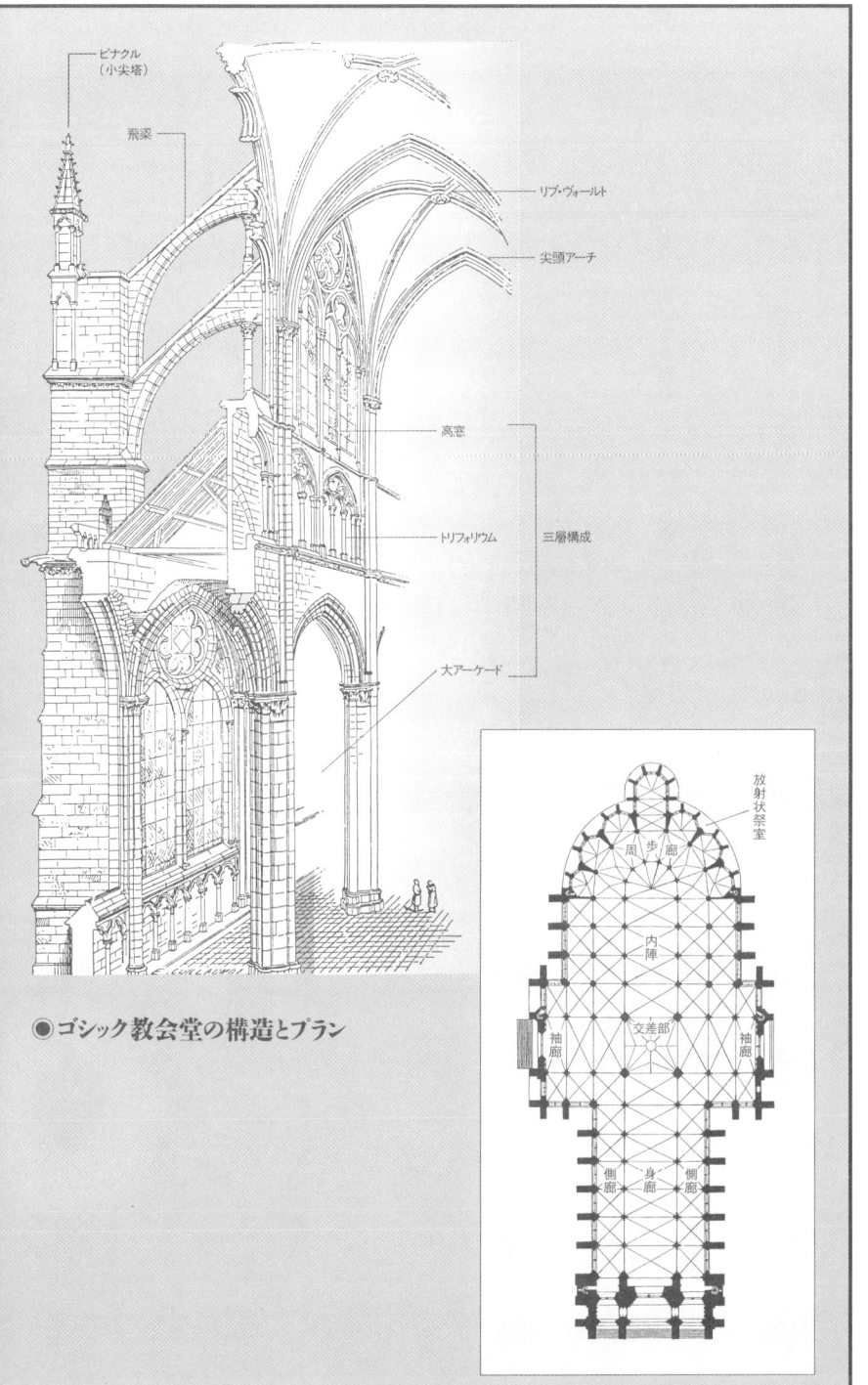

- ピナクル（小尖塔）
- 飛梁
- リブ・ヴォールト
- 尖頭アーチ
- 高窓
- トリフォリウム
- 大アーケード
- 三層構成

- 放射状祭室
- 周歩廊
- 内陣
- 袖廊
- 交差部
- 袖廊
- 側廊
- 身廊
- 側廊

● ゴシック教会堂の構造とプラン

①ヘ・リンズバラ
②グラスゴー
③スカーバラ
④レスター
⑤イーリ
⑥ハンスタントン
⑦ソールズベリィ
⑧ロンドン
⑨カンタベリィ
⑩アムステルダム
⑪ライデン
⑫ユトレヒト
⑬ロッテルダム
⑭アントウェルペン
（アントワープ）
⑮ブリュッセル
⑯ハンブルク
⑰ブレーメン
⑱ミンデン
⑲ゾエスト
⑳ブラウンシュヴァイク
㉑ベルリン
㉒ポツダム
㉓ヒルデスハイム
㉔デッサウ
㉕ドレスデン
㉖マールブルク
㉗アーヘン
㉘ケルン
㉙マリアラーハ
㉚フランクフルト
㉛アシャフェンブルク
㉜マインツ
㉝トリーア
㉞ヴォルムス
㉟ヴュルツブルク
㊱バンベルク
㊲フィアツェーンハイリゲン
㊳ハイデルベルク
㊴シュパイヤー
㊵ニュールンベルク
㊶カールスルーエ
㊷シュヴェービッシュ・グミュント
㊸レーゲンスブルク
㊹ウルム
㊺ランツフート
㊻アウグスブルグ
㊼ミュンヘン
㊽フライブルク
㊾オットーボイレン
㊿シュタインガーデン
(51)シュトゥットガルト
(52)サン・リキエ
（アベヴィル）
(53)アミアン
(54)ラン
(55)ノワイヨン
(56)ランス
(57)サンリス
(58)ヴェルサイユ
(59)アネ
(60)サン・ドゥニ
(61)パリ
(62)シャルトル
(63)ヴォー・ル・ヴィコント
(64)ポワシー
(65)フォンテヌブロー
(66)サンス
(67)トロワ
(68)ストラスブール
(69)ブロワ
(70)シャンボール
(71)トールニュ
(72)ル・ピュイ
(73)ロンシャン
(74)アングレーム
(75)ペリグー
(76)ニーム
(77)トゥールーズ
(78)サン・マルタン・デュ・カニグー
(79)バルセロナ
(80)サンチャゴ・デ・コンポステラ
(81)バリャドリー
(82)サモラ
(83)サラマンカ
(84)エル・エスコリアル
(85)マドリッド
(86)トレド
(87)セビーリャ
(88)コルドバ
(89)グラナダ
(90)ブラガ
(91)リスボア（リスボン）
(92)ベルン
(93)ベルガモ
(94)ミラノ
(95)ヴェローナ
(96)トリノ
(97)ヴィチェンツァ
(98)パルマノーヴァ
(99)ヴェネツィア
(100)パドヴァ
(101)マントヴァ
(102)フェラーラ
(103)ジェノヴァ
(104)ボローニャ
(105)ラヴェンナ
(106)リミニ
(107)ピサ
(108)フィレンツェ
(109)シエナ
(110)モンテプルチアーノ
(111)ピエンツァ
(112)ペルージア
(113)アッシジ
(114)ヴィテルボ
(115)カプラローラ
(116)タルクィニア
(117)チェルヴェテリ
（カエレ）
(118)ティヴォリ
(119)ローマ
(120)オスティア
(121)パレストリーナ
(122)ジェナッツァーノ
(123)ナポリ
(124)ポンペイ
(125)パエストゥム
(126)レッチェ
(127)パレルモ
(128)メッシーナ
(129)チュファルー
(130)セリヌス
(131)カターニア
(132)シラクーサ
(133)ノート
(134)ラグーサ
(135)プーラ
(136)スプリート
（スパラトゥム）
(137)ドゥブロヴニク
（ラグーザ）
(138)ザルツブルク
(139)メルク
(140)ウィーン
(141)ブダペスト
(142)プラハ
(143)モスクワ
(144)カルタゴ
(145)チュニス

【ヨーロッパ主要地域】

スコットランド
アイルランド
北海
バルト海
イングランド
アムステルダム
ドイツ
ポーランド
ロンドン
オランダ
ベルリン
モスクワ
ブリュッセル
ベルギー
パリ
プラハ
チェコ
ウィーン
スイス
オーストリア
ベルン
ブダペスト
フランス
ミラノ
バルセロナ
コルシカ島
ローマ
イタリア
地中海
サルディニア島
シチリア島

地図

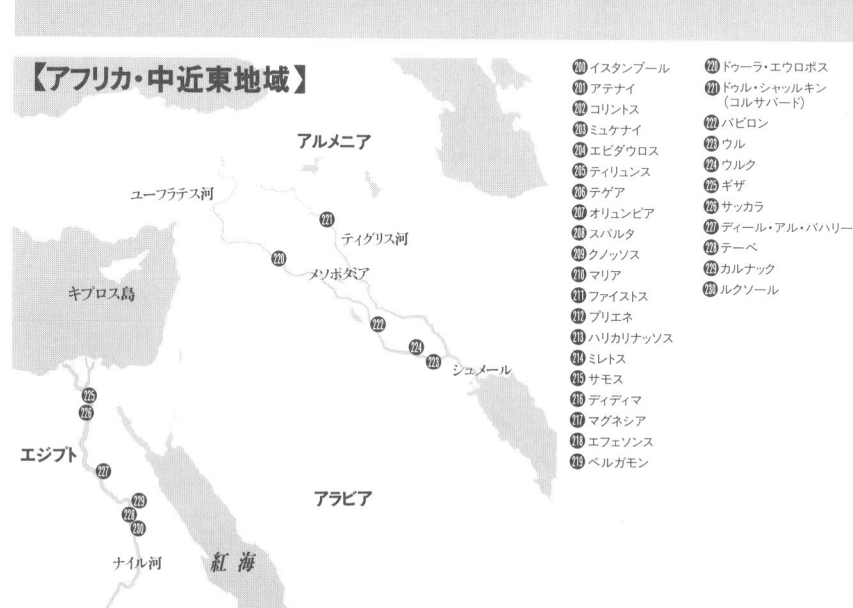

【ギリシア・エーゲ海地域】

黒海
イスタンブール ⑳⓪
エーゲ海
アナトリア(小アジア)
㉑⑨
㉑⑦
㉑⑥
㉒⓪② アテネ
㉑⑤ ㉑②
㉒⓪③ ㉒⓪④
㉒⓪⑤ ▲アイギナ島 ▲デロス島 ㉑④ ㉑⑥
㉒⓪⑥
㉒⓪⑦
㉒⓪⑧ ㉑③

ギリシア

地中海
クレタ島 ㉒⓪⑨ ㉒①⓪
㉒①①

【アフリカ・中近東地域】

アルメニア

ユーフラテス河
㉒②⓪ ティグリス河
キプロス島 メソポタミア
㉒②②
㉒②④ ㉒②③ シュメール
㉒②⑤
㉒②⑥
エジプト ㉒②⑦
㉒②⑨
㉒②⑧ ㉒③⓪
ナイル河 紅海 アラビア

⑳⓪ イスタンブール
㉒⓪① アテナイ
㉒⓪② コリントス
㉒⓪③ ミュケナイ
㉒⓪④ エピダウロス
㉒⓪⑤ ティリュンス
㉒⓪⑥ テゲア
㉒⓪⑦ オリュンピア
㉒⓪⑧ スパルタ
㉒⓪⑨ クノッソス
㉒①⓪ マリア
㉒①① ファイストス
㉒①② プリエネ
㉒①③ ハリカルナッソス
㉒①④ ミレトス
㉒①⑤ サモス
㉒①⑥ ディディマ
㉒①⑦ マグネシア
㉒①⑧ エフェソンス
㉒①⑨ ペルガモン
㉒②⓪ ドゥーラ・エウロポス
㉒②① ドゥル・シャッルキン(コルサバード)
㉒②② バビロン
㉒②③ ウル
㉒②④ ウルク
㉒②⑤ ギザ
㉒②⑥ サッカラ
㉒②⑦ ディール・アル・バハリー
㉒②⑧ テーベ
㉒②⑨ カルナック
㉒③⓪ ルクソール

【アメリカ・メキシコ】

アメリカ合衆国

ロサンゼルス

大 西 洋

メキシコ

太 平 洋

メキシコ

カ リ ブ 海

ニューヨーク

㉚⓪ポートランド
㉚①ロサンゼルス
㉚②ニューポート・ビーチ
㉚③シカゴ
㉚④デトロイト
㉚⑤ニューヨーク
㉚⑥フィラデルフィア
㉚⑦ベア・ラン
㉚⑧メキシコ
㉚⑨テパルシンゴ
㉛①アカテペック

人名索引

ア行

アアルト, アルバー ……………………………186
アウグストゥス(前64-14) ………………39・**40**・43
アウト, J.J.P(1890-1963) …………………**168**・**169**
アザム, エーギット・クヴィリン(1692-1750) ▶アザム兄弟
アザム, コスマス・ダミアン(1686-1739) ▶アザム兄弟
アザム兄弟 ……………………………………133・**134**
アダム, ロバート(1728-92) ………………**137**・**138**
アップジョン, リチャード(1803-78) ……………148
アマデオ, ジョヴァンニ・アントニオ(1447頃-1522) ……89
アルベルティ, レオン・バッティスタ(1404-72) …**87**・**88**
アレッシ, ガレアッツォ(1512-72) ……………**96**・98
アンギルベルト ……………………………………56
アンテミウス(トラレスの, ?-534頃) …………………54
アンマナーティ, バルトロメオ(1511-92) ………**96**・98
イクティノス(前5世紀後半活躍) …………………26
イシドロス(ミレトスの) ……………………………54
イソザキ, アラタ 磯崎新(1931-) ………………178
イトウ, トヨオ 伊東豊雄(1941-　) ………**188**・189
イムホテップ(紀元前2600頃) ……………………12
ヴァインブレンナー, フリードリヒ(1766-1826) …146・**147**
ヴァーグナー, オットー(1841-1918) ………**157**・**158**
ヴァザーリ, ジョルジョ(1511-74) ……………**96**・98
ヴァン・アレン, ウィリアム(1882-1954) ………**173**
ヴァンヴィテッリ, ルイジ(1700-73) ……………133
ヴァン・デ・ヴェルデ, アンリ(1863-1957) ……156
ヴァンブラ, ジョン(1664-1726) ……………128・**132**
ヴィオレ=ル=デュク, ウジェース・エマニュエル ……74・148・149・156
ヴィスコンティ, ルイ(1791-1853) ………………151
ウィトルウィウス, マルクス・ポリオ
(前1世紀活動) ………………………29・86・88・90・102
ヴィニョーラ, ジャコモ・バロッツィ・ダ(1507-73) …**95**・**96**
ヴィニョン, ピエール・アレクサンドル(1763-1828) …**145**
ウィルキンス, ウィリアム(1778-1839) …………142
ヴィンケルマン, ヨハン・ヨアヒム(1717-68) …142
ヴェスニン, アレクサンドル(1883-1959) ▶ヴェスニン兄弟
ヴェスニン, ヴィクトール(1883-1959) ▶ヴェスニン兄弟
ヴェスニン兄弟 ……………………………………**170**
ウェッブ, ジョン(1611-72) ………………………110
ヴェーゼマン, ヘルマン(1813-79) ………………150
ヴェンチューリ, ロバート(1925-2018) …………**177**
ウォルポール, ホレス(1719-97) …………………146
ウッド, ジョン(父1704-54, 子1728-82) ……**136**・**137**
ウルサロ, フランシスコ ……………………………122
エッフェル, ギュスターヴ(1832-1923) …………155
エレーラ, ファン・デ(1530-97) ……………………112
エンデル, アウグスト(1871-1925) ………………156
MVRDV(1991-　) ……………………………185
オップノール, ジル・マリー(1672-1742) ………129
オルタ, ヴィクトール(1861-1947) ……………156・**157**
オルブリヒ, ヨーゼフ・マリア(1867-1908) ……157・**158**

カ行

カイペルス, ペーテル・ヨゼフ・ハイベルト
(1827-1921) ………………………………152・**153**
ガウディ・イ・コルネ, アントニ(1852-1926) …**159**・160・186
カエサル(前102/100-前44) ……………39・**40**・43
カサス・イ・ノボア, フェルナンド ………………**121**
カスティーリョ, ジョアン・デ(1490-1581) ……**112**
カーター, ジョン(1748-1817) ……………………146
ガブリエル, アンジュ=ジャック(1698-1782) …**139**・140
カプリツキー, ヤン(1937-2009) …………………185・186
カラトバ, サンチャゴ(1951-　) ………………**189**・190
ガリアルディ, ロザリオ(1721-70活動) …………**120**
カリクラテス(前5世紀後半活躍) …………………26
ガルニエ, シャルル(1825-98) ………………151・**152**
ガルニエ, トニー(1869-1948) …………**164**・**166**・171
カルピオン ………………………………………………26
カーン, アルバート(1869-1942) …………**164**・**165**
カーン, ルイス(1901-74) ………………………**176**・**177**
ギゴン, アネット(1959-　) ………………………**190**・**191**
キースラー, フレデリック(1890-1965) …………168
ギマール, エクトール(1867-1942) ……………**156**・**157**
キャンベル, コレン(1676-1729) …………………137
キュヴィエ, フランソワ・ド・ジャン
(1698-1767) ………………………………**130**・134
ギョーム・ド・サンス ……………………………………83
グアリーニ, グアリーノ(1624-83) ……**118**・**119**・128・129
クノーベルスドルフ, ゲオルク・ヴェンツェスラウス・フォン
(1699-1753) ………………………………………132
グミュント, ヨハネス・フォン ………………………**82**
グラベール, ラウル(10世紀末-1050頃) …………58
クリムト, グスタフ(1862-1918) …………………157
グルリット, コルネリウス(1850-1938) …………162
グレイヴス, マイケル(1934-2015) ………………178
クレルク, ミハエル・デ(1884-1923) ……………167
クレンツェ, レオ・フォン(1784-1864) ……**143**・146・151
グロデッキ, ルイ ……………………………………58
グロピウス, ワルター(1883-1969) ……**164**・**165**・**170**・171・174
ゲゼリウス, ヘルマン(1874-1916) ………………160
ゲッツ, セバスティアン ……………………………105
ゲーリー, フランク・O(1929-　) ……………**179**・180
ゲルトナー, フリードリヒ・フォン(1792-1847) …**150**
ケント, ウイリアム(1685頃-1748) ………………137
コット, ロベール・ド(1656-1735) ………………**129**・132
コドゥッシ, マウロ(1440頃-1504) ………………89
コープ・ヒンメルブラウ(1968-　) ……………**180**・190
コールハース, レム(1944-　) ……………………**183**・**184**
ゴヤー, マイク(1958-　) ………………………**190**・**191**
コリン, アレクサンダー ……………………………105
コルトーナ, ドメニコ・ダ(1470頃-1549) …………103
コルトーナ, ピエトロ・ダ(1596-1669) ………**117**・**118**

216

サ行

サーリネン, エリエル (1873-1950) ……………160・**161**
サーリネン, エーロ (1910-61) ………………………176
サンガッロ, アントニオ・ダ・イル・ヴェッキオ
 (1453-1534) ……………………………………**92**
サンガッロ, アントニオ・ダ・イル・ジョーヴァネ
 (1483-1546) …………………………………**94**・95
サンガッロ, ジュリアーノ・ダ (1443/45-1516) ………102
サンソヴィーノ, ヤコポ (1486-1570) …………**97**・99
サンテリア, アントニオ (1888-1916) ………………**166**
シザ, アルヴァロ (1933-) ………………189・**190**
シッカーツブルク (1813-68) …………………………153
ジャコモ・バロッツィ (1507-73) ………………………95
シャトーブリアン (1768-1848) ………………………142
シャルグラン, ジャン=フランソワ (1739-1811) …144・**145**
シュヴィツィンスキー, ヘルムート (1944-) ………**180**
ジュジェール (1081頃-1151) ………………72・**73**・74
シュテートハイマー, ハンス …………………………**82**
シュタインドル, イムレ (1839-1902) ……………**154**
シュミット, フリードリヒ・フォン (1825-91) ………148・**149**
シュリューター, アンドレアス (1660頃-1714) ………128
ジョヴァンニ・ダ・ウディネ (1487-1564) ……………**92**
ジョコンド, フラ・ジョヴァンニ (1433頃-1515) ………102
ショッホ, ヨハネス (1550頃-1631) …………………105
ジョーンズ, イニゴー (1573-1652) ……………108・**110**
ジョンソン, フィリップ (1906-2005) ………………**177**
ジリー, フリードリヒ (1772-1800) ………142・**143**・144
シンケル, カール・フリードリヒ (1781-1841) ……146・**147**
 149・150
シンドラー, ルドルフ (1887-1953) …………………**172**
スコット, ジョージ・ギルバート (1811-78) ………147・**150**・
 151・154
ズストリス, フリードリヒ ……………………………107
スタム, マルト (1899-1986) …………………………168
スターリング, ジェームス (1926-92) ………………176
ストリックランド, ウィリアム (1788-1854) ………143・**144**
スフロ, ジャック=ジェルメン (1713-80) ……138・**139**・140
スマーク, ロバート (1780-1867) ……………146・**147**
スミッソン, アリソン (1928-1993) …………………176
スミッソン, ピーター (1923-2003) …………………176
スミッソン, ロバート (1535頃-1614) ………………**109**
ズント, ピーター (1943-) …………**186**・**187**・**188**・**192**
聖フランチェスコ (アッシジの), 1182-1226) ………78
聖ベルナール (クレルヴォーの), 1090-1153) ………78
セルヴァンドーニ, ジュヴァンニ・ニッコロ
 (1695-1766) ………………………………138・**139**
セルリオ, セバスティアーノ (1475-1554頃) …**94**・**100**・
 102・103
ゼンパー, ゴッドフリート (1803-79) …………151・**153**
ソアレス・ダ・シルヴァ, アンドレ ……………………**122**
ソンク, ラーシュ (1870-1956) ………………………160
ソーン, ジョン (1753-1837) ……………………**144**・146

タ行

タウト, ブルーノ (1880-1938) ………………………167
タトリン, ウラジーミル (1885-1953) ………………168

ダミアン, コスマス (1686-1739) ……………………133
タンゲ, ケンゾウ 丹下健三 (1913-2005) …………176
チュミ, バーナード (1944-) ………………………**183**
ツィンバロ, ジュゼッペ (1620-1710) ………………**120**
ツィンマーマン兄弟 ……………………………………**134**
ツィンマーマン, ドミニクス (1685-1766)
 ▶ツィンマーマン兄弟
ツィンマーマン, ヨハン・バプティスト (1680-1758)
 ▶ツィンマーマン兄弟
ツッカリ, タッデオ (1529-66) ………………………98
ツッカリ, フェデリコ (1543-1609) ………………**97**・98
ティエポロ, ジョヴァンニ・バッティスタ (1696-1770) …132
ティツィアーノ, ヴェチェリオ (1488/90-1576) ……**93**・111
ディートリヒ, ヴェンデル ……………………………**107**
ディーンツェンホーファー, クリストフ (1665-1727) …133
ディーンツェンホーファー, ヨハン (1663-1726) ……133
テッシン, ニコデムス (1654-1706) ………………128・**129**
デッラ・ステッラ, パオロ ……………………………105
デ・フィリス, ナタリー (1965-) …………………**185**
デュケネ, F・A ………………………………………**154**
デュ・セルソー, ジャン (1585頃-1649以降) ……**104**・105
デュ・ベレイ ……………………………………………102
デュラン, ジャン=ニコラ=ルイ (1760-1834) ……**145**・146
ドゥースブルフ, テオ・ファン (1883-1931) ………168
ドゥメネク・イ・ムンタネー, リュイス
 (1849-1922) ………………………………158・**159**
ド・ブロス, サロモン (1571頃-1626) …**123**・**124**・**125**・**126**
トラヤヌス (53-117) ……………………………**43**・133
ド・ロルム, フィリベール (1510頃-70) 103・**104**・**105**・125

ナ行

ナポレオン1世 (1769-1821) …………………………144
ニッコロ・セルヴァンドーニ, ジョヴァンニ
 (1695-1766) ………………………………138・**139**
ヌーヴェル, ジャン (1945-) ……………………**192**
ネロ (37-68) …………………………………………41
ノイトラ, リチャード (1892-1970) ……………172・**173**
ノイマン, バルタザール (1687-1753) **131**・132・134・**135**

ハ行

ハウ, ジョージ (1886-1955) …………………………174
バエザ, アルベルト・カンポ (1946-) ……………**190**
パクストン, ジョセフ (1801-65) ……………………**154**
ハゼナウアー, カール・フォン (1833-94) …………153
バターフィールド, ウィリアム (1814-1900) ………147・**149**
ハディッド, ザハ (1950-) ………………**190**・**191**
ハドリアヌス (76-138) …………………………**44**・**45**
バートン, デシマス (1800-81) ………………………151
パラディオ, アンドレア (1508-80) ……**97**・**98**・**99**・**100**・
 108・110・128・137
バリー, チャールズ (1795-1860) ………147・**148**・151
バーリントン伯爵第3代 (1694-1753) ………100・**136**・137
バルモンド, セシル (1943-) ………………………**189**
ハンゼン, テオフィル・フォン (1813-91) ……………153
ピアノ, レンゾ (1937-) ……**178**・184・**185**・**187**・188
ピテオス (前4世紀活動) …………………………28・**29**
ヒポダモス (前5世紀に活動) ………………………29

ピュージン, オーガスタス・ウェルビー
(1812-52) ·······················147・**148**
ピュプシュ, ハインリヒ(1795-1863) ········149・**150**
ピラネージ, ジョヴァンニ・バッティスタ(1720-78) ·····142
ヒルデブラント, ヨハン・ルーカス・フォン
(1668-1745) ·······················129・**130**・132
ビング, サミュエル(1838-1905) ·······················156
ファン・デア・ニュル(1812-68) ·······················**153**
ファン・ライス, ヤコブ(1964-) ·······················**185**
フィディアス(前490頃-前430) ·······················26
フィッシャー=フォン=エルラッハ, ヨハン・ベルンハルト
(1656-1723) ·················128・**129**・**132**・133
フィッシャー, ヨハン・ミヒャエル(1692-1766) ·······**134**
フェルステル, ハインリヒ・フォン(1828-83) ·········**153**
フォスター, ノーマン(1935-) ·················179・**185**
フォンターナ, ドメニコ(1543-1607) ·······················117
フォンテーヌ, ピエール(1762-1853) ·······················**144**
フェリペ2世(在位1556-98) ·······················112
フーケ, ニコラ(1615-80) ·······················126
フューチャー・システムズ ·······················**185**・186
フラー, トマス(1822-98) ·······················148
ブラマンテ, ドナート(1444頃-1514) ········90・**91**・93・94・**100**
ブーラルト, ヨゼフ ·······················**154**
ブランタウアー, ヤーコブ(1660-1726) ·······················133
フリース, ハンス・フリーデマン・デ
(1527-1604頃) ·······················105・**107**
ブリックス, ヴォルフ(1942-) ·······················**180**
プリマティッチオ, フランチェスコ(1504-70) ········102・**103**
ブルネッレスキ, フィリッポ(1377-1446) ·········86・**87**・90
ブレ, エティエンヌ=ルイ(1728-99) ····**140**・143・**144**・145
ブロドリック, カスバート(1822-1905) ·······················152
フロリス, コルネリス(1514-75) ·············105・**106**・107
ヘーガー, フリッツ(1877-1949) ·······················167
ヘシオドス ·······················20
ペッペルマン, マテウス・ダニエル(1662-1736) ····**130**・131
ベラスケス, ディエーゴ(1599-1660) ·······················121
ペルシエ, シャルル(1764-1838) ·······················**144**
ベルツィッヒ, ハンス(1869-1936) ·······················167
ペルッツィ, バルダッサーレ(1481-1536) ···········93・**94**
ヘルツォーク, ジャック(1950-) ·············**188**・189
ベルニーニ, ジャン・ロレンツォ(1598-1680) ······**114**・**116**・117・128・133・134
ヘルモゲネス(前2世紀活動) ·······················30・**31**
ペルモーザー, バルタザール(1651-1732) ·······················**132**
ヘルモドロス(前2世紀活動) ·······················30・**36**
ベルラーへ, ヘンドリック・ペートルス(1856-1934) ···**162**
ペレ, オーギュスト(1874-1954) ·············**162**・164
ベーレンス, ペーター(1868-1940) ·······················164
ヘロドトス(前484頃-前428頃) ·······················10
ボイタック, ディオゴ(1490-1525活動) ·······················112
ボッロミーニ, フランセスコ(1599-1667) ·······················**116**・117・119・128・129・133
ボドー, アナトール・ド(1834-1915) ·············**155**・156
ホープ, トマス(1770-1831) ·······················142
ホフマン, ヨーゼフ(1870-1956) ·······················157
ボフラン, ジェルメン(1667-1754) ·············**130**・132
ホメロス ·······················20
ホル, エリアス(1573-1646) ·······················**106**

ポルタ, ジャコモ・デッラ(1533-1602) ·············**96**・98
ボブロー, ルイ=オーギュスト(1812-96) ·······················156
ボンタレンティ, ベルナルド(1536-1608) ·······················98

マ行

マイアーノ, ジュリアーノ・ダ(1432-90) ·······················89
マイヤー, アドルフ(1881-1929) ·············**165**・**170**
マーカット, グレン(1936-) ·············**186**・187
マガンツァ, G・B ·······················**97**
マクセンティウス(在位306-312) ·······················46
マース, ヴィニー(1954-) ·······················185
マッキントッシュ, チャールズ・レニー(1868-1928) ···**160**
マチューカ, ペドロ(1485頃-1550) ·······················**111**
マデルノ, カルロ(1556頃-1629) ·············**114**・117
マリネッティ, トマーソ(1876-1944) ·······················166
マレーヴィチ, カジミール(1878-1935) ·······················168
マンサール, ジュール・アルドアン(1646-1708) ·······················126
マンサール, フランソワ(1598-1666) ···123・**124**・125・126
ミーク, リシャール(1728-94) ·············**139**・140
ミケラッツィ, ジョヴァンニ(1879-1920) ·······················**157**
ミケランジェロ・ブオナッローティ(1475-1564) **94**・95・96・114
ミケロッツォ・ディ・バルトロメオ(1396-1472) ·······················**88**
ミース・ファン・デル・ローエ(1886-1969) ·········**166**・167・**171**・**172**・174・**175**・177
ミラー, ヴォルフガング ·······················107
ムネシクレス(前5世紀後半活躍) ·······················26
ムーロン, ピエール・ド(1950-) ·····**188**・189・190・**191**
メイ, ヒュー(1622-84) ·······················110
メッソニエ, ジュスト・オレール(1693-1750) ·······················130
メーリニコフ, コンスタンティン(1890-1974) ·······················170
メンディーニ, アレッサンドロ(1931-2019) ·······················178
メンデルゾーン, エーリヒ(1887-1953) ·······················**167**
モリス, ウィリアム(1834-96) ·······················156
モンドリアン, ピエト(1872-1944) ·······················168

ヤ行

ヤマダ, マモル 山田守(1894-1966) ·······················174
ユヴァーラ, フィリッポ(1678-1736) ·············**119**・133

ラ行

ライト, フランク・ロイド(1867-1959) ·············**165**・166・171・174・**175**
ライナルディ, ジロラモ(1570-1655) ·······················116
ラスキン, ジョン(1819-1900) ·············147・156
ラストレッリ, バルトロメオ・フランチェスコ
(1700-71) ·······················**132**・133
ラファエッロ, サンツィオ(1483-1520) ·······90・**92**・93・94
ラブルースト, アンリ(1801-75) ·············**155**・156
ラングハンス, カール・ゴットハルト
(1732-1808) ·············142・**143**
ランサム, エルネスト(1844-1917) ·······················164
ランペ, ハンス ·······················**106**
リゴーリオ, ピッロ(1513/14-83) ·······················**95**
リシツキー, エル(1890-1941) ·············**168**・**169**
リックマン, トマス(1776-1841) ·······················146

リディンガー, ゲオルク(1605-14) ……………**107**
リートフェルト, G・T (1888-1964) …………168・**169**
リベスキンド, ダニエル(1946-) ……………**180**
リンドグレン, アルマス(1874-1929) …………160
ルイ12世(在位1498-1515) ……………………102
ル・ヴォー, ルイ(1612-70) …………123・**124**・126
ル・コルビュジエ(1887-1965) ………171・**172**・174・**175**
ルドゥー, クロード=ニコラ(1736-1806) ……**140**・143
ル・ノートル, アンドレ(1613-1700) …………**124**・126
ルフュエル, エクトル・マルタン(1810-80) ……**151**
ル・ブラン, シャルル(1619-90) ………………**124**・126
ルブロン, ジャン=バティスト(1679-1719) ……**132**
レオナルド・ダ・ヴィンチ(1452-1519) ………102
レスカーズ, ウイリアム(1896-1969) …………**174**
レスコー, ピエール(1510/15-78) ……………105
レヒネル・エデン(1845-1914) ………………**161**
レン, クリストファー(1632-1723) ……………128
ロージエ, マルク=アントワーヌ(1713-69) ……138・**140**
ロジャース, リチャード(1933-) ……………**178**
ロース, アドルフ(1870-1933) …………162・**165**・171
ロッシ, アルド(1931-97) ………………………**178**
ロッセリーノ, ベルナルド(1409-64) ……………88・**89**
ロッソ・フィオレンティーノ(1495-1540) ……**103**
ロマーノ, ジュリオ(1499頃-1546) ……………**93**・102
ロンギ, マルティーノ・イル・ジューヴァネ(1602-60) …**118**
ロンゲーナ, バルダッサーレ(1598-1682) ……**118**

ワ行

ワイアット, ジェームズ(1746-1813) …………**142**・146

［カラー版］西洋建築様式史

発行	1995年3月25日　第1刷
	2006年7月25日　第15刷
	2010年4月15日　増補新装 初版
	2021年4月25日　増補新装 第4刷
執筆	熊倉洋介＋末永航＋羽生修二＋ 星和彦＋堀内正昭＋渡辺道治
発行人	久保田佳也
編集	雲野良平＋茂木功＋櫻井烈［レッドホーク・スタジオ］
デザイン	中垣信夫＋三橋薫＋坂田太郎［中垣デザイン事務所］
印刷・製本	共同印刷株式会社
発行所	カルチュア・コンビニエンス・クラブ株式会社 美術出版社書籍編集部 東京都品川区上大崎3-1-1 目黒セントラルスクエア5階 〒141-8203 Tel.03-6809-0542
発売	株式会社美術出版社 Tel.03-6809-0318 振替 00110-6-323989 https://www.bijutsu.press

ISBN978-4-568-40078-6 C3070
ⓒBijutsu Shuppan-Sha 2021　禁無断転載
Printed in Japan